データで読む現代社会

ライフスタイルとライフコース

山田昌弘・小林 盾 編

辻　竜平　金井雅之
谷本奈穂　朝倉真粧美
秋吉美都　今田絵里香
見田朱子　常松　淳
開内文乃　飯田　高
筒井淳也　森いづみ
相澤真一　カローラ・ホメリヒ
香川めい
渡邉大輔

新曜社

はじめに

山田　昌弘
小林　盾

生活のリスク化と格差社会化

ここ二〇年、日本人の生活に起こった変化を要約すれば、リスク化と格差拡大ということができる。リスク化とは、今まで当たり前であった中流生活が、実現できなくなる確率が高まったことをいう。格差拡大とは、生活のリスク化の結果、今まで「普通」と思われてきた生活ができる人と、できない人への分断が始まったことを意味する。

トルストイの小説『アンナ・カレーニナ』の中に、「幸せな家族はみな同じようなものだが、不幸な家族はそれぞれである」という名言がある。現実に幸福を感じるとは限らないが、人々が理想とするライフスタイル、ライフコースは、戦後から現在まで大きく変わっていない。それは、「夫はおもに仕事、妻はおもに家事、子どもを二、三人育て、豊かな家族生活を築く」というものである。

それは、大学卒業と同時に正社員として就職、30歳頃までに、職場などで異性と自然に出会って恋愛結婚し、夫は仕事中心、妻は主婦となる。夕食には妻が作った手料理を毎日食べる。若い頃はアパート住まいでも、子どもが学校に上がれば、子どもの個室があるマンションあるいは一戸建てを購入する。夫はときどき会社の友達と飲むこともある。妻は子どもが幼い間は子育てに専念する。ママ友とよくおしゃべりをする。子どもが大きくなると、パート勤務に出たり、趣味やボランティアなど、興味をもった活動を通して生活の幅を広げる。自由時間は家族一緒にテレビを見て過ごし、休日には外食や遊園地に出かけるなど家族レジャーを楽しむ。年に数回、家族旅行をする。子どもは親の期待に応えるべく、時に遊びながらも勉強中心の生活を送り、大学や専門学校に入学すれば自立も近い。夫の退職後は夫婦で年金生活に入り、二人で趣味や旅行など余生を楽しむ。夫は妻に看取られ、妻はその数年後に、再同居した子ども夫婦に看取られて、人生を全うする。

これが、戦後から現在に至る、日本人が思い描く典型的な「幸福な生活」であろう。そして、戦後から高度成長期に成人した人々（おおむね一九三〇～五〇年生まれ）の多くは、実際にこのようなライフスタイルとライフコースが可能であった。なぜなら、男性の大多数は学校を卒業後、正社員として就職し、終身雇用制のもとで失業の心配もなく、家族を扶養し、マイホームを買う程度の収入を得ることができたからである。女性も未婚率や離婚率は低く、収入の安定した男性と結婚することは容易であった。この世代は、妻が専業主婦の比率が高く、住まいは持ち家が一般的で、現在のところ十分な年金を受け取っている高齢者が多い（二〇一五年時点でおおむね65～85歳）。

戦後から一九八〇年頃までは「一億総中流化」と言われたように、こうしたライフコースをたどることが「標準的」とされた。国民生活は政策やマスメディアなどさまざまな方法で、そのようなライフスタイルへ誘導されていったのである。就職は新卒時が最も有利であり、職場では女性差別があり、年金・税などの制度は「標準的ライフコース」が最も優遇されるように構成されてきた。また、戦後普及したテレビでは、幸せなマイホームのイメージが繰り返し放送された。その結果として、標準的ライフコースから外れることは、幸福ではないと見なされる弊害が生じた。定職に就けない男性、未婚、離婚、共働きの人々などは、「変わり者」か「かわいそう」と思われてもしかたがなかった。

標準的ライフコースが難しくなった時代

一九九〇年代から、日本社会を変化の波が襲った。グローバル化、ニューエコノミーと呼ばれる経済変動が、人々の生活に変化を及ぼした。これは、社会学者のウルリッヒ・ベックやアンソニー・ギデンズによれば「近代社会の構造転換」の一環と捉えることができる。その結果、今までは当たり前であった、人生の出来事（ライフイベント）を実現しにくくなった。これを、ウルリッヒ・ベックの言葉を借りて言えば「生活のリスク化」と呼ぶことができるだろう。

「就職氷河期」という言葉に象徴されたように、大卒でさえ正社員として定職に就けない人々が増えてきた。リストラという言葉が流行したように、正社員でも職を失うリスクが高まった。学校卒業さえすれば安心、就職して正社員になれば安心、という時代ではない。未婚率が高まり、結婚していない人は30代前半の男性では約2人に1人、女性では3人に1人となった。そして、離婚率が高まり、ほぼ3組に1組が離婚する。「結婚し離婚しない」という「標準的ライフコース」の若者は、2人に1人もいない。つまり、生活にはリスクが伴うということである。

そして、「近代社会の構造転換」によって生じた「生活のリスク化」は、格差を拡大するという視点が重要である。もちろん若者の中にも、正社員として就職し、安定した収入を得て結婚し、妻の手料理を毎日食べ、家族レジャーを楽しむなど、従来の標準的ライフコースをたどる人もまだまだ多い。一方、標準的ライフコースからこぼれて、低収入で不安定な仕事に就くフリーター、配偶者と離別したひとり親家庭も増えている。また、あえて標準的ライフコースから外れて、新しい形の幸福を探る人々も出現している。

いずれにせよ現代社会においては、とりわけ若者が「標準的ライフコース」をたどることができない現実に直面していることは間違いない。では、その現実とはどのようなものなのだろうか。

本書の構成【ライフスタイル編とライフコース編】

そこで本書では「現代の日本社会において、ライフスタイルとライフコースが多様化したゆえに、格差も拡大したのではないか」という視点から、社会学調査による分析と考察をおこなった。ライフスタイルとして、前半5つの章で「食事」「人間関係」「美容」「音楽」「幸福」をとりあげた。ライフコースとして、後半5つの章で「恋愛と結婚」「家族」「教育」「仕事」「退職後」に着目し、多くの人が経験する（と期待されている）ライフイベントを検討した。研究トピックでは、関連研究のフロンティアを紹介している。

ただし、社会的格差を分析すると、ともすれば「個人の努力では超えることのできない格差が存在する」ことの再確認になりかねない。そこで本書では、格差の存在を実証したうえで、それでも「どのような未来形があるのか」「どうすれば格差を相対化できるのか」を提示するよう心がけた。「こんな選択肢があったんだ！」と人生の幅をひろげるヒントになることを願っている。

本書の特色【エビデンスから解く】

すべての章と研究トピックで、なんらかの経験的なデータをエビデンス（証拠）として使用しているのが、本書の大きな特色といえる。官庁統計、自分たちで実施したアンケート調査、インタビュー調査、歴史史料など、できるだけ多様なエビデンスを用意した。

さらに、各章は共通したステップで議論をすすめている。「1　問題」「2　データと方法（インタビュー調査では対象と方法）」「3　分析結果」「4　まとめ」とした。章のサブタイトルは「食事：階層格差は海藻格差か」のように各章で解くべき問いとなっている。謎解きのように読み進めていただくのがよいだろう。大学生の読者には、卒業論文のアイディアの源となるかもしれない。全体に読みやすさを優先させ、重回帰分析など複雑な分析結果や詳細な研究文献はあえて掲載していないが、学術的水準を保ち、理論と実証データのバランスをとれるように配慮した。

本書は成蹊大学アジア太平洋研究センター叢書の一冊である。センターから助成をうけ、共同プロジェクト「アジア太平洋地域における社会的不平等の調査研究」（二〇〇八～一〇年度、研究代表　小林盾）としてスタートした。プロジェクトの一環として、「二〇〇九年社会階層とライフスタイルについての西東京市民調査」を実施し、本書でもデータとして使用している。参考のために調査票と集計結果を巻末に掲載した。

なお、本書の続編として【恋愛と結婚】が企画されている。合せて読み進めてほしいと願う。

目次

装幀　鈴木敬子（pagnigh-magnigh）

I　ライフスタイル編

1 食事

階層格差は海藻格差か

小林 盾

1 問題

1.1 エンゲル係数の変化

この章では、食事が人びとの間で平等なのか、それとも教育、職業、世帯収入などその人が属する社会階層によって格差があるのかを検討する。なにを食べるかは、その人のライフスタイルを反映するだろうし、健康状態や美容に影響するだろう。ここでは野菜と海藻という副菜を事例とする。

生活費にしめる食費の比率を「エンゲル係数」という。日本社会では戦後一九四六年には66・4%だった。つまり、生活費の7割ちかくを食べることがしめていた。そのため、収入の多い人と少ない人で、食生活に格差があったことだろう。その後、エンゲル係数はいっかんして減少しつづけ、ここ二〇年ほどは20%強で安定している（図1・1）。

1.2　食生活は平等か

では、食生活は人びとの間で平等になったのだろうか。エンゲル係数の低下からみると、「食うや食わず」の生活を強いられる人は、間違いなくへっただろう。しかし他方で、生活が豊かになった分、食生活が多様化し、その結果別の形で格差が発生したかもしれない。現在では、選択肢がふえ自由に食べ物をえらぶことができるため、「なにを食べるか」が人によって、大きく異なっているだろう。たとえば、寿司、天ぷら、ステーキはかつて高級料理だったが、現在では千円以下で食べることができる。だからといって、みんながそれらを食べるわけではない。天ぷらが苦手な人、ステーキより刺身を食べたい人もいるだろう。

そうした食生活の違いは、一見すると個人的なことがらのようにみえる。しかし、もしかしたら背後に社会構造がひそんでいて、教育、職業、収入のグループごとに異なるかもしれない。そうだとしたら、社会階層によって食生活に新たな格差が生まれていることになるだろう。そこで、この章では「食生活に、教育、職業、世帯収入といった社会階層による格差があるのか、それとも平等なのか」という問題をしらべていこう。この問題を解明できないと、所属する社会階層によって食生活に格差があ

図1.1

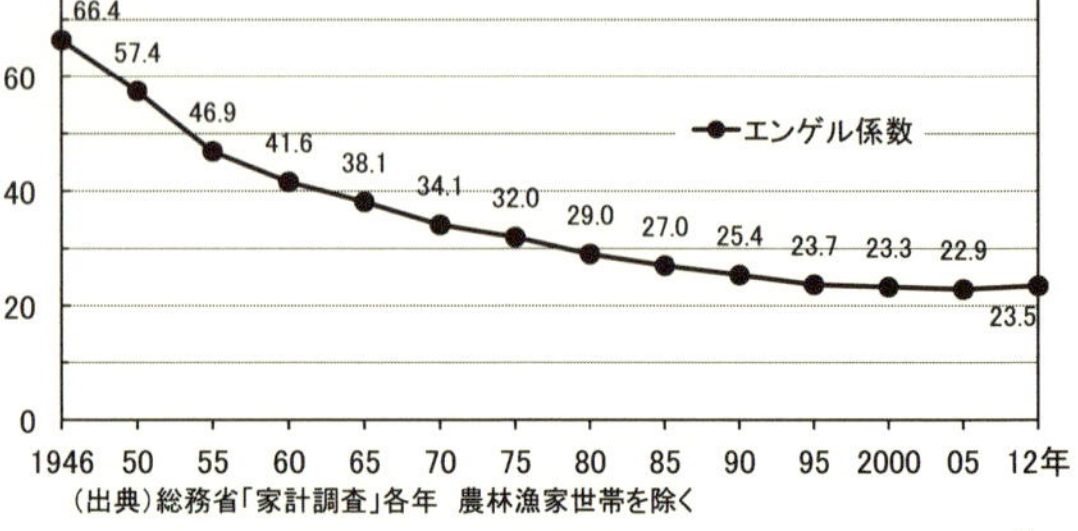

（出典）総務省「家計調査」各年　農林漁家世帯を除く

（1）Pierre Bourdieu, 1979（＝1990 石井洋二郎訳『ディスタンクシオン I・II —— 社会的判断力批判』藤原書店.）

り、その結果人びとの健康や美容で格差が拡大したとしても、ともすれば見すごしてしまうかもしれない。

それでは、食生活における格差について、これまでになにがわかっているだろうか。ブルデュー(1)はフランス社会を分析し、工場などで働くブルーカラー労働者はエンゲル係数が高く、豚肉やバターを多く食べ、魚や果物が少なかったという。

日本では、佐藤と山根(2)が高校生を調査し、父親がブルーカラー労働者の高校生は朝食や夕食を毎日は食べず、父親が高学歴の高校生はメロンとごま和えを好んだ(とはいえ全体として親の影響は少ないと結論している)。ただし、対象が高校生なので、本人の社会階層に違いがなかった。

本人の社会階層の影響は、女性のみであるが、筆者(3)が分析した。教育が高いほど野菜と海藻をよく食べ、さらに野菜と海藻を食べる人ほど健康だった(4)。

1.3 社会階層と副菜

そこで、男性もふくめて食生活における格差を検討する必要があろう(5)。ここでは、野菜やきのことといった「副菜」に着目したい。厚生労働省と農林水産省は、二〇〇五年に共同で「食事バランスガイド」を策定した(図1・2)。米などの「主食」、野菜などの「副菜」、肉などの「主菜」、そして「牛乳・乳製品」「果物」をバランスよく食べることを提案している。このうち副菜は野菜、きのこ、いも、海藻の4種類

(2) 佐藤裕子・山根真理 2008「『食』と社会階層に関する研究—高校生に対する『食生活と家族関係』についての調査から」『愛知教育大学家政教育講座研究紀要』38: 83-98.

(3) 小林盾 2010「社会階層と食生活—健康への影響の分析」『理論と方法』25: 81-93.

(4) このほかに岩村による家庭料理の変遷、橋本による飲酒の研究がある．岩村暢子 2003『変わる家族変わる食卓——真実に破壊されるマーケティング常識』勁草書房(2009 中公文庫)；橋本健二 2008『居酒屋ほろ酔い考現学』毎日新聞社．

(5) 中井によれば、文化活動は性別によって異なるという。中井美樹 2008「階層化、ジェンダー化された消費ライフスタイルと文化資本」萱野剛編『階層と生活格差』二〇〇五年SSM調査シリーズ 10: 1-28.

からなる。「主にビタミン、ミネラル、食物繊維の供給源」として、1日に野菜料理なら5皿程度を推奨されている。

これら副菜は、食べることで栄養の偏りをさけることができる。さらに、主菜にくらべおおむね安価である。そのため、収入によって購入しやすい、しにくいということはないといえる。

その一方で、副菜は（牛丼、ハンバーガーなど）外食ではほとんどふくまれないこともあるため、自分で意識しないと減りがちであろう。そのためむしろ、副菜は「多様なものを食べて、栄養バランスを整えるべきだ」といった価値観をもつかどうかによって、摂取が左右されると予想できる。つまり、副菜は「バランスのとれた食生活」を象徴しているといえる。

では、社会階層は副菜の食べ方にどうかかわるだろうか。ここでは先行研究を参考にし、「教育、職業、世帯収入といった社会階層が高い人ほど、副菜をよく食べるだろう」という仮説をたてて、データによって検証していこう。「社会階層が高い」とは、教育は最終学歴が高いほど、職業は無職や非正規雇用（派遣・パートなど）より正社員ほど、世帯収入は多いほど「社会階層が高い」と定義しよう。

図1.2 「食事バランスガイド」とは？

2 データと方法

2.1 調査の概要

データとして、「二〇〇九年社会階層とライフスタイルについての西東京市民調査」(6)と「二〇一〇年社会階層とライフスタイルについての西東京市民調査」の2つの調査をもちいる。両調査とも東京都のほぼ中央に位置し、典型的な都市郊外地域である東京都西東京市において、共通の質問項目をつかっておこなった。二〇〇九年調査は女性を、二〇一〇年調査は男性を対象とした。詳細は**表1・0**の通りである。

2.2 標本

分析対象は、標本のうち分析でもちいる質問項目すべてに回答している必要がある。その結果、1459人を分析対象とする(うち男性710人、女性749人)。これらの回答者の基本属性と社会階層の分布や平均は、**表1・1**のとおりである。これらのグループ別に、食生活に格差があるかを分析していく。教育グループは最終学歴を、職業(就業状態)グループは従業上の地位(正社員、派遣、パートなど)を質問した(7)。なお、現在仕事をしている人の職業別内訳は、表の通りであった。世帯収入グループは税込年収を1600万円まで200万円ごとに質問した。

(6) 小林盾2010「社会階層と食生活」(前掲論文)でもこの調査を分析した。この章では男性の調査と統合して分析する。

(7) 「熟練職」とは自動車組立工、大工など、「半熟練職」とは車掌、クリーニングなど、「非熟練職」とは道路工夫、清掃員などをさす。

国民生活基礎調査（厚生労働省）の概況によれば、二〇一一年の平均世帯収入は548万2千円であったので、ここでは600万円ごとの3グループに分けた。

2.3　事例

この章では、副菜のうち、先行研究と同じく野菜と海藻（ワカメ、昆布、のりなど）に焦点をあてて事例としよう。『国民健康・栄養調査』（厚生労働省）によれば、副菜4種類のうち、野菜がもっとも摂取され、海藻がもっとも少なかったからである(8)。

2.4　質問項目、グループ分け、分析手法

本調査では、野菜と海藻それぞれを、ほぼ毎日食べるかどうか質問した（本書巻末の調査票問19参照）(9)。さらに、野菜と海藻の摂取を全体として把握するために、両方を毎日食べるなら2ポイント、片方なら1、どちらも食べないなら0としよう。

グループによって食生活に違いがあるかをしらべるために、まず属性によるグループ分けをする必要があろう。男女という

表1.0　西東京市民調査（2009）

調査の名称	2009年社会階層とライフスタイルについての西東京市民調査
実施者	成蹊大学アジア太平洋研究センター共同プロジェクト
母集団	東京都西東京市在住　35～59歳　女性 1949年11月1日～1974年10月31日生まれ（2009年10月31日時点）
計画標本	1,200人
標本抽出・調査法	層化二段無作為抽出法　郵送調査
調査期間	2009年9～11月
有効抽出標本	1,197人（住所不明3人を除く）
有効回収数(率)	821人（68.6%）
分析対象	749人

西東京市民調査（2010）

調査の名称	2010年社会階層とライフスタイルについての西東京市民調査
実施者	日本学術振興会科学研究費補助金プロジェクト
母集団	東京都西東京市在住　35～59歳　男性 1949年11月1日～1974年10月31日生まれ（2009年10月31日時点）
計画標本	1,200人
標本抽出・調査法	層化二段無作為抽出法　郵送調査
調査期間	2010年8～11月
有効抽出標本	1,187人（住所不明13人を除く）
有効回収数	760人（64.0%）
分析対象	710人

表1.1　*N*＝1,459

		グループ		%
属性	性別	男性　710人		48.7
		女性　749人		51.3
	年齢	35〜39歳	30代	22.0
		40〜49歳	40代	43.1
		50〜59歳	50代	34.9
		平均年齢		46.3 歳
	婚姻状況	結婚している	既婚	77.5
		離別，死別	離死別	7.0
		結婚したことがない	未婚	15.5
社会階層	教育	中学卒業	中学	2.1
		高等学校卒業	高校	38.2
		短期大学・高等専門学校卒業	短大・高専	15.1
		大学卒業	大学以上	40.4
		大学院卒業		4.2
	職業（就業状態）	正社員・公務員	正社員	44.8
		派遣・契約・嘱託社員	派遣・契約など	6.9
		パート・アルバイト・臨時雇用	パート・アルバイトなど	17.0
		自営業主・自由業主・家族従業員・内職	自営業主など	10.9
		その他		0.3
		無職		20.1
	世帯収入	599万円以下		33.2
		600〜1199万円		53.6
		1200万円以上		13.2
		平均世帯収入		783 万円

世帯収入は税込年収

「性別グループ」、30代、40代、50代という「年齢グループ」、既婚、離死別、未婚という「婚姻状況グループ」の3つを使用する。食生活は家族構成に影響されやすいだろうから、婚姻状況グループにくわえ、「（義理をふくむ）親と同居しているか」（該当者は男性のうち18・9％、女性21・0％）、「子と同居しているか」（男性のうち60・6％、女性68・6％）、「独り暮らしかどうか」（男性のうち11・1％、女性5・2％）で分析する。

つぎに、社会階層によるグループ分けをしよう。中学、高校、短大・高専、大学、

（8）同調査によれば左表の通り、成人の1日あたり摂取量は副菜357・4グラムだった。

成人1日あたり食品摂取量（20歳以上）

		g			g
主食	穀類	439.2	副菜	計	357.4
主菜	計	248.8		野菜類	277.4
	肉類	80.7		いも類	53.6
	魚介類	78.6		きのこ類	15.5
	卵類	34.7		藻類	10.9
	豆類	54.8			
牛乳・乳製品	乳類	96.1	果物	果実類	110.3

（出典）厚生労働省『平成23年国民健康・栄養調査』結果の概要　表10（2013）より作成

（9）調査では他に食生活について果物、大豆製品（豆腐や納豆など）、カップ麺、ハンバーガー、みそ汁、朝食をそれぞれ摂取するかを質問した。

大学院を卒業した「教育グループ」、正社員・公務員、派遣・契約・嘱託社員、パート・アルバイト・臨時雇用、自営業主・自由業主・家族従業員・内職、無職という「職業グループ」、599万円以下、600〜1199万円、1200万円以上という「世帯収入グループ」の3つをもちいる。

　こうした準備のうえで、野菜と海藻の摂取が、属性のグループ、社会階層のグループごとにどう異なるのかを分析する(10)。男女で違いがあるかもしらべよう。

3　分析結果

3.1　野菜と海藻の摂取状況

まず、人びとが野菜と海藻をどれくらい食べているのかを確認しよう。データによれば、73・4％の人びとが野菜を毎日食べていた（図1・3）。海藻を毎日食べるのは18・2％で、野菜よりはだいぶ少ない。

合計数をみると、どちらも毎日は食べないは24・3％、どちらかを毎日食べる59・9％で最多だった。両方を毎日食べるのは、15・8％で最少であった。

3.2　性別、年齢、家族構成による食生活の違い

つぎに、属性による違いをみていこう（図1・4）。第一に性別グループで比較す

図1.3　N＝1,459

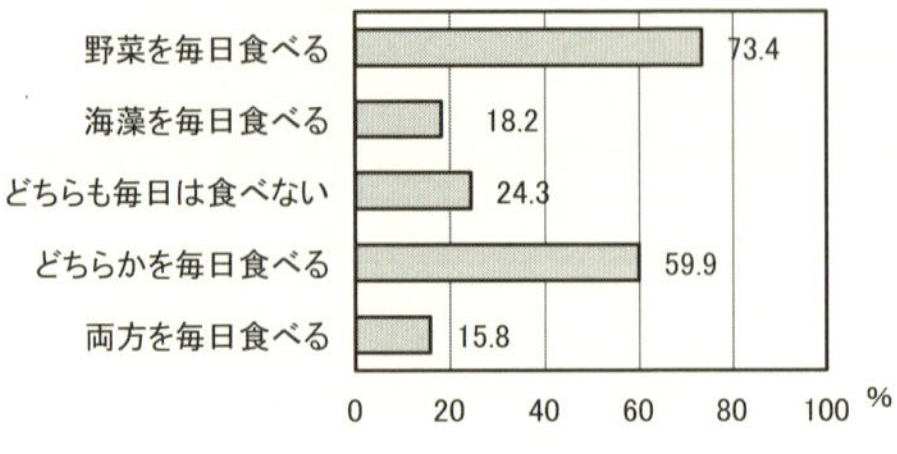

(10) グループごとに違いがあるか（統計的に有意な差があるか）をしらべることを検定と呼ぶ。比較対象が比率（％）ならばχ^2検定、数値（野菜と海藻合計数など）ならば分散分析をもちいる。ただし、議論を明確にするため、30代と50代の比較などペアでの検定はせず、年齢グループ全体などグループ全体で検定をおこなう。

ると、女性ほど野菜も海藻もよく食べた。野菜を毎日食べるのは男性のうち56・6％、女性89・3％であり、海藻は男性14・9％、女性21・2％と、どちらも女性が男性のほぼ1・5倍だった。合計数でも、男性1・11にたいして女性0・72とおよそ1・5倍であった。これらは統計的に有意な差だった。健康は男女ともに意識するが、女性は美容への効果も考慮して食事を選択しているのかもしれない。

第二に年齢グループ別に比較すると、年配ほど野菜も海藻も食べていた。野菜は30代69・5％、50代76・2％であり、海藻は30代16・5％、50代21・6％とふえる。合計数をみると、30代0・86から50代0・98と、どちらかを毎日食べていた。これらは統計的に有意な差だった。年齢があがるほど、健康に問題が発生し始め、食生活を意識せざるをえなくなるためであろう。

第三に婚姻状況グループ別に比較すると、現在既婚であるほどもっともよく食べ、離死別、未婚の順でへっていった。野菜は既婚75・4％、未婚62・8％が毎日食べ、海藻は既婚20・2％、未婚10・2％だった。合計数をみると、既婚は0・96でどちらかを毎日食べるのにたいし、未婚は0・73だった。これらの差は統計的に有意だった。なお、子と同居しているほどどちらもよく食べ、独り暮らしほど食べる機会がへっていた。親と同居していることは、影響がなかった。結婚していると、食事を家族で共有するため、栄養バランスを意識するようになるのだろう。

図1.4　N=1,459

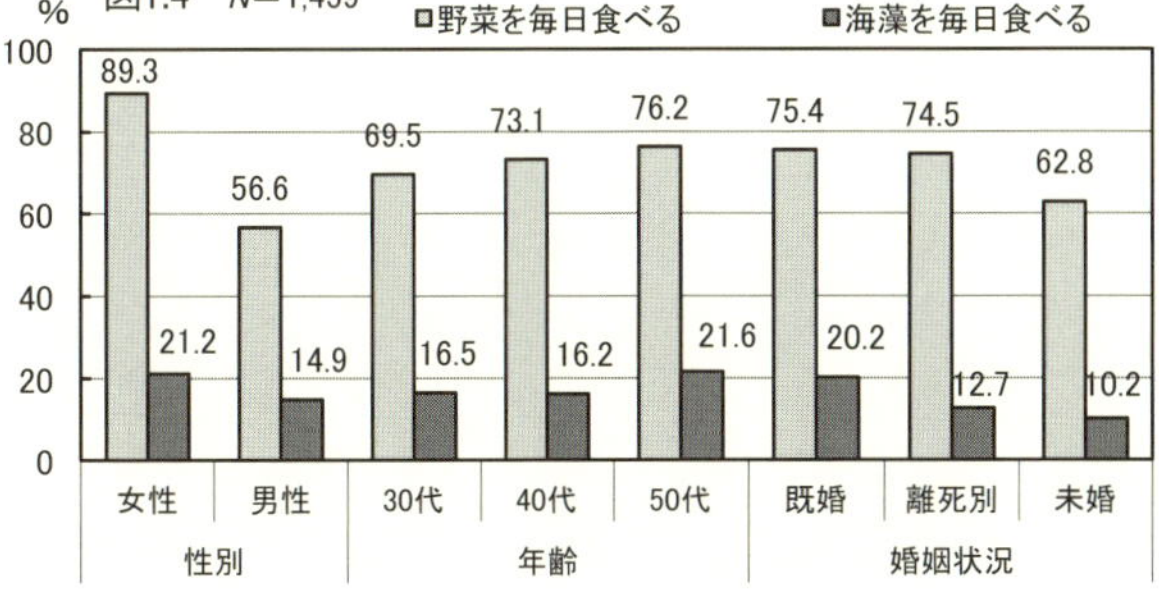

3.3　教育による食生活の違い

では、社会階層は違いをもたらすのか。第一に、教育グループ別に比較すると、おおむね教育が高いほど野菜も海藻も食べていた(11)（図1・5）。野菜を毎日摂取するのは中学45・2％にたいして大学70・1％、海藻は中学6・5％にたいして大学19・7％と3倍であった。合計数をみると、中学0・52から大学0・90へとほぼ倍増した。これらの差は統計的に有意だった。

ここで、合計数が0、つまり野菜も海藻も毎日食べないのは、どのような人か、しらべてみよう。すると、中学のうち半分以上の54・8％がどちらも食べないが、大学では26・7％へと半減する。逆に、合計数が2で両方を毎日食べるのは、中学6・5％から大学16・5％へと2・5倍にふえる。これらの差は統計的に有意だった。つまり、教育によって副菜の摂取から遠ざかっているグループと、毎日ふれているグループに分かれているようである。したがって、教育グループによって、野菜と海藻の食べ方に格差があることがわかった。

3.4　職業による食生活の違い

第二に、職業グループ別に比較しよう。すると、社会階層との明確な関連はないことがわかった。仮説どおりであれば、正社員・公務員の人たちが非正規雇用（派遣、パート、アルバイトなど）や無職より副菜を食べているはずである。データによれ

(11) 野菜摂取が短大・高専卒でピークとなり、大卒より高卒が高くなっている。これは女性に高卒と短大卒が多く、さらに女性が男性より野菜を摂取するためである。そこで男女別に比較したところ、それぞれ教育があがるほど、野菜摂取がふえていった。

ば、野菜は正社員・公務員のうち64・5％が毎日食べていたが、パート・アルバイト・臨時雇用83・9％、無職85・0％のほうが多かった。海藻でも、正社員・公務員15・9％にたいしてパート・アルバイト・臨時雇用22・2％、無職20・1％とふえる。どちらも仮説と逆の傾向となっている。とはいえ、野菜の差は統計的に有意だが、海藻の差は有意ではなかった。

ただし、無職であるのは男性のうち4・5％にたいして女性は（おそらく専業主婦）34・8％と多い。そのため、男女で職業の役割が異なる可能性がある。そこで、男女別に有職か無職か、有職のうち正規雇用か非正規雇用か（自営業を除く）、有職のうちホワイトカラー（専門職・管理職・事務職）かブルーカラー労働かで比較した。その結果、男女それぞれで、野菜の摂取、海藻の摂取、合計数について、どの比較をしても統計的に有意な違いはなかった。したがって、野菜と海藻は、職業グループが異なっても、平等に食べられているといえる。

3.5 世帯収入による食生活の違い

第三に、世帯収入グループ別に比較したところ、収入が多いほど野

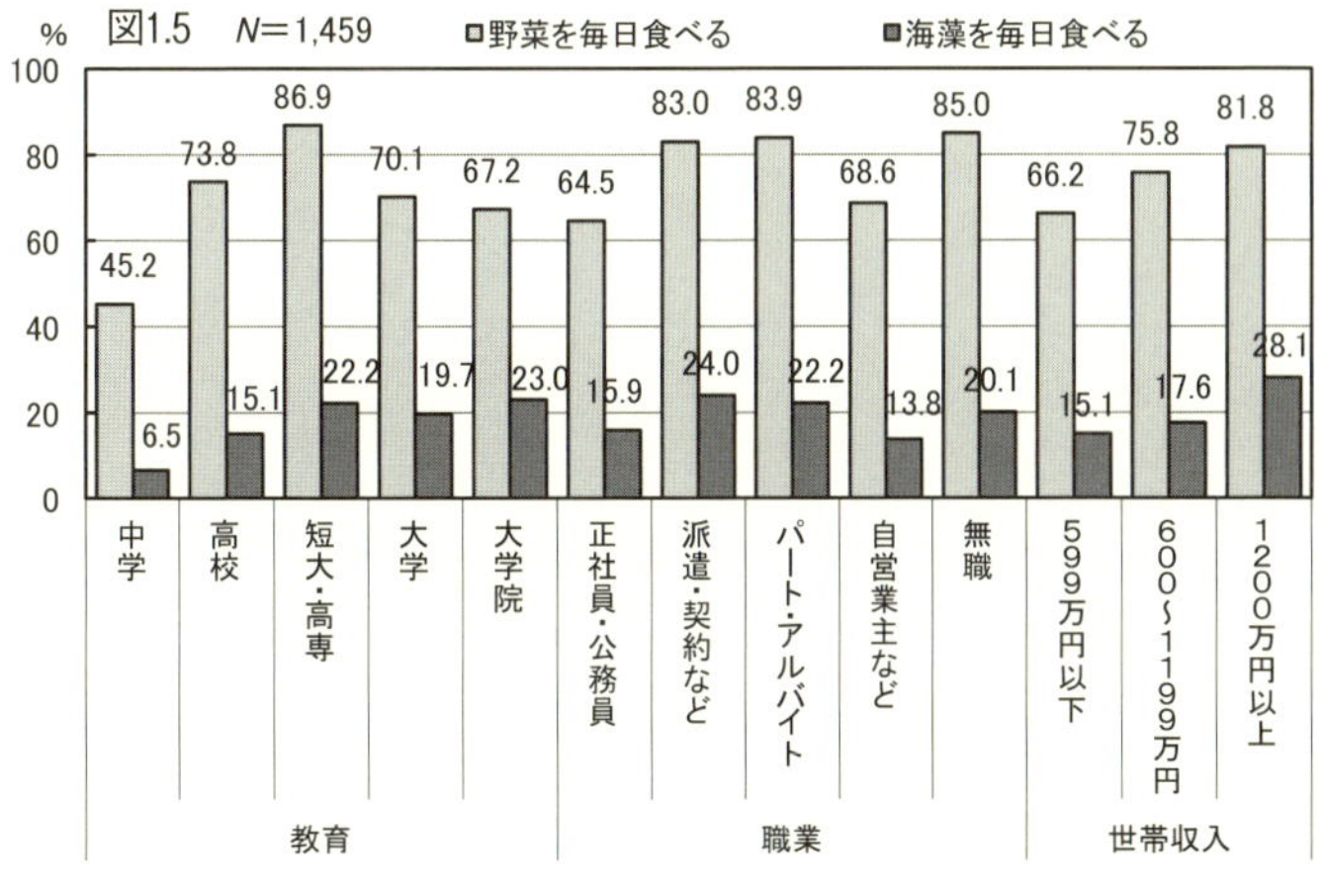

菜も海藻もよく食べていた。野菜を毎日食べるのは599万円以下のうち66・2%にたいして1200万円以上81・8%、海藻では599万円以下15・1%にたいして1200万円以上28・1%とほぼ倍増した。合計数をみると、0・81から1・10にふえた。これらの差は統計的に有意だった。

野菜も海藻も毎日は食べないのは、599万円以下のうち31・3%から、1200万円以上14・1%へと半減する。逆に両方を毎日食べるのは、599万円以下のうち12・6%から、1200万円以上24・0%へとほぼ倍増する。これらは統計的に有意な差だった。したがって、世帯収入グループによって、野菜と海藻の摂取に格差があるといえよう。

4　まとめ

4.1　階層格差は海藻格差

この章では、「食生活に、教育、職業、世帯収入といった社会階層による格差があるのか、平等なのか」という問題を検討してきた。ここではとくに、副菜のうち野菜と海藻を毎日食べるかどうかを事例とした。そのうえで、「教育、職業、世帯収入といった社会階層が高いほど、副菜をよく食べるだろう」という仮説をたて、グループ別に比較した。分析の結果、以下のことがあきらかになった。

(1)女性、年配、現在結婚している人ほど、野菜も海藻もよく食べる。
(2)教育が高いほど、野菜も海藻もよく食べる。たとえば、両方を毎日食べるのは、中学6・5%、大学16・5%であった。
(3)しかし、職業グループによる違いはなかった。両方を毎日食べるのは、正社員・公務員12・4%にたいして無職19・1%だったが、この差は統計的に有意ではなかった。
(4)とはいえ、世帯収入が多くなるほど、野菜も海藻もよく食べていた。両方を毎日食べるのは599万円以下12・6%、1200万円以上24・0%となる。

以上の結果から、職業の影響はなかったが、仮説はおおむね支持されたといえるだろう。つまり、「教育と世帯収入が高いほど、野菜と海藻をよく食べる」ということがわかった。したがって、「食生活は平等なのか」という冒頭の問題にたいして、「野菜と海藻については、教育と世帯収入による格差があるようだ」と結論できるだろう。この意味で、社会階層による格差は「野菜格差」であり「海藻格差」でもあるといえよう(12)。

(12) 三浦はインターネット調査をもとに、勉強好きな女性が海藻をよく食べることから、階層格差は海藻格差になっているという。三浦展 2009『貧困肥満――下流ほど太る新階級社会』扶桑社.

4.2　多様性ゆえの格差

では、なぜ教育と世帯収入で食生活の違いがあるのだろうか。大学で「なにを食べるべきか」をおそわるわけではない。また、うなぎやキャビアなら高価なので、収入による差があっても不思議はないが、野菜も海藻も比較的安価なものである。

現代社会では、自由に食べ物を選択できるようになった。外食したいとき、和食、洋食、中華料理、エスニック料理とさまざまな料理を、ファストフード店、定食屋、レストラン、高級店などで食べることができる。コンビニエンス・ストアへいけば、おにぎりから寿司や鰻丼まで購入することができる。

しかし、食生活はたしかに多様となったが、その結果かえって人びとの間に格差が発生しているのかもしれない。人類は長いあいだ、選択の余地なく「いま目の前にある食べられる物」を食べてきたことだろう。ところが、現代の私たちはファストフードのハンバーガーを一ヵ月食べつづけてもよいし、家で毎日時間をかけて主食、主菜、副菜、果物を用意してもよい。

この章での分析から、少なくとも副菜について社会階層による格差があることが確認できた(13)。副菜は食べなくても空腹になることはない。すぐに命にかかわることもない。そのため、「食べなくちゃ」と自分で意識しないかぎり、毎日食べることは難しいだろう。だが、それゆえに積極的に摂取する人とそうでない人で、格差が生まれやすいようだ。

それでは、格差がどうして社会階層にもとづくのだろうか。たしかに副菜は、長期的に健康や美容を促進する。ただし、それだけでなく、料理に色彩と多様性を追加し、会話の糸口を提供し、ゆったり時間をかけて食べることに貢献するだろう。こう

(13) ここでは副菜に着目したが、果物、大豆製品、みそ汁、朝食を対象に同じ分析をしたところ、おおむね同様の傾向が観察された。

したことに価値をみいだす人が、高い社会階層の人びとのなかに多いのかもしれない。さらに、そうした価値観をもっていることを周囲にアピールするために、あえてサラダや前菜を注文することもありうるだろう(14)。この意味で、副菜は、どのような食生活をおくっているかのいわば「リトマス試験紙」になっているようだ。

4.3　なにを食べないかという選択

このさき、私たちの食生活はますます多様化していくだろう。なにをどのように食べるかは、もちろん個人の自由だ。

ただ、「ある一つのものを食べる」ことは、「それ以外のものは食べない」という選択をすることでもある。たとえば、昼食に「かけうどんを食べる」なら、それは同時に「野菜や海藻を食べないこと」も選択している。この章の分析で、教育や世帯収入によって「なにを食べるか」が異なることがわかった。したがって、「なにを食べないか」も社会階層によって異なることになる。

そのため、自分では自由に食べているつもりが、気づかないうちに「食べていないもののリスト」を日々蓄積し拡大している可能性がある。さらにそれが、教育グループや世帯収入グループごとに異なるようである。

その結果、あるグループでは米や麺類などの主食や、肉などの主菜中心の偏った食事をし、別のグループではそれらに加えて副菜や乳製品や果物もしっかり食べるかも

(14) ヴェブレンは、見せびらかすための消費を「誇示的消費」とよぶ。Thorstein Veblen, 1899（＝1998 高哲男訳『有閑階級の理論――制度の進化に関する経済学的研究』筑摩書房.）

(15) 今回は食事の「材料」を分析したが、筆者は別の機会に「料理」と社会階層の関係を分析したことがある。まず、8つの料理を「どれくらい格が高いか」と質問し、100点満点で評価してもらった。その結果、高い順にうなぎ76・7、寿司71・5、天ぷら61・3、焼き魚50・1、みそ汁48・6、コロッケ・フライ43・1、ポテトチ

しれない。このように多品目で栄養バランスのとれた食事をするかどうかは短期間ならば影響はないだろう。しかし数十年の単位で考えると、違いが蓄積されることで、人びとの健康状態に深刻な格差を生みだすかもしれない(15)。

このように、なにかを食べるとき、それは個人的な選択であると同時に、所属する社会階層からも影響をうけていると理解する必要があろう。そのうえで、「なにを食べていないか」を意識することが、現代社会ではもとめられているのかもしれない。

ップス24・5、カップ麺21・6だった。さらに、教育が高い人ほど、格の高い食べ物を食べていた。小林盾 2012「食べ物に貴賤はあるか―社会規範と社会調査」米村千代・数土直紀編『社会学を問う――規範・理論・実証の緊張関係』勁草書房.

付記

「二〇〇九年社会階層とライフスタイルについての西東京市民調査」は、成蹊大学アジア太平洋研究センターの助成をうけた（アジア太平洋地域における社会的不平等の調査研究、共同研究プロジェクト、二〇〇八～一〇年度、研究代表者・小林盾）。「二〇一〇年社会階層とライフスタイルについての西東京市民調査」は、日本学術振興会科学研究費補助金の助成をうけた（「非正規雇用労働をめぐる社会的格差の調査研究：若年世代のキャリア形成に着目して」基盤研究(C)、二〇〇九～一一年度、研究代表者・小林盾）。

2 人間関係

都市と農村にどのような格差があるのか

辻 竜平

1 問題

本章では、多くの人々の生活と他者とのつきあい方を調査し、ライフスタイルと人づきあいとの間には関連が認められることを示したい。

まず、山間部のある農村集落での人間関係を素描してみよう。「私」の年齢は40歳、過疎化のため同じ集落に同級生は一人しかいない。以前は他にもいたが、みんな就学や就職のため、大都市や隣接する地方都市に出てしまった。集落では年齢の離れた人たちとも、まずまず仲良くやっている。私は兼業農家で、平日は10キロほど離れた最寄りの地方都市に働きに出ていて、週末は田んぼで農作業をしている。職場での人間関係もあるが、集落の人たちとの人づきあいの方が多いくらいだ。たとえば、週末には、道普請や溝さらい(1)といった共同作業に駆り出されることもしばしばある。私は集落の中では「若手」なので、よほどのことがないと休めない。また同じ理由で、消防団への加入も半ば強制である。でも、作業や役目が終わったあと、集落の集会所でみんなで酒を酌み交わし、語り合うのが好きだ。この仲間たちとは、集落の神社で春と秋に行う祭りも一緒で、共同作業や祭りについて、一月に一、二度部落会で話し合う。このように、私の生活は、何をするにもこの集落の人々との関係なしに考えられない。いつも一緒だと言ってもよいだろう。妻や子どもたちとて、状況はあまり変わりない。集落の他の人たちの人づきあいも、およそこのようなものである。

さて次に、比較的大きな都市での人間関係について素描してみよう。「私」の年齢は、やはり40歳、ある会社の支店で働く正社員である。私のふだんの人づきあいは、会社が中心である。週末も会社の人たちとゴルフに行くことがある。残業はそれほどなく、週に二回、趣味のバンド活動をしている。このメンバーとは、会社の友人に誘われて行ったバーベキュー・パーティで出会って意気投合したのだった。また、毎年開催されるクラシック音楽祭のボランティアもしている。妻とは七年前に結婚し、幼稚園に通う子どもが一人いる。妻は結婚するまで働いていたが、子どもができて会社を辞め、今は専業主婦である。子どもが小学校に入ったら、パートに出たいと言っている。妻は近所や保育園のお母さんたちの中に、数人、気の合う友人がいて、子育ての相談などもしているようである。聞くところでは、生活や子育てなどの考え方の似

(1) 道普請とは、いわゆるあぜ道(農道)の修理・保全などのこと、また、溝さらいとは、用水路に詰まった土砂などを取り除く作業である。各地で呼び方が異なるが、農村集落においては、広く見られる共同作業である。

た人同士が仲良くなることが多いそうである。一方で、私たちは、妻が子どもを通じて知り合った人以外、近所の人たちをあまり知らない。私も県内で異動の可能性があり、近所の人たちと関係を持つ必要性をあまり感じていない。災害時には、これではまずいかなとは思うのだけれど。町内会費は払っているが、町内会の会合に参加することもなく存在は遠い。地元という感じもなく、年に一、二度回ってくるゴミ当番をこなすくらいだ。

上の二つの典型的な事例の素描から、ライフスタイルと人間関係には、何か関係がありそうだと感じていただけたのではないかと思う。

二つの素描から気づくこととしては、集落の人づきあいにおいては、何をするにしても、同じ人たちと行うことがきわめて多いということである。ある活動と別の活動とを行うメンバーに重なり（オーバーラップ）がある。都市部と比べれば、人間関係は閉鎖的である(2)。そのため、集落の中での人間関係は、きわめて重要である。何か全体の意思に背くようなことをしてしまったら、今後他の人たちからまともに付きあってもらえなくなるかもしれない。「村八分」という表現がまさにぴったり来る。しかし、ある程度自分の欲望は抑えながらも中庸にやっていけば、安定した関係が構築され、それはそれで幸せな生活を送れるのである。

一方、都市における人づきあいは、多様である(3)。会社を中心に生活が回っていても、趣味のグループやボランティアなど、多様な関係を築いている。そこで新たな

(2) 農村における人々の密接な関係性について記した比較的新しい文献として、次の二点を挙げておきたい。恩田守雄 2006『互助社会論』世界思想社；原（福与）珠里 2009『農村女性のパーソナルネットワーク』農林統計協会.

(3) 都市における人間関係についてネットワークの観点から重要なものとしては、Claude S. Fischer,

関係性ができるところも重要である。このように、農村集落と比べれば、人間関係は開放的である。見知らぬ人々を含め、周りに多くの人たちがいることは当たり前のことであり、その中から、趣味や考え方の似た人たちを選びながら生きている。転勤で別の土地に行くことになっても、意見の相違から関係がこじれてしまっても、また別の人たちと新たに関係をつくればよい。その意味で、人間関係は代替可能である。社会学的には、同種の機能を持つ他者は、機能的に等価であるというわけである。

やや前置きが長くなってしまったが、ここで本章の目的を示したい。まずは、上に素描した典型的な話が、実際にそのようであることをさまざまな側面から実証することである。そうすることによって、人々がそれぞれの土地で人間関係を築きながら適応し、それぞれのライフスタイルを持って生きていること、すなわち人間関係とライフスタイルとの関連を示すことができるからである。

2　データと方法

本章で使用するデータは、筆者らが二〇一〇年一一月に長野県内10市町村を対象として行った調査から得られたものである。10市町村のうち、4市町村は有意抽出、6市町村がランダム抽出であった。ここでは、ランダム抽出された6市町村（3市3町村）1169人のうち、728人（有効回収率62・3％）から得たデータを使用する

1982, *To Dwell among Friends*, Chicago: The University of Chicago Press.（＝2002 松本康・前田尚子訳『友人のあいだで暮らす』未来社）を挙げておきたい。日本においては、次の二点がその影響のもとに生まれている。大谷信介 1995『現代都市住民のパーソナル・ネットワーク』ミネルヴァ書房；金子勇・森岡清志編著 2001『都市化とコミュニティの社会学』ミネルヴァ書房.

（表2・0参照）。

以下では、市部と町村部において、人づきあいがどのように異なるかを比較していく(4)。友人・知人数の比較を行うために「電話帳法」という手法を用いる。

まず、全国のNTTの電話帳をデータベース化したソフトウェア(5)を用いて、全国に比較的まんべんなく分布し、かつ比較的軒数の多い30位～100位の苗字の中から、任意に20個を抽出した。この20個の苗字のそれぞれについて、調査対象者に何人友人・知人がいるかを問うた。各対象者が持つ友人・知人数は、各人が持つ20個の苗字の友人・知人数の約24倍と推測できる(6)。

表2.0

調査の名称	地域の暮らしと人間関係に関する調査
実施者	地域間格差研究会（事務局：信州大学人文学部社会学研究室）
母集団	長野県6市町村在住の有権者（2010年9月2日時点）
計画標本	6市町村の20～54歳100人，55～79歳100人　1,200人
標本抽出	長野県3市3町村を無作為抽出。市部は有権者数に確率比例させて4投票区を抽出し，各投票区から25人ずつ系統抽出。町村部では全域から系統抽出
調査法	自記式調査票を郵送
調査期間	2010年11月　3週間（催促期間　1週間含む）
有効標本抽出	1,169人（住所不明31人を除く）
有効回答数（率）	728人（62.3%）

（4）以下、得点化できるものは対応のない t 検定、得点化できないものは χ^2 検定を用いて統計的検定を行う。

（5）「写録宝夢巣 ver.7」（二〇〇四年度版）。

（6）この電話帳ソフトウェアの全掲載軒数は2819万1237軒、20個の苗字の軒数合計は118万1786軒であり、その割合は、1,181,786 / 28,191,237 = 0.0419 ≒ 4％ほどである。

3 分析結果――市部と町村部における人間関係

3.1 友人・知人数と集団加入率

こうして求められた市部と町村部の友人・知人数は、市部の平均が２９７・５人（標準偏差２７３・６）、町村部の平均が２５７・６（標準偏差３１０・３）であった(7)。市部と町村部の友人・知人数には統計的な有意差が認められた(8)。

次に、人々がどのような集団に加入しているかを見てみよう。この調査では、25種類の集団を挙げ、そのような集団に加入しているかどうかを問うた。それらは、大きくは、地縁集団（自治会、消防団など）、教育系集団（ＰＴＡ、育児サークルなど）、同窓会、ボランティア系集団（生協も含む）、利益集団（商工会などの同業者団体、政治家の後援会）、広域イベントの実行委員会、趣味や娯楽の集団（音楽系、運動系など）、その他の集団の8種類に分けられる。そこで、種類ごとに一つでもそのような集団に加入しているかを検討した。

地域と集団加入との関連でクロス表を作成し、集団ごとに地域間の比較をしたところ、有意差が認められたのは、地縁集団、同窓会、広域イベントの実行委員会であり、いずれも、町村部で加入率が高かった。さらには、ボランティア系集団と利益集団も、町村部において高い傾向が認められた。教育系集団、趣味や娯楽の集団、その

(7) この分布は、右側の裾野が長い分布となるため、この値に1を足したものの自然対数を取ってから t 検定を行った。

(8) 知人数について、性別、年齢層などで差があるかを検討した結果は、以下のとおりである。ただし、知人数の分布は対数正規分布に近い形状をしているので、知人数の平均値と括弧内に標準偏差を示すが、検定時においては、知人数＋１の自然対数をとったものについて t 検定または一要因分散分析を行う。有意差のあるものもあるが、本章の趣旨とは外れるので、別表に記すのみとする。

他の集団については、有意差は認められなかった（表2・1）。

このように、人づきあいの全体的な量を示す友人・知人数については、市部の方が多いのだが、具体的な集団加入になると、一貫して町村部の方が多いことがわかった。特に、地縁集団では、町村部での加入率が圧倒的に高い。市部での人づきあいは、一つ一つの集団において知り合う他者の数が多いか、あるいは、集団に加入することによらない、ちょっとした知り合いが多いと考えられる。

3.2 地域活動への評価

このように、市部と町村部では、地縁集団への加入率には大きな差があったが、彼らの地域活動量や地域社会に対する評価は違っているのだろうか？　そこで、清掃・美化活動、防犯・防災活動、ゴミ出しの監視、健康体操や介護予防活動といった日常活動と、地区運動会や地区の祭りといったイベント活動について、どのくらい参加しているかを「よくしている」～「全くしていない」の4段階尺度で問うた(9)。そ

表2.1

	地縁集団*	教育系	同窓会*	ボランティア†	利益集団†	広域イベント*	趣味・娯楽	その他
	%	%	%	%	%	%	%	%
市部	48.6	10.8	26.7	16.2	11.1	3.3	21.9	4.2
町村部	64.4	12.1	34.5	21.6	15.5	7.5	21.8	6.9

$\chi 2$検定　†$p<.10$　*$p<.05$

注8　表

性別	男性	314.9 (361.0)	傾向差あり
	女性	244.7 (213.1)	
年齢	20代	278.9 (318.9)	有意差なし
	30代	291.6 (320.4)	
	40代	283.2 (244.3)	
	50代	277.4 (223.6)	
	60代	289.1 (330.0)	
	70代	246.4 (327.4)	
学歴	中学	176.6 (165.0)	有意差あり 事後検定 中学とほかの多くの層の間に差が見られた
	高校	305.4 (325.9)	
	専門学校	256.9 (277.0)	
	短大	273.8 (221.3)	
	大学	317.4 (312.5)	
	大学院	301.2 (144.2)	

世帯収入	100万円未満	152.2 (135.5)	有意差あり 事後検定 100万円未満は300万円以上の多くの層より友人・知人数が少なかった
	100～200万円	237.5 (227.1)	
	200～300万円	226.5 (311.8)	
	300～400万円	305.0 (293.7)	
	400～600万円	307.5 (359.3)	
	600～800万円	286.5 (304.2)	
	800～1000万円	311.3 (244.5)	
	1000～1500万円	352.4 (243.4)	
	1500万円以上	288.0 (212.0)	

の結果、日常活動の平均値は、市部で1・91点、町村部で2・05点、イベント活動の平均値は、市部で1・99点、町村部で2・24点となり、いずれの活動量も町村部の方が統計的に有意に多かった（図2・1左）。

次に、地域社会に対する評価では、2因子が抽出された(10)。一つは、「現在住んでいる地域と住民に愛着を感じている」や「この地域の人は、みんな仲間だという気がする」など5項目からなる「愛着と一体感」因子、もう一つは、「近所のどこにどのような人が住んでいるかよく知っている」や「私のことは近所の人によく知られている」など5項目からなる「人間関係情報」因子であった。各因子について、それに含まれる項目の平均値をとって評価の点数とした。その結果、愛着と一体感の平均値は、市部で2・84点、町村部で3・01点、人間関係情報の平均値は、市部で2・69点、町村部で3・07点となり、いずれの評価も町村部の方が統計的に有意に高かった（図2・1右）。

このように、町村部での地域活動量や地域社会に対する評価は、市部よりも高いことがわかった。前節では、市部での人づきあいは、一つ一つの集団において知り合う他者の数が多いか、あるいは、集団に加入することによらない、ちょっとした知り合いが多いかだろうと考えたのだが、前者によるのであれば、活動量や評価はより高くなると考えられるだろう。そうだとすれば、市部での人づきあいは、集団に加入することによらない、ちょっとした知り合いが多いことによるという解釈の方が適切だと

図2.1

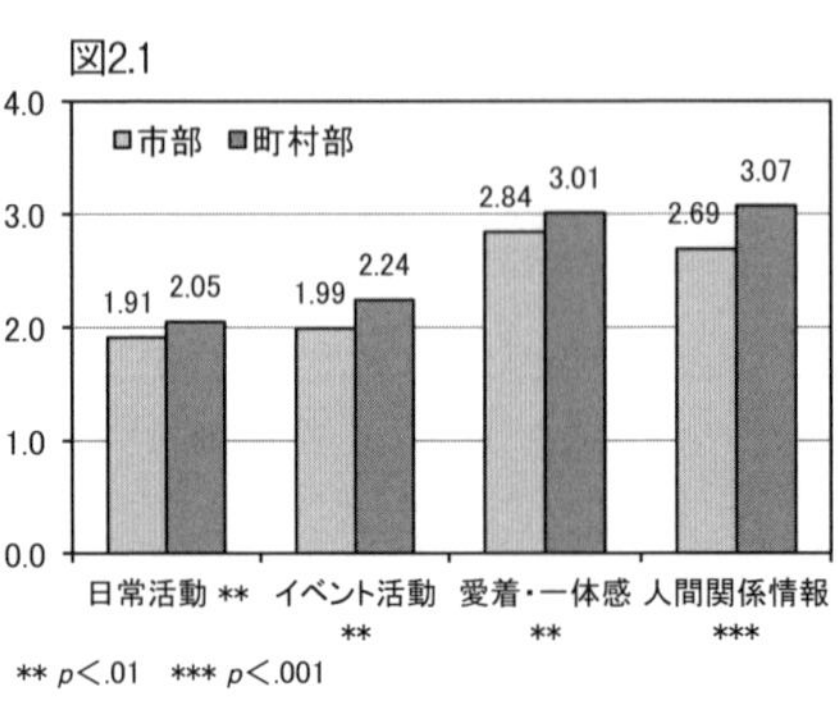

** $p<.01$ *** $p<.001$

（9）イベント活動については、そのような活動が「そもそもない」という選択肢も設けた。この場合は、分析から除外している。因子分析（主因子法バリマックス回転）を行ったところ、日常的な活動とイベント活動は別因子としてまとまったので、それぞれの平均値をとって活動量とした。

思われる。

3.3 一般的信頼

その解釈が適当であるかどうかを、他者に対する信頼という側面から検討してみよう。ここで「一般的信頼」という概念を導入する。一般的信頼とは、個別の他者ではなく、他者一般に対する信頼である(11)。人間というものに対する信頼といってもよいだろう。われわれは、さまざまな人々と交際するなかで、他者一般に対する信頼感を形成していくことになる。一般的信頼の測定には、山岸(1998)が開発した一般的信頼尺度を用いた。この尺度は6項目からなるが、そのうちの3項目(「私は人を信頼するほうである」「ほとんどの人は信頼できる」「ほとんどの人は基本的に善良で親切である」)を「そう思う」~「そう思わない」の4段階尺度で尋ね、その平均値をもって一般的信頼の得点とした。その結果、市部で2・78点、町村部で2・80点となり、有意差は認められなかった。これは、直感に反する結果かもしれない。もし、市部の方が、町内などの範囲での人づきあいや活動量が少なく、より広い範囲で人づきあいや活動をしているのであれば、町内の人への信頼にとどまらず、他者一般に対する信頼が高くなると予想されるからである。しかるに、一般的信頼に差がないのはなぜだろうか?

そこで、「あなたは、次にあげる人たちをどのくらい信頼できると思いますか」と

(10) 12項目を用意して評価してもらったものを因子分析したところ、2項目の共通性が低かったのでこれらを取り除き、10項目で再度因子分析(主因子法バリマックス回転)した。

(11) 山岸俊男 1998『信頼の構造』東京大学出版会.

いう質問に対して、「同じ町内や集落に住んでいる人たち」「同じ市町村に住んでいる人たち」「長野県内に住んでいる人たち」「日本人」という項目を設定し、「信頼できる」〜「信頼できない」の4段階尺度で尋ねてみた。その平均値をみると、図2・2のようになった。

つまり、町村部では、町内・集落や同じ町村に住んでいる人たちへの信頼が高いが、市部では日本人に対する信頼が高いということである。ここから、「一般的」信頼が問われたときに、人々が想定する他者が違っているのではないかと考えられる。町村部では比較的地理的に近接した他者を想定するのに対して、市部では日本人全体が想定されるのである。この二つのことが相殺され、一般的信頼尺度の点数は、市部と町村部で差がなくなってしまったのであろう。この意味で、町村部の人々のもつ「一般的」信頼感は、決して「一般的」ではなく、むしろ、地理的に身近な人々に対する信頼感を一般化したものということになるだろう。

4　まとめ

ここまでの分析をまとめてみよう。まず、市部と町村部では、市部の方が友人・知人数が多い。一方、集団加入率は、一貫して町村部の方が高いことがわかった。また、地域活動量も、町村部の方が高かった。このような事実からすれば、町村部は、

図2.2

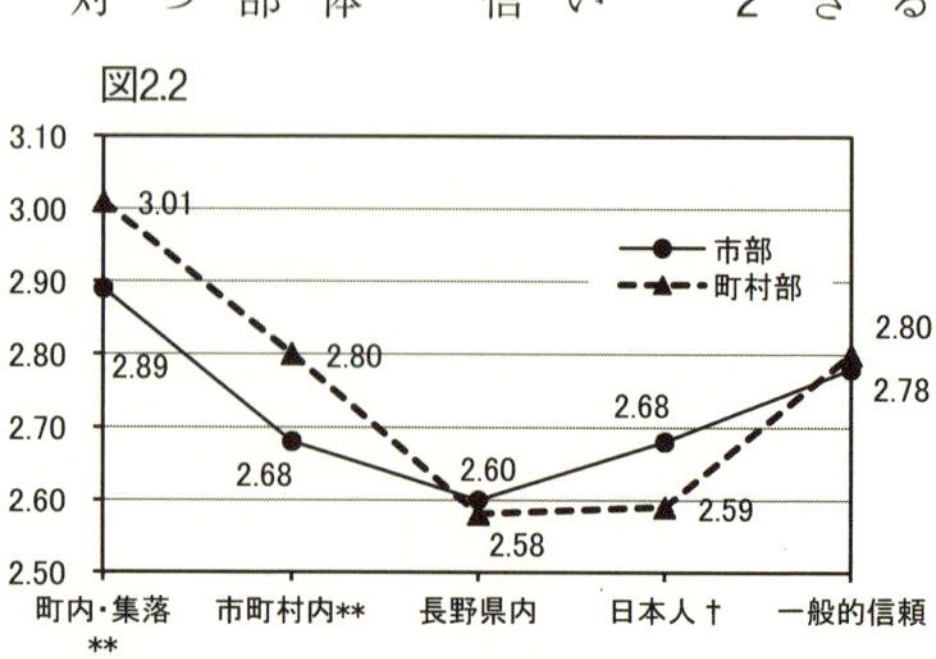

†<.10　**p<.01

地縁的な集団を含め多くの集団に所属することによって他者との交流を行うが、それらの集団間にはメンバーの重なり（オーバーラップ）がかなり多く、集団加入数が多い割には、友人・知人数が少ないことが読み取れる。この意味で、町村部の人間関係は閉鎖的である。一方、市部においては、（集団に全く加入しないというわけではないが）、集団の加入によらない、ちょっとした知り合いが多くいることによって、全体的な友人・知人数が多くなると考えられる。また、集団によらないという意味で、市部の人間関係は開放的である。

このような人づきあいの違いは、地域社会に対する評価や、他者への信頼といった評価的側面に現れてくる。地域社会に対する愛着も地域社会における人間関係情報も、町村部の方が高い。一般的信頼には差はないが、その内訳を見ると、町村部では町内・集落と、同じ町村に住んでいる人たちへの信頼が高いが、市部では日本人に対する信頼が高いのである。

さて、本章の冒頭で、都市と農村集落における人づきあいの素描を行った。その妥当性について、分析結果をふまえて見てみよう。

町村部では、冒頭に挙げたように、農作業を通じた人間関係が基盤となり、多くの集団はメンバーシップにオーバーラップがあるため、非常に濃密な人間関係となる。集団営農組織に農作業を任せてしまうこともあるが、それでも地縁的な関係が切れるわけではない。また、田畑を持たず農業とは関わりのない人たち（たとえば土建業を営む人）もいるが、彼らが居住地において何らかの人間関係を築こうと思えば、地縁的な集団と関係を持たざるをえない。このようにして、町村部においては、好むと好まざるとにかかわらず、閉鎖的で濃密な関係に組み込まれてしまうわけである。このような人づきあいの仕方は、町内・集落や同じ町村内の他者に対する信頼感を高めることにつながる。そして、彼らの「一般的信頼」とは、そのような範囲にいる人たちに対する信頼を一般化しているのである(12)。

一方、市部においては、さまざまな人間関係が存在している。それは、集団加入＝所属によって得られるものもあるが、そうではないような、ちょっとした人間関係も多い。会社での人間関係が中心であるが、趣味や娯楽の集団は会社のメンバーとは重なっていないために心おきなく楽しむことができる。ただ、それらの集団が全く独立しているかというとそうではなく、集団に所属するきっかけとして、友人からの紹介を受けたりすることが多い。これは、ある種の人物保証として、その集団の新旧のメンバーにとって安心感をもたらしていると考えられる。

このように、市部では緩やかなつながりを持つことによって、開放的な人間関係が形成されていくのである。友だちの友だちが既知の人ではなく、未知の人であり、そこで未知の人と友人・知人となることによって、市部の方が友人・知人数が多いという事実に結びつく(13)。このような人づきあいの仕方は、町内や同じ市内の人々に対する信頼を特別に高いものとはせず、むしろ日本人全体に対する信頼を相対的に高く

(12) ただし、町村といっても、ここで挙げたようなところばかりではないだろう。大都市近郊の町村は、大都市のベッドタウンとなっているようなところもあり、様相は違っているだろう。

(13) もちろん、友人の友人がすでに友人であることもあるだろうし、友人の友人が未知の人である場合に、すべての未知の人と既知になるのではないから、市部において、町村部より友人・知人数が圧倒的に多くなるわけでもない。

持つことになるのである。

以上、都市と農村での友人関係を含む人づきあいが、かなり異なることを調査データをもとに示し、その解釈を試みた。どちらのライフスタイルが好ましいとか優れているとかいうつもりはない。それぞれの土地に適応的なライフスタイルがあるというべきであろう。

農村には、濃密な人間関係に疲れて、都市に脱出したいと思い、実際そうする人も多い。しかし、都市に出て適応できずに、再びUターンやJターンすることも多い。農村での人づきあいの仕方に慣れてしまうと、都市での人間関係がドライに思えたり、次々と目的に合わせて新しい人間関係を構築していくやり方になじめなかったりするのだろう。逆に、都市には、土に触れる生活を志向して、Iターンを試みる人がいる。しかし、農村での暮らしに溶け込めずに、また都市に戻ってしまうこともある。暮らしの不便さは覚悟していたものの、集落の人たちとの濃密な人間関係になじめなかったのかもしれない。

ライフスタイルに合わせて自由に住む場所を選べばよいというのは、ある面ではそのとおりだが、それに付随するその土地ごとの人間関係のあり方も同時に受け入れなければならないことに、十分注意すべきだろう。

【研究トピック1】温泉 非日常の空間演出とは

金井 雅之

【温泉旅行の変化】 旅行とは、日常生活をいっとき離れて明日への力を蓄えたり、家族や友人、職場の仲間と思い出となる時間を共有し、人生を彩る大切な経験である。なかでも、人気の高い温泉地では、大地から湧き出した豊かな湯にゆったりと身をゆだね、飲食店や土産物屋をひやかしながら気心の知れた人たちと浴衣《ゆかた》姿でそぞろ歩きを楽しめる。温泉（地）は、身も心もリフレッシュできる非日常の空間を演出する、有力な観光資源である（**写真**）。

日本観光振興協会が一九六四年からほぼ隔年でおこなってきた「国民の観光に関する動向調査」(1)によれば、高度経済成長期の一九六〇年代には宿泊観光旅行の主な目的の6割以上を占めていた「慰安旅行」は、二〇〇〇年代には2割以下まで減少する。それに対して、「温泉に入る・湯治」を主な目的とする旅行は、統計を取り始めた一九八〇年代から一貫して伸び続け、二〇〇〇年代には「慰安旅行」を上回るまでになっている。

（1）日本観光振興協会編 2012『観光の実態と志向（第30回）』日本観光振興協会。

城崎温泉外湯「御所の湯」（兵庫県豊岡市）

筆者撮影

旅行目的の変化は、旅行形態の変化とも連動している。同調査によれば、同行者の種類として「職場・学校の団体」と答えた人は一九七〇年代以降減少し続けているのに対して、「家族」と答えた人は特に一九九〇年代以降急速に増え続け、最新の二〇一〇年には47・2％に達している。宿泊観光旅行の二回に一回は家族と一緒に楽しむ時代になったのである（図1・1）。

しかしながら、データを仔細に眺めると、温泉に行くという経験の意味が、ライフステージや世代によって微妙に異なっていることも見えてくる。

再び「国民の観光に関する動向調査」によれば、旅行先での行動（複数回答）として「温泉浴」を挙げた人は、男女とも年齢が上がるにつれて増える。50代以上の年齢層では、特に女性の6割以上が温泉に入ると答えており、有力な客層にもなっている。一方、若年層では宿泊観光旅行先で温泉に入る人が相対的に少なく、20代では3割程度でしかない。最近の若い人たちは温泉を好まなくなったのであろうか？

日本交通公社で長年温泉地の研究に取り組んできた久保田美保子は、この問いに興味深い解答を与えている(2)。環境省の「温泉利用状況経年変化表」によれば、一九九〇年代のバブル崩壊以降、温泉地での延べ宿泊者数は減少が続いているのに対して、温泉を利用した公衆浴場数は一九八〇年代以降増加し続け、近年では八千軒近くに達している。これは掘削技術の進歩等により大都市の近くでも比較的簡単に「温泉」を提供できるようになったことと関係している。久保田は、関東近郊の温泉旅館

トピック図1.1

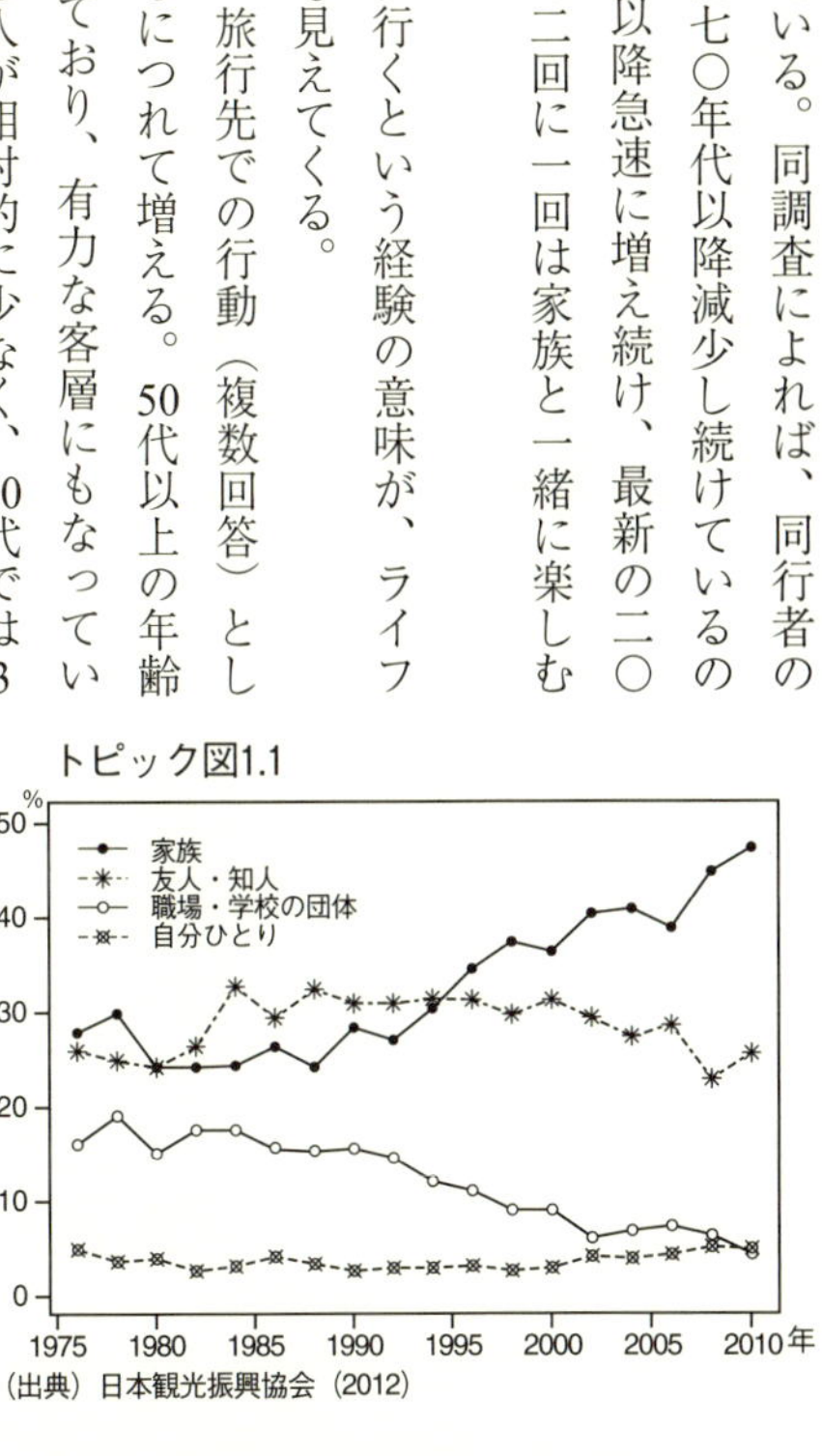

（出典）日本観光振興協会（2012）

（2）久保田美保子 2008『温泉地再生——地域の知恵が魅力を紡ぐ』学芸出版社.

経営者が語った「どうも若い子たちの中では、温泉といったら日帰りのことを言うみたいなんだ」ということばを紹介している。つまり、若い人が温泉自体を好まなくなったわけではなく、「温泉地にしかない温泉＝ハレのときに行きたい温泉」と「どこにでもある安・近・短・楽の新しい温泉＝ケのときに行く温泉」との境界線が曖昧になりつつあるのが、現代の温泉地が抱える課題なのだという。

【ハレの温泉・ケの温泉】 そこで、どのような社会的地位にある中高年女性が「ハレの温泉」および「ケの温泉」に行く頻度が高いのかを、社会調査データによって確認しよう。使用するデータは、「二〇〇九年社会階層とライフスタイルについての西東京市民調査」である（**表1・0**）（3）。「一泊以上の温泉旅行」を「ハレの温泉」、「スーパー銭湯、スパ施設」を「ケの温泉」とみなし、それぞれに「年に一回程度」以上行く人の比率を社会経済的地位別に示したのが**図1・2**である（調査票問12参照）（4）。

まず、「ハレの温泉」すなわち温泉旅行に行くかどうかは、世帯収入の影響が大きい。具体的には、収入が高いほど

トピック表1.0

調査の名称	2009年社会階層とライフスタイルについての西東京市民調査
実施者	成蹊大学アジア太平洋研究センター共同プロジェクト
母集団	東京都西東京市在住　35～59歳　女性 1949年11月1日～1974年10月31日生まれ（2009年10月31日時点）
計画標本	1,200人
標本抽出・調査法	層化二段無作為抽出法　郵送調査
調査期間	2009年9～11月
有効抽出標本	1,197人（住所不明3人を除く）
有効回収数(率)	821人（68.6%）
分析対象	809人

（3）成蹊大学アジア太平洋研究センター共同研究プロジェクト「アジア太平洋地域における社会的不平等の調査研究」（研究代表者・小林盾）の一環である。

（4）図1・2には2変数間の単純関連を示しているが、本文の次の段落以降では、教育、職業、世帯収入、年齢、婚姻状況を統制した多変量解析において有意な関連のあった知見を中心に記述している。

よく温泉旅行に行く。また、教育では短大・高専卒がよく温泉旅行に行く傾向がある。

一方、「ケの温泉」すなわちスーパー銭湯やスパ施設に行くかどうかは、職業の影響が大きい。具体的には、契約・派遣や無職はあまりスーパー銭湯に行かない。また、教育では大学・大学院卒もあまりスーパー銭湯には行かない。

「ハレの温泉」には所得や学歴が高くて生活に余裕のある人たちがよく行くのに対し、「ケの温泉」は学歴が高いと敬遠する一方で、職業的地位が不安定ではそこにも行けない。強いていえば中間層が多く利用するという傾向が、読み取れるかもしれない。しかし、この調査では違いはそれほど顕著ではなく、むしろ両者の境界が曖昧になっているという久保田の指摘を裏づけると考える方が適切かもしれない。

【温泉地の挑戦】 最後に、全国各地の温泉地では、この課題を克服するためにさまざまな試みがおこなわれている。たとえば兵庫県北部にある城崎《きのさき》温泉は、七つの外湯を核とした回遊型の温泉地づくりに成功した例である（前掲写真）。城崎温泉では、各旅館の内湯の大きさを制限するなどして、宿泊客をなるべく外湯に誘導している。その結果、文学作品でも有名な大谿《おおたに》川の柳並木沿いに広がる温泉街には、各旅館の個性をこらしたカラフルな浴衣姿の若者グループやカップル、さらには小さな子ども連れの家族などが思い思いに散策し、飲食店でスイーツや地ビールを楽しんだり、昭和の匂いのする懐かしいボードゲームや、郊外型ショッピングセンターのゲームセンタ

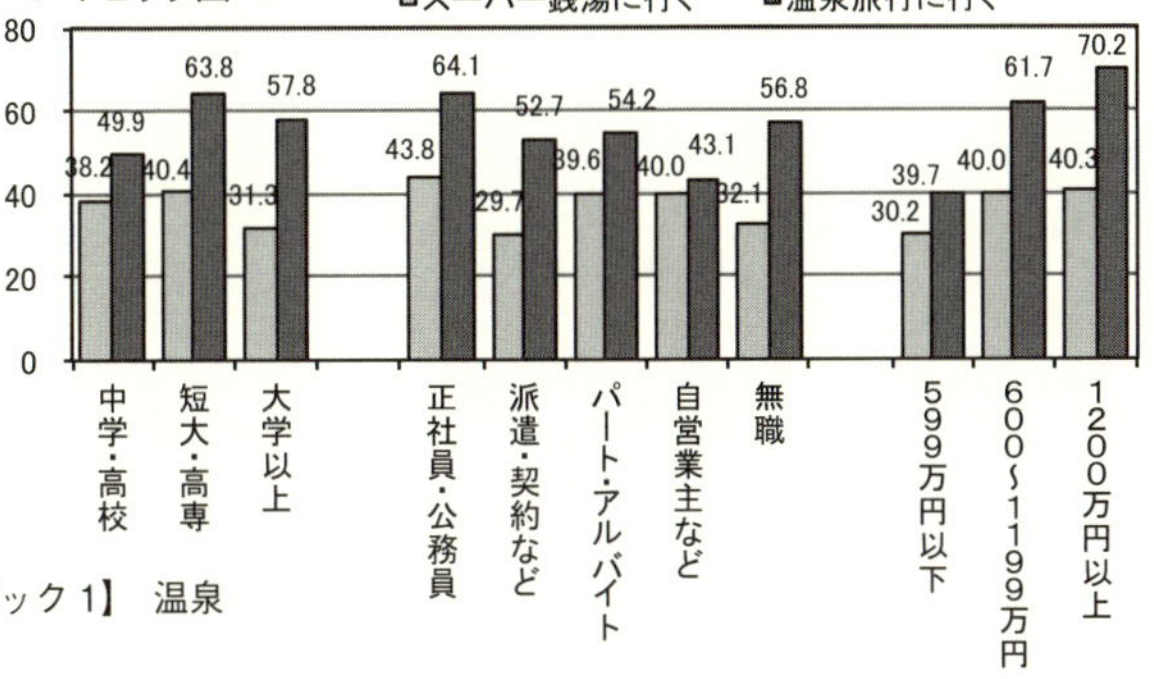

ーなどでよく見かける最新式のゲームを備えた娯楽施設でゲームに興じたりしている。

ライフスタイルや価値観がますます多様化しつつある現代社会においても、家族や友人と共に過ごし、経験を共にする時間の価値は、おそらく変わるものではない。非日常の空間を演出する知恵と仕掛けが、温泉地には求められている。

3 美容
美容整形・美容医療に格差はあるのか

谷本　奈穂

1　問題

1.1　美容整形・美容医療の広まり

現代の日本は美容大国である。化粧品の出荷額は約1兆5千億円にのぼり(1)、インターネットでは、化粧品や美容器具の口コミサイトが国内で最大規模のレビューサイトに成長している。また、美容専門雑誌も次々と登場している。たとえば、『ビーズアップ』(現・スタンダードマガジン、一九九七年創刊)、『VoCE』(講談社、一九九八年創刊)、『美的』(小学館、二〇〇一年創刊)、『マキア』(集英社、二〇〇四年創刊)、『美ST』(光文社、二〇〇九年創刊)などがあげられる(2)。

美容行為の中でも、化粧だけではなく、医療を利用した美容整形や美容医療も注目

(1) 日本化粧品工業連合会ホームページ http://www.jcia.org/n/st/01-2/(最終アクセス2013.3.31.)

(2) 『マガジンデータ2009』(二〇〇八年度版)によると、二〇〇八年度の発行部数は『ビーズアップ』14万600部、『VoCE』12万1292部、『マキア』12万667部、『美的』14万2583部である。なお『美ST』は、当初は『美STORY』という名前で創刊され、二〇一一年に改名している。

されている(3)。たとえば、前述の美容専門雑誌『美ST』二〇一二年三月号の表紙では、人気女優の笑顔の横に、「特集1　美ST世代の73％が経験済みです　もう、美容医療はスキンケア！」と大きな文字がおどっている。美容専門誌はもちろんのこと、ファッション誌やライフスタイル誌、従来ならカフェやランチの特集を組んでいたタウン情報誌においても、美容外科や美容皮膚科を紹介する特集がしばしば組まれるほどである。

以上のような状況から、美容整形や美容医療が広まっている印象を持つが、実際にどの程度広がりを見せているかについて、これまで調査されることはほとんどなかった。それどころか、少し前までは、美容整形や美容医療に関して、「私の生きている世界からは、すごく遠かったの。芸能人がやることだと思ってた」(4)、あるいは「美容整形はお金のある人々や有名人のもの」(5)などと語られるくらい、お金持ちや有名人がする行為と認識されており、特殊なイメージまであったといえる。

そこで、筆者は、二〇〇三〜二〇〇五、二〇一一、二〇一三年に、合計4225人に対するアンケート調査、および整形経験者と医師32人に対するインタビュー調査を実施している(6)。なかでも二〇一三年の調査によると、かなりの人数の人々が美容整形や美容医療を経験していることが明らかになった。これは男女2060人（20〜69歳）を調査したものだが、美容整形や美容医療を受けたいと思う人は20・9％、女性のみでは30・8％にもなる。また、実際にメスをともなう美容整形は40人（1・9

(3) 美容医療とは、レーザー、注射、投薬などを通じた、メスを使わない美容のための医療的措置を指し、プチ整形などと呼ばれることもある。レーザーで顔のシミを消したり、注射によってシワの溝を埋めたりするものである、場合によっては一重まぶたを二重にする施術も含まれる。

(4) 中村うさぎ (2004)

(5) Lorence and Hall (2004)

(6) 分析結果は次の文献にまとめているので参照されたい。谷本奈穂 (2008; 2012; 2013a)

%）、美容医療は82人（4・0%）が経験しており、どちらかを経験した人は106人（5・1%）いた。女性だけでは、89人（8・64%）が何らかの美容的な医療措置を経験したことになり、20人に1~2人いる計算になる。

さて、人々の美容に対する高い関心が予測されるが、次のような疑問が浮かんでくるだろう。いったい美容整形や美容医療を希望する人、受ける人とは「どのような人」なのだろうか。たとえば、かつてあったイメージどおり、「お金持ち」ほど希望し、実践するのであろうか。そこで本章では、美容整形や美容医療を希望する人や受けた人の特徴を見いだすべく、性別や年代、あるいは世帯年収や学歴といった「社会的属性」との関連を探ることにしたい(7)。

1.2 先行研究

K・デービスやE・ハイケンによれば(8)、美容整形は医療専門家、学者、一般の人々のいずれからも怪しいものと思われ、整形実践者は非倫理的として非難されたり、医学書においてナルシスティックで精神的に不安定な人間として描かれたりしたという。しかし、今や美容整形は一般に広まった社会現象であり、そのような認識では実践者を捉えきれない。

美容整形に関する研究は今でも多くはないが、本論に入る前に重要な先行研究に触れておきたい。

(7) ここでは「格差」を「社会的属性」の差として扱う。

(8) Davis (2003); Haiken (1997)

(9) 生物学の見地（蔵琢也など）、精神医学の見地（村松太郎など）で主張されることがある。

(10) Balsamo (1996); Bordo (2003); Gimlin (2002); Parker (2009); Holliday (2013)

第一に、ジェンダー論からの研究蓄積がある。外見の美が「異性に対する魅力の要素」(9)であるという前提に立てば、美容整形や美容医療は、異性に対する魅力を増すための行為として捉えうる。その問題点を鋭く指摘したのは、A・バルサモ、S・ボルド、K・デービス、D・ギムリン、R・パーカー、R・ホリデイらである(10)。これらの多くは、基本的に美容整形や美容医療を「社会の美の基準に無理やり合わせる行為」として捉える（「女性たちの主体化の契機」と捉える場合もあるが(11)）。日本のジェンダー論を牽引してきた論者たちも同様の指摘をしている(12)。彼女たちの主張によれば、社会には女性を縛りつける美の規範があり、美容整形はそれに従う文化的行為であると解釈されることになる。そして、問題となるのは、「外見上の平均的美の基準を押しつける文化構造とそこから生み出された一律な価値観」(13)であり、「美しさが女性にとっては義務として課せられていること」(14)となる。

第二に、精神分析学や心理学などを援用しながら、美容整形を一種の病理と考える議論もある。たとえば、S・ジェフェリーズは美容整形実践を「代理による自己切断」として描いている。あるいはV・ブラムは、美容整形をリストカットのような自傷行為と見なし、心理的障害と同様のものとして捉えている。そこでは、美容整形は「デリケートな自己嫌悪症候群」として特徴づけられる。また、E・ピッツテイラーのように、整形中毒者（Surgery Junkies）とよばれる人々が登場してきたことに注目する議論もある(15)。

(11) たとえば、ギムリン、デービス、バルサモは、美容整形が単に女性が受け身の犠牲者となる場所「以上」のものであると指摘している。

(12) たとえば、宮淑子（1991）; 荻野美穂（1996）など。特に美容整形を論じたものに西倉実季（2001）が挙げられる。

(13) 笠原美智子（1998）

(14) 井上輝子（1992）

(15) Jeffreys (2000); Blum (2003); Pitts-taylor (2007)

(16) それ以外にも、E・ハイケンによる歴史的な研究、J・メレディスによるメディア論的研究、川添裕子による人類学からのアプローチなどが重要である。

(17) ただし、モードに関する論考では、属性（特に階級）について論じるものがある。たとえば、W・ポッシュは「美は長いあいだ社会階層のあらわれであった。過去数世紀間は、もっぱら上流階級が主流となる美の理想型を形成してきた。彼らだけが外見を創造し実行する可能性と手段をもっていジェンダー論の視点、個の内面の病理を捉える視点として、これらの先行研究はいずれも重要である(16)。とはいえ、美容整形や美容医療と社会的属性に注目した研究は少ないといえる。おそらく美容整形をどう捉えるかという視点の違いによるものであろう。

美が、女性に押しつけられる一律な価値観であることを明らかにするには、「女性」という全体を想定する必要があり、精神分析や心理学の面からアプローチするには、「個」の内面を想定する必要がある。このような「女性」全体や「個」という捉え方は、有効性はあるものの、「どの社会的属性をもつ人が、美容整形や美容医療を受けるのか」という問題にはアプローチしづらい。本論は、まさにその問題にアプローチしようとするものである(17)。したがって、これまでになかった「社会学的な視点」による論考といえるだろう。

2 データと方法

データは、筆者が二〇一三年に行った身体(外見)に対する調査を用いる。調査会社に登録している日本在住の20～69歳男女を対象に、合計２０６０人の回答を得た。詳細は、**表3・0**の通りである。無作為抽出を用いないインターネット調査なので、結果は必ずしも日本人全体の傾向を反映したとはいえないことに留意されたい。

た」としている。時代が下るにつれてモードは大衆現象となったが、「それでもあいかわらず上流階級の美のスタンダードが次第に下の階層へと下降してくる」としている。このモードに対する認識は、「美容整形は芸能人やお金持ちがする」イメージと重なり合っている。しかし、それを確かめた研究はほとんどない。Posch（1999＝2003:25）。

表3.0

調査名	身体(外見)に対する調査
実施者	谷本奈穂
調査法	インターネット調査
標本抽出	有意抽出(20代, 30代, 40代, 50代　206名ずつ)
計画標本	調査会社に登録している日本在住の20～69歳 男女各1,030人　計2,060人
調査期間	2013 年12月

分析対象の回答者2060人の内訳は、男性1030人、女性1030人と同数、年代も20～60代までそれぞれ412人ずつ同数である。学歴を見ると、四年制大学卒業が36・3％と最も多く、次いで高校卒業32・4％となっている（男性は大学卒業が47・8％、女性は高校卒業が37・4％と一番多い）。職業を見ると、技術系、事務系、その他合わせて会社員が33・1％、専業主婦（主夫）が21・8％と多くなっている（男性は会社員49・5％、女性は専業主婦が43・4％で最も多い）。世帯年収を見ると、400～599万円が22・2％で最も多い。国税庁の平成二四年民間給与実態統計調査結果によるとサラリーマンの平均年収は408万円であり、回答者と近似している（**表3・1**）。

3　分析結果

3.1　意外と「格差」はない？

まず、美容整形・美容医療を「希望する」と「希望し

表3.1　*N*＝2,060

		n	%			*n*	%
性別	男性	1,030	50.0	職業	公務員	64	3.1
	女性	1,030	50.0		経営者・役員	44	2.1
年齢	20～29歳	412	20.0		会社員（事務系）	248	12.0
	30～39歳	412	20.0		会社員（技術系）	223	10.8
	40～49歳	412	20.0		会社員（その他）	213	10.3
	50～59歳	412	20.0		自営業	135	6.6
	60～69歳	412	20.0		自由業	40	1.9
学歴	中学	179	2.7		専業主婦（主夫）	449	21.8
	高校	407	32.4		パート・アルバイト	280	13.6
	高卒後専門学校	453	12.4		学生	91	4.4
	短大・高専	264	11.5		その他	92	4.5
	4年制大学	175	36.3		無職	181	8.8
	大学院	169	4.3	世帯年収	200万円未満	179	8.7
	その他	413	0.5		200～399万円	407	19.8
					400～599万円	453	22.0
					600～799万円	264	12.8
					800～999万円	175	8.5
					1000万円以上	169	8.2
					わからない／答えたくない	413	20.0

ない」に分け、両グループの性別、年代、学歴、世帯年収の間に関連があるかどうかを検討した。次に、同じ項目で、それらを「実際に経験した」と「していない」グループに分けて差があるかどうかを見ていく。

さて、美容整形・美容医療を「希望する」と「希望しない」において、「性別」と「年代」が統計的に有意な関連を示した（χ^2検定、1％水準）。男女、年代それぞれにおける割合を図3・1に示しておく。

女性は男性より希望が高く、希望者が全部で431人いるうち、男性113人、女性318人であった。その差は、相当に大きいことがわかった(18)。性差は、美容整形・美容医療への関心に、決定的に重要な要素である。

年代を見ると、若い層が、中高年層より関心が高かった。しかし、年齢が高い層においても、関心が低いわけではない。40代、50代は約17％、60代でも12％いる。特に、女性のみのデータに限ればさらに割合は高く、40代では27・7％、50代では25・7％、60代では21・4％にのぼっている。40～50代の女性の4人に1人以上が、60代でも5人に1人以上が美容整形・美容医療に関心をもっているのである。それ以外の学歴と世帯年収では、統計的に有意な関連は見られなかった。

次に、希望するかどうかではなく、実際に美容整形・美容医療を「経験した」と「経験していない」に分けて、同じく関連があるかどうかを検討した。ここでは「性別」のみが統計的に有意な関連を示した（χ^2検定、1％水準）。それ以外の項目では

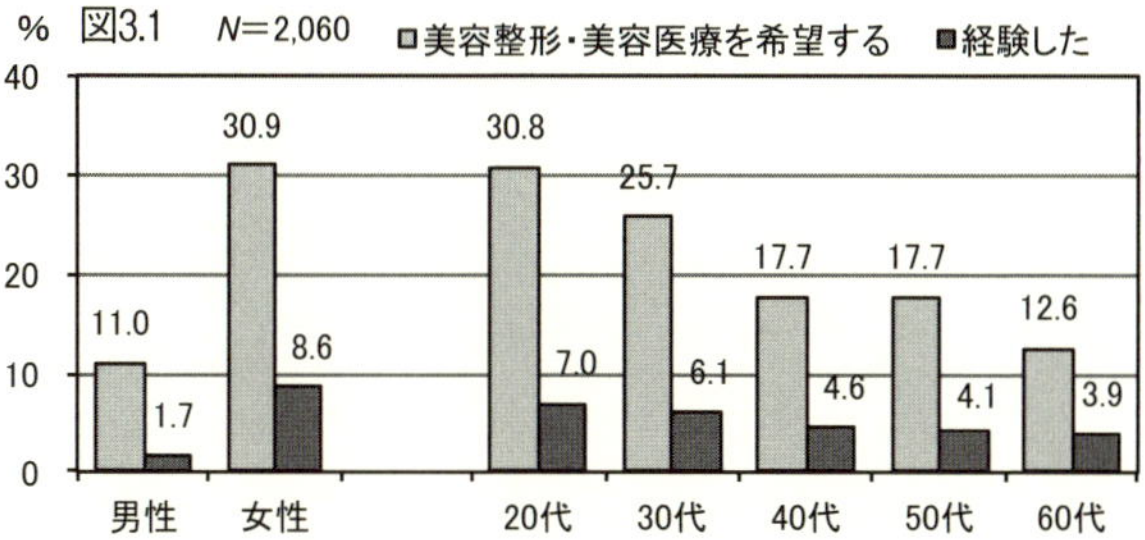

図3.1

(18) 別の調査で重回帰分析を行ったところ、性別は美容整形・美容医療を受けたいと思う大きな要因となっていたことも追記しておきたい。谷本（2012）参照。

関連が見られなかった。実際に施術を受けた経験者は、（希望者では関連があった）年代も関連していなかったのである。

中高年の美容整形・美容医療を「希望する」割合が低くなかったことを考え合わせると、むしろ意外なほど幅広い年齢層で美容に関心がもたれていると解釈すべきかもしれない。さらに、筆者による別の研究では、「美容整形または美容医療をしてみたい」という意識を規定する要因に「外見の老化を感じている」という意識が見いだされ、その上で「若く見られたい世代」は40代と50代の女性に多かった。さらに、40～50代の女性向け雑誌を分析したところ、美容医療へ巧みに誘う言説が埋め込まれていることが明らかになった(19)。このようなメディアの動きや、意識分析も関連させて考えると、今後、中高年層に希望者や経験者がさらに増えることも予測できる。

以上でわかったことは、まず、美容整形・美容医療への関心は、男性より女性がもっていること。次に、それ以外の要素における「格差」は、単純なものではないことである。つまり、年収が多いほど美容に関心がある（ないし実際に施術を受けている）とか、その逆で少ないほど関心があるとかではないのである。このことを踏まえて「格差」の代表例に当たる、世帯年収と学歴について、より詳しく見ていきたい。

3.2　世帯収入と美容整形

美容整形・美容医療に対して一般的に「お金持ちの行為」イメージがあった。事

（19）谷本（2012; 2013b）

実、筆者の調査においても、美容整形を「お金がかかる」とイメージする人が大勢いた。しかし、すでに述べたように、世帯収入が高いほど、美容整形・美容医療を希望していたわけではなかった（統計的に有意な関連は見いだせなかった）。

そこで、それぞれの世帯年収層の美容整形・美容医療希望者を図に示し、その詳細を見ていこう（**図3・2左**）。年収の低い層も高い層も、希望する割合は、さほど違っておらず、何らかの特徴は見いだせない。希望者、経験者いずれも、年収に比例していないことがわかる。

性差による影響を考慮して、年収ごとに、男女別の希望者・経験者の割合も見たが、いずれにおいても、年収には比例しておらず、そのほかの特徴も見いだせなかった。

したがって、希望者・経験者の割合はともに、収入による「偏り」が見られないといってよい。むしろ、世帯年収はどの層であっても、美容整形・美容医療を希望しうる。そして実際にどの層も、高額とされる施術を経験しているのである。年収格差を超える形で、「希望」も「経験」も普及しているといえよう。

3.3　学歴と美容整形

学歴による違いも確認しておきたい。前述したとおり、学歴が高いほど（あるいは低いほど）、美容整形・美容医療を希望するわけではなかった。しかし、データをな

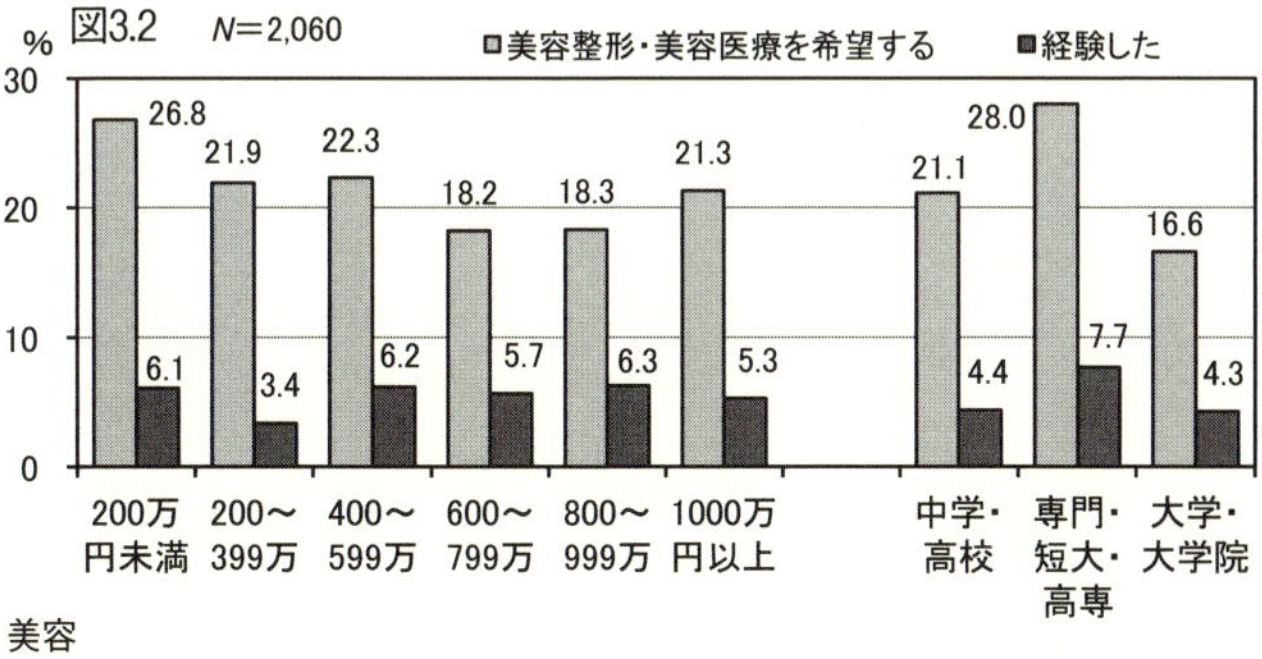

図3.2　*N*＝2,060

がめるとある種の特徴に気づく。その特徴をよりわかりやすくするために、ここでは学歴を「中学・高校卒業」、「(高校卒業後)専門・短大・高専卒業」「大学・大学院卒業」に分けて示す(図3・2右)(20)。

美容整形・美容医療の希望者は、中・高卒21・1%、専門・短大・高専卒28・0%、大学・大学院卒16・6%であった。ここでは、希望と学歴に統計的な関連が見られた(χ^2検定、1%水準)。学歴でいえば、ちょうど「中間」に当たる人たちが、美容整形・美容医療を希望しているのである。

性別による影響を考慮して男女別にデータを見ても、男性の希望者は中・高卒9・4%、専門・短期・高専卒12・6%、大学・大学院卒11・5%、女性の希望者は中・高卒29・6%、専門・短大・高専卒34・9%、大学・大学院卒27・4%であり、いずれにせよ、中間の学歴で最も割合が高くなっている。

美容整形・美容医療の経験者も、同じ特徴が見られた。中・高卒4・4%、専門・短大・高専卒7・7%、大学・大学院卒4・3%で、やはり中間の学歴の割合が高い(ただし統計的に有意な関連とまではいかなかった)。性別で見ると、男性では中・高卒1・6%、専門・短大・高専卒1・3%、大学・大学院卒1・8%と中間の学歴で高くなっていないが、そもそもいずれも人数が少なく、割合も1%台にとどまっており、一般性が低い。女性は、中・高卒6・5%、専門・短大・高専卒10・6%、大学・大学院卒9・6%と、ここでは中間の学歴者の割合が高くなっている。

(20) 中学卒業と大学院卒業の度数が少ないため、美容整形希望者や経験者の割合が相対的に上がっていたが、学歴を3つに分けることで、それぞれの度数が同じくらいになる。

全体として見た場合、学歴の中間層――高校を卒業して何らかの学校に通うが、四年制大学に進学しない層――が、美容整形や美容医療を希望し、なおかつ経験しているといえる（その層をより具体的にイメージすれば、女性が多いので、短大卒女性ということになるだろうが）。

以上から、次のような仮のストーリーを立てることが可能かもしれない。中間の学歴を持つ者が、身体の美化で獲得されるある種の「資本」をより志向する、と。この「資本」を、仮に「外見資本」と名づけておきたい。全面的に学歴資本に頼ることはできないが、かといって上階層への憧憬も捨て去ることができない。どうすればよいかと考えたときに、頼りになる資本の一つに外見資本がある。外見はもともと不平等に与えられるものだが、今や、医療の力で変えることができる（という幻想がある）。そこで、学歴では中間層（の特に女性）たちが、美容整形・美容医療を希望し、実際に経験するにいたるというストーリーである。

4 まとめ

社会学者・山田昌弘は、人々の持つ希望すら分裂した社会を「希望格差社会」と呼んだ(21)。しかし本章では、身体を美しくする希望（願望）は、世帯年収といった「格差」では説明が難しいこと、むしろ、その希望（願望）が格差を乗り越えて広がって

(21) 山田昌弘（2004）

いることを見てきた。お金持ちだけが希望し、経験するわけではなかったのである。

今や、美容整形や美容医療は「誰でもできる」と煽られる、「美容希望平等社会」になっているのかもしれない(22)。世帯年収による格差をものともせず、身体を美しくする希望(だけ)は、誰しもにあたえられる社会。また実際に美のために医療の現場に赴くことも可能だと、誰しもが考えてしまう社会である。

とはいえ、学歴による「格差」について見れば、希望をもつ傾向が強いのは、ちょうど中間層であることもわかった。つまり、外見資本を手に入れたいと望む、ある種の「層」が存在していたことが実証された。もう少していねいな分析が必要だが、階層や性差など、いくつかの社会的属性によって願望を煽られる「程度」は異なると考えられる。少なくとも、性別でみれば圧倒的に女性の方が強くその願望を煽られている。また、学歴では中間層ほど煽られている可能性が高い。

つけ加えるならば、実は「属性」の格差だけではなく、「意識」の格差が願望や経験に影響を与えている(23)。「意識」の格差は重要な要因であることも、間違いない。

ともあれ、本稿ではこれまで注目されてこなかった、性別・年代・年収・学歴といった社会的属性と、美容整形・美容医療の関係を探った。そして、ある種の社会的属性を超えて、それらが希望され経験されることを明らかにした。同時に、ある種の社会的属性によって、希望を煽られる程度が違うことも確認した。ただし、「なぜそうなるか」という分析までは、ここでは行っていない。いずれにせよ、美容整形と格差

(22) ただし、美容整形の希望や経験を周囲に公表するようなオープンさはない。美容整形経験者へのインタビューでは、周囲に秘密にし、知られることを恐れている人もいた。また、特に秘密にしていない人も、積極的に公言することはないと答えている。

(23) 谷本(2008)(前掲書)など参照。特に、もともともっている外見に対する自信といった「意識」の格差は重要で、二〇〇三〜〇五年、二〇一一年、二〇一三年の計三回の調査でも、共通した傾向が表れている。具体的にどのような傾向があるかは、別稿にて著す予定である。

の問題は、まだ研究のスタート地点に立ったばかりであり、今後、詳細な調査が必要となるだろう(24)。

付記

本章の調査は、日本学術振興会科学研究費補助金「美容実践を通じた中高年女性のアイデンティティの実証研究—世代・メディア・国際比較」基盤研究(C)、平成二三〜二五年度（研究代表者・谷本奈穂）を受けて実施されたものである。

文献

Balsamo, Anne, 1996, "On the Cutting Edge: Cosmetic Surgery and the Technological Production of Gendered Body," in *Camera obscure* 22, Jan.: 207-26.

Blum, Virginia, 2003, *Flesh Wounds*, University of California Press.

Bordo, Susan, 2003, *Unbearable Weight*, University of California Press.

Davis, Kathy, 2003, *Dubious Equalities and Embodied Differences*, Rowman & Littlefield Publishers.

Haiken, Elizabeth, 1997, *Venus Envy*, Johns Hopkins University Press.

Gimlin, Debra, 2002, *Body Work*, University of California Press.

Holliday, Ruth et. al., 2013, "Beautiful Face, Beautiful Place: Relational Geographies and Gender in Cosmetic Surgery Tourism Websites," *Gender, Place and Culture* 10, Routledge.

井上輝子 1992『女性学への招待』有斐閣.

Jeffreys, Sheila, 2000, "Body Art and Social Status: Cutting, Tattooing and Piercing from a Feminist Perspective," *Feminism and Psychology* 10(4): 409-29.

笠原美智子 1998『ヌードのポリティクス——女性写真家の仕事』筑摩書房.

Lorence, Z., P., and Hall, T., 2004, *Little Work: Behind the Coors of a Park Avenue Plastic Surgen*, St. Martin's Press.（＝2005 安藤由紀子訳『セレブな整形――キャサリン・ヘプバーンからシャロン・ストーンまで、ＮＹのトップ整形外科医が〝お直し〟の実態を暴露する』文藝春秋．）

宮淑子 1991『美の鎖――エステ・整形で何が起こっているか』汐文社．

中村うさぎ 2004『美人になりたい』小学館．

西倉実季 2001「美容外科にみる女性身体の医療化」『Sociology today』お茶の水社会学研究会 12: 40-55.

荻野美穂 1996「美と健康という病―ジェンダーと身体管理のオブセッション」井上俊ほか編『岩波講座現代社会学第14巻　病と医療の社会学』岩波書店．

Parker, Rhian, 2009, *Women, Doctors and Cosmetic Surgery*, Palgrave Macmillan.

Pitts-taylor, Victoria, 2007, *Surgery Junkies: Wellness and Pathology in Cosmetic Culture*, Rutgers University Press.

Posch, Waltraud, 1999, *Körper machen Leute: Der Kult um die Schönheit*, Campus Verlag.（＝2003 渡辺一男訳『なぜそんなに痩せたいの？――「美人」になりたい女の社会心理学』ＴＢＳブリタニカ．）

谷本奈穂 2008『美容整形と化粧の社会学――プラスティックな身体』新曜社．

―― 2012「美容整形・美容医療を望む人々―自分・他者・社会との関連から」『情報研究』関西大学総合情報学部 第37号 : 37-59.

―― 2013a「化粧広告と美容雑誌における科学―一九八〇年代以降を中心に」西山哲郎編『科学化する日常の社会学』世界思想社 51-88.

―― 2013b「ミドルエイジ女性向け雑誌における身体の「老化」イメージ」『マス・コミュニケーション研究』第83号 日本マス・コミュニケーション学会 : 5-29.

山田昌弘 2007『希望格差社会――「負け組」の絶望感が日本を引き裂く』筑摩書房．

【研究トピック2】テレビ　社会階層・ライフコースは視聴に影響を与えるか

朝倉　真粧美

【視聴率調査】　F「F1（エフワン）」「M1（エムワン）」ということばを聞いたことがあるだろうか？　これはビデオリサーチ(1)の個人視聴率の集計区分の通称で、表2・0の通りである。テレビの視聴に限らず、多くの調査で年齢を切り口とした分析をおこなうことが多いのは、年齢が意識や行動に与える影響が大きいからである。とはいえ、同じ年齢層でも、学歴・職業・年収やライフコースが異なると、意識や行動に違いが見られることもあるだろう。通常テレビ視聴はF1、M1などの年齢層で語られることが多いのだが、ここでは職業や学歴などの社会階層やライフコースを加味した区分を用い、テレビ視聴に関する意識や行動を見ていく。

分析対象は二〇一三年五月に東京30キロ圏（東京駅を中心として半径30キロ圏に含まれる市区町村全域）で実施したACR(2)(Audience and Consumer Report)の調査データで、2625名から回答を得ている(表2・0)。

【ライフコースとテレビ視聴】　F1、M1に分類される20～34歳の年齢層は、一五

(1)株式会社ビデオリサーチ(Video Research Ltd. 略称VR)は、テレビ、ラジオ番組の視聴（聴取）率調査などのメディアリサーチや、マーケティングリサーチを行う専門調査機関。

(2)ビデオリサーチが毎年個人を対象に実施している調査。ひとりの生活者に対してメディアの接触状況と消費・購買状況を同時に調査している。二〇一四年度よりACR／ex（エーシーアールエクス）として、タブレット端末による調査に変更。

年間に就職、結婚、子どもの誕生など、人生の節目となるライフイベントが多い。同じ年齢層に属する人々のなかで、ライフコースはさまざまである。人々の意識や行動は、同じ年齢層で共通するところもあれば、実際のライフコース上の生活から影響を受けるところもある。では、同じ年齢層のなかでライフコースはテレビ視聴に何らかの影響を及ぼしているのであろうか。

F1、M1は、「未婚で親と同居」「一人暮らし」「夫婦二人暮らし」「既婚で子どもと同居」などがおもな家族構成である。ここでは家庭内のポジションが対照的な「未婚で親と同居」（＝子どもの立場：娘F1息子M1）と「既婚で子どもと同居」（＝親の立場：母F1 父M1）のテレビ視聴を比較してみよう（表2・1、2・2）。男女とも、子どもの立場と親の立場は平均年齢が6歳違っている。

まずF1を見ていこう。娘F1と母F1は職業が大きく異なる。母F1は「主婦」が7割で、在宅時間が長いため、テレビの視聴時間も長いと思われる。実際に、一日の平均視聴時間は娘F1より母F1のほうが、90分ほど長い。

好きなテレビ番組ジャンルのトップはどちらも「国内ドラマ」で、2位・3位にはバラエティーやお笑い番組が並んでいる。「幼児・子供向

トピック表2.0

調査名	ACR（Audience and Consumer Report）
実施者	株式会社ビデオリサーチ
母集団	東京30キロ圏在住　12～69歳　男女
標本抽出	エリア・ランダム・サンプリング 住民基本台帳データと住宅地図データを使用した系統抽出
調査法	訪問留め置き調査　番組視聴率は日記式視聴記録（5分単位の記録用紙）から算出
調査期間	2013年5月13日（月）～26日（日）
有効回収数	2,625人

	グループ	略称
性別・年齢	20～34歳女性	F1
	20～34歳男性	M1
	35～49歳女性	F2
	35～49歳男性	M2
	50歳以上女性	F3
	50歳以上男性	M3
教育	高校・高等専修学校卒	高卒
	短大・高等専門学校・専門学校卒	短大卒
	4年制大学・大学院卒	大卒
世帯年収	0～500万円未満	
	500～1000万円未満	
	1000万円以上	

番組」は両者の差が最も大きく、娘F1が4・9%、母F1が42・5%であった。「幼児・子供向番組」は、娘F1にとってはなじみが薄いが、母F1にとってはわが子を通して身近に感じ、好ましく思えるジャンルなのだろう。

では、M1はどうだろう。一日の平均視聴時間は息子M1より父M1のほうが長いが、統計的に有意な差はない。息子M1は「大学生」と「無職」が4割を占めているので、父M1よりも在宅時間が長いとも考えられるが、実際のテレビ視聴には結びついていないようだ。

好きなテレビ番組ジャンルのトップはどちらも「お笑い番組」であるが、2位・3位には異なるジャンルが並んでおり、F1よりも違いが明確である。F1で差の大きかった「幼児・子供向番組」は、息子M12・5%、父M1 10・3%である。両者の差はF1に比べると小さいが、統計的に有意であった。

子どもを持つ親であるか否かによって、好きなテレ

トピック表2.1

	平均年齢	職業											平均視聴時間(1日)
		事務研究	労務作業	販売サービス	経営管理	専門職自由業	商工自営業	農漁林業	学生(1)	各種学校(2)	主婦	無職	
	歳	%	%	%	%	%	%	%	%	%	%	%	分
娘 F1 (103)	24	23.3	4.9	26.2	−	6.8	−	−	30.1	2.9	−	5.8	139
母 F1 (153)	30 **	9.8 **	3.3	12.4**	−	1.3*	−	−	− **	− *	72.5 **	0.7 *	229 **
息子 M1 (122)	25	15.6	18.0	18.0	−	4.1	0.8	−	34.4	0.8	−	8.2	104
父 M1 (97)	31 **	32.0 **	23.7	24.7	6.2*	7.2	5.2	1.0	− **	−	−	− **	126

F1＝女性20～34歳　M1＝男性20～34歳　(　)は実数　**$p<.001$　*$p<.005$
(1) 4年制大学・短大・大学院・専門学校を含む　(2) 料理学校, ビジネス学院, 予備校などを含む

トピック表2.2

	好きな番組ジャンルベスト3		
	1位 %	2位 %	3位 %
娘 F1 (103)	国内ドラマ 60.2	娯楽バラエティー 54.4	お笑い番組 50.5
母 F1 (153)	国内ドラマ 59.5	お笑い番組 52.3	情報バラエティー 46.4
息子 M1 (122)	お笑い番組 46.7	アニメ・マンガ 44.3	娯楽バラエティー 40.2
父 M1 (97)	お笑い番組 56.7	サッカー (日本代表戦) 42.3	ニュース 38.1

F1＝女性20～34歳, M1＝男性20～34歳　複数回答

ビ番組ジャンルに違いが見られたが、実際のテレビ視聴はどうだろうか。子どもたちに人気のある「ドラえもん」は、現在のF1、M1が生まれた時から放送されており、彼らも幼少時に親しんでいたと思われる。この番組の平均視聴率(3)は、娘F1が3・9%、母F1が26・0%、息子M1が1・6%、父M1が4・1%である。妻の有職・無職で父M1を区分したところ、夫のみが働く父M1(47人)の視聴率は2・1%、夫婦で働く父M1(50人)は6・0%であった。父という同じ立場であっても、共働きか否かによって視聴率に違いがあるのは興味深い結果である。女性ほど顕著ではないが、男性もライフコースの違いが実際のテレビ視聴行動に影響を及ぼしている様子がうかがえる。

【学歴/世帯年収とテレビ視聴】 次に、学歴と世帯年収によるテレビ視聴の分析を試みた。20~69歳の男女を学歴別、世帯年収別にそれぞれ3区分して、一日の平均視聴時間を比較すると、学歴別では男女ともに高卒>短大卒>大卒の順に視聴時間が減少していたが、世帯年収別では、差は見られなかった。

学歴に着目した場合も、性別や年齢による影響を無視することはできない。先に20~34歳の若年層のテレビ視聴を見てきたので、今度は50~69歳の中高年層(F3、M3)を中心に学歴、職業別のテレビ視聴時間や好きな番組ジャンルを見ていくことにする。ただし、学歴はM3では短大卒が少ないので、男女ともに高卒と大卒を比較する(表2・3、2・4)。

(3) ACRにおけるテレビ番組の平均視聴率は、「番組の放送時間内における5分ごとの視聴率の合計」を「番組の放送分数に該当する5分ごとの時点数」で割って算出している。

まず、F3を見ていこう。高卒F3は大卒F3より平均年齢が高く、一日の平均視聴時間も長い。職業を見ると、高卒F3は無職の割合が若干多いが、主婦の割合はほぼ同じである。在宅率が高いと思われる主婦と無職に絞っても、一日の平均視聴時間は高卒F3（347分）と大卒F3（257分）で有意差が見られる。したがって、高卒F3と大卒F3の視聴時間の差は、職業の違いによってもたらされるのではなく、学歴そのものが要因と考えられる。

好きなテレビ番組ジャンルのトップはどちらも「気象情報・天気予報」であるが、2位と3位は異なっている。高卒F3と大卒F3で差が大きいジャンルとしては「ワイドショー」「教育・セミナー・語学番組」などがあげられる。また、この二つのジャンルはF2でも学歴による有意差が見られた。

M3はどうだろう。高卒M3は大卒M3より平均年齢が高く、一日の平均視聴時間も長い。高卒M3の方が平均年齢は高いが、無職の割合は大卒M3とほぼ同程度であった。無職に絞ってみても、一日の平均視聴時間は高卒M3（396分）と大卒M3（306分）で有意差が見られる。女性と同様、視聴時間は学歴による影響を強く受けているようだ。

好きなテレビ番組ジャンルのトップはどちらも「気象情報・天気予報」、2位が「ニュース」で学歴による違いはない。高卒M3と大卒M3で有意差があるジャンルとしては「お笑い番組」「経済」などがあげられる。「経済」に関してはM2でも学歴

トピック表2.3

	平均年齢	職業								平均視聴時間（1日）
		事務研究	労務作業	販売サービス	経営管理	専門職自由業	商工自営業	主婦	無職	
	歳	%	%	%	%	%	%	%	%	分
高卒 F3(195)	61	7.7	3.1	10.8	−	1.0	3.1	67.2	7.2	328
大卒 F3 (77)	58 **	13.0	− *	3.9 *	3.9 *	3.9	3.9	67.5	3.9	228 **
高卒 M3(140)	61	10.0	29.3	7.1	5.0	2.9	22.1	−	23.6	275
大卒 M3(237)	59 **	21.9 *	7.2 **	7.2	18.6 **	6.8	13.5	−	24.9	217 **

F3＝女性50歳以上, M3＝男性50歳以上　（ ）は実数　**p<.001 *p<.005

による有意差が見られた。

F3、M3は個別の番組比較はおこなわなかったが、学歴によって好む番組ジャンルに違いが見られた。ジャンルとして好きだと答えても、そうした意識が必ずしも実際のテレビ視聴につながるわけではないが、視聴時間という「量」的側面において、意識以上に大きな違いが見られた。主婦や無職のF3、M3の視聴時間に学歴による差が見られたことから、「学歴が異なる」→「職業や勤務形態が異なる」→「在宅時間が異なる」→「テレビの視聴時間が異なる」という単純な図式ではないメカニズムがありそうだ。

残念ながら今回の調査には入っていないが、「見たい番組だけを選んで見る」「なんとなくテレビを見てしまう」などの視聴行動に関する質問をすることで、学歴による視聴時間の違いを解明するヒントが得られるかもしれない。

大学進学率が急激に低下することがない限り、将来的には成人全体の中で大卒の割合は増えるだろう。また、各年齢層でライフコースの多様化が進むことも予想される。そのような状況において、今後テレビ視聴がどのように変化していくのか注目していきたい。

トピック表2.4

	好きな番組ジャンルベスト3			学歴差の大きい番組ジャンル	
	1位 %	2位 %	3位 %	高卒＞大卒 %	高卒＜大卒 %
高卒 F3（195）	気象情報・天気予報 79.5	国内ドラマ 62.1	料理番組 57.9	ワイドショー〔12位〕 36.4	教育・セミナー・語学番組〔37位〕 8.2
大卒 F3（77）	気象情報・天気予報 68.8	旅行・紀行番組 62.3	ニュース 58.4	ワイドショー〔27位〕 16.9**	教育・セミナー・語学番組〔22位〕 23.4**
高卒 M3（140）	気象情報・天気予報 68.6	ニュース 58.6	マラソン・駅伝 48.6	お笑い番組〔12位〕 37.1	経済番組〔28位〕 14.3
大卒 M3（237）	気象情報・天気予報 62.9	ニュース 59.9	ドキュメンタリー 51.9	お笑い番組〔21位〕 24.1*	経済番組〔16位〕 27.4*

F3＝女性50歳以上，M3＝男性50歳以上 複数回答 検定結果 $**p<.001$ $*p<.005$

4 音楽
「みんな」が好きな曲はあるのか

秋吉 美都

1 問題

1.1 メディア消費の平等イメージ

本章では、ライフスタイルの一側面としてメディア消費における格差を検討する。二一世紀の社会においては、インターネットが社会的インフラとして定着し、ソーシャル・メディアが浸透しつつある。日本を含む産業社会においては膨大な情報や文化的内容が安価かつ迅速に流通する環境にあるといえる。情報の「爆発」といってもよい。現代のメディア環境において、格差はどのように確認できるだろうか、ということが本章の問いである。

本章はメディア消費のうち、とくに音楽の消費に着目して分析する。従来の研究では社会階級は消費の場でも再生産されるとして、音楽や美術の消費行動が研究されてきた(1)。ライフスタイルや文化的事物は相互作用の「通貨」として機能し、人々が関係を築き、維持することを可能にする。人々は文化的事物に関する他者の知識と関心を手掛かりとして仲間を見出し、他者を区別する。

ディマジオによれば、「趣味は儀礼的な同一化の形式であり、社会関係を形成する（また形成する必要のない関係を見極める）手段である」(2)。したがって、生産の領域の差異と密接に関わりつつも、消費の領域における差異の構造は独自のダイナミズムによって規定される現象であり、消費の領域における差異の抑制あるいは強化は、社会的境界の構造に重要な影響をおよぼす。

たとえば関係の浅い人同士が、共通の趣味を持つことを知って意気投合するということはよくあるだろう。小規模コミュニティに生活圏が限定される時代には住宅がステータスを示すものであった(3)。しかし、都市化が進展した社会ではステータス・シンボルとしての住宅の重要性が低下すると同時に、他者に提示可能な文化的事物が社会的評価の基準となる(4)。消費の場では文化的事物を通貨として社会的境界が形成され、維持される。趣味は単なる趣味ではなく「アイデンティティを示すもの」（identity marker）として社会階級の再生産に関与する。

消費の領域での差異の再生産に寄与する資源は文化資本といわれる。社会学者のブルデューは格差を生み出すメカニズムとして人的資本のみに着目するのは適切ではな

(1) Bourdieu (1984＝1998; 1986)

(2) DiMaggio (1987)

(3) Veblen (1934＝1998)

(4) Bourdieu (1984＝1998; 1986)

いとして、社会関係資本および文化資本という概念を提示した(5)。文化資本は、身体化された文化資本、制度化された文化資本、対象化された文化資本に分けられる。身体化された文化資本は、運動能力や知識、身のこなし、礼儀作法、審美眼、内面化された規範、言語的能力など、個人の身体に内在する文化的資源である。制度化された文化資本は、資格や学位など、制度によって承認される文化資本を指す。

(5) 新古典派経済学の立場では、経済的格差は人的資本、つまり能力や経験の差異によって説明されてきた。

本章の問いには、二つのシナリオが想定できる。一つは、メディア消費にはあまり格差が認められない可能性である。高視聴率を獲得するテレビ番組や、一挙手一投足が話題になる有名人の存在は、不特定多数の「みんな」の一様な関心の存在を喚起させる。一方で、メディア消費にもシステマティックな差異が確認されるシナリオの可能性もある。「マーケット」が異質な「セグメント」から成り立つ、ということはマーケティングの基礎として受容されている事実である。

1.2 生活の民主主義

日本では、「階層は存在するにしても、ライフスタイルには均質性が認められる」という考え方が一九七〇年代に浸透した。フランス文学者の桑原武夫はライフスタイルの均質性を「生活の民主主義」と呼び、日本の近代化を可能にした条件の一つであると考えた。

「生活のなかの民主主義ということでいうと、日本はたいへん進んでいる。現在はもちろんですが、戦前でもそうですね。ヨーロッパでは、スキーしたり外国旅行したりするのは、だいたい上の階層です。日本では、とくに戦後に経済成長に伴ってものすごく一般化したのですが、戦前でも、そう豊かでない人でもスキーや登山をしていた」(6)。

桑原の発言に代表されるように、日本では、大衆社会の到来以前も以後も消費行動の差異はあまり認められないという見解が一般的である。

ポピュラーな文化の中にも「消費の（ある程度の）平等」イメージは見え隠れする。一九七〇（昭和五五）年頃を舞台とするマンガの「ちびまる子ちゃん」(7)では、庶民のまる子と金持ちの花輪君が同じ公立小学校に通っている（ただし、花輪くんはバイオリンが弾けて、外国語に堪能である。また爺やが運転するロールス・ロイスに乗っているらしい）。たしかに、日本には消費の場では極端な差異が生まれづらい条件があるように見受けられる。近代化以前の江戸期から識字率が高いこと、公教育が普及していること、エスニック・グループの居住分離が深刻でないこと、労働者と経営者の収入の差が小さいこと、などが挙げられる(8)。また、二〇一三年のＯＥＣＤの国際成人力調査（ＰＩＡＡＣ）(9)の報告では、日本の回答者の問題解決能力は全般的に高く、米国などに比べて個人間の差が少ない（分布の分散が小さい）ということも指摘されている(10)。

「生活の民主主義」は「一億総中流」意識を支えた実感であり、長く共有されてき

（6）桑原武夫（1984: 122）

（7）さくらももこ作。『りぼん』（集英社 1986～）に掲載中、テレビアニメ（フジテレビ 1990～）も放映中である。

（8）大竹文雄（2007）

（9）正式名称は the Programme for the International Assessment of Adult Competencies.

（10）Pérez-Peña（2013）

た見解であった(11)。しかし、社会経済的地位は余暇や消費といった非生産活動の差異に直結しない、という想定は、格差の固定化が指摘される二一世紀の日本ではどの程度現実味があるものだろうか。二一世紀の日本でも、まる子と花輪君は、違いを認めつつもお互いわかり合えるクラスメートになるだろうか。それとも同じ学校に通う可能性がなく、話も合わず、友人となる可能性はほとんどないだろうか。

1.3　ユニボアとオムニボア

本章の分析に直接関係ある概念として文化資本論の「ユニボア」と「オムニボア」の概念を導入しておきたい(12)。これらは「誰がどのような音楽を聴いているのか」という単純な疑問と、格差の構造に関する理論的考察を媒介する概念である。

ブルデューは階級と消費のジャンルに対応関係、あるいは同型性（**isomorphism**）を想定していた。ブルデューの消費行動のマッピングによれば、たとえば上流階級はクラッシック音楽を好み、労働者階級はポピュラー音楽を好む、ということが考えられる。文化資本に恵まれた層が、大衆的な文化的事物を消費せず、ハイブロウな文化にのみ接触する傾向は排他的消費と呼ばれる。

しかし、近年の研究によれば、文化資本に恵まれた層は多様なジャンルを消費しているという。これらの研究結果によれば、文化資本に恵まれた層はオペラ、室内楽、ロック、ラップなど多様な音楽を消費し、それぞれを楽しむことができるのに対し、

(11) 数土直紀（2010）

(12) 本章では文化資本論の体系的なレビューは割愛し、参考文献として以下を紹介するにとどめる。Holt（1998）; 藤田英典・宮島喬ほか（1987）; 片岡栄美（2000: 181-220）.

文化資本に恵まれない層はロックだけを聴くなど、限られたジャンルを消費する傾向があるという(13)。一つのジャンルを消費する傾向はユニボア（univore）と表現され、多様なジャンルを消費する雑食の傾向はオムニボア（omnivore）と呼ばれる。ジャンルの好みだけではなく、雑食傾向も人々の差異を確認する指標として考えることができる。果たして「生活の民主主義」というイメージは現状理解として適切なのか、それともユニボアとオムニボアの分断が確認できるのか、はたまたジャンルの排他的消費が認められるのか、ということが本章の問いである。

ここで簡単に本章の結論を述べると、分析対象とした東京郊外の中高年女性の音楽消費には、社会経済的地位と文化資本による差異が顕著に認められた。日本では一見メディア消費に差異がないようにみえるものの、文化資本の高い人々にはオムニボア傾向と排他的消費傾向の両方が認められ、低い人々には比較的少数のジャンルの音楽を消費する傾向が見出された。音楽は娯楽の一種であり、人々は思い思いに「好きな」音楽を聴いているはずだが、音楽の「好み」は社会経済的地位によってある程度規定されている。最も自発的で自由にみえる音楽の趣味は、実は社会的条件の影響を受けており、「生活の民主主義」はこのサンプルの女性たちには認められない。むしろライフスタイルの差異は、音楽の好みにおいても顕在化している。

（13）Chan & Goldthorpe（2007）; DiMaggio（1987）; 片岡（2000）

2 データと方法

以下の分析に用いるデータは、成蹊大学アジア太平洋研究センターの研究プロジェクトの一環として実施された調査であり「西東京市民調査」と表記するが、このうち775件を分析に用いる（**表4・0**）。

本データは、東京都下の一つの市における調査であり、35～61歳の女性のみを対象としている。分散がないためジェンダーや地域コミュニティの効果は分析できないが、学歴の影響を中心に分析するには品質の高いデータであると考えられる。

分析には、年齢、学歴、就業状態、婚姻状況、世帯収入といった回答者の個人属性と社会階層、および音楽のジャンルごとのCD所有の有無に関する変数を用いた。年齢は二〇〇九年一〇月時点、学歴は3つの学校段階別に、婚姻状況は結婚の有無の2つにコード化した。就業状態、世帯収入は、それぞれ3つのグループに分けた（**表4・1**）(14)。

CDの所有状況は、音楽の嗜好を測定するための変数である。西東京市民調査では「あなたは現在、どのようなジャンルの音楽CD（またはレコード）を持っていますか」という質問によって、音楽の好みのジャンルを測定した（調査票問3参照）。音楽の10ジャンルについて、CDを所有していれば1、所有していなければ0の2値を

(14) 調査票では世帯収入は「なし」から1600万円以上まで、200万円刻みとなっているが、分析にはこれらの各グループの中央値を1000倍した上で、対数変換した変数を作成する。最大値には1700万円の値を割り当てる。収入の欠損値は47件（5・72％）であり、類似の社会調査の中では比較的少ない。収入欠損値に関しては、年齢、学歴、婚姻状況、就業状態を用いてデータをインピュート（推測値を合成）する。なおインピュートされた値を含むモデルと含まないモデルの両方を実行し、推定結果に差がないことを確認した上で、分析にはインピュートされた値を含むモデルを用いる。

(15) 10の音楽ジャンルは表4・2の通り。この調査では該当のジャンルのCDを1枚でも所有しているか否かを尋ねており、枚数の多寡は尋ねていない。

取る変数を分析に用いた(15)。分析方法には、平均や割合などの記述統計と回帰分析を用いるが、係数などの詳細は割愛する。

3　分析結果

3.1　全体的な傾向

まず単純に、個々の音楽ジャンルについてCDの所有状況を見てみよう(表4・2)。Jポップ・歌謡曲、クラシック、欧米のポップス・ロックの順にCDの所有割合が高いことがわかる。

表4.0

調査の名称	2009年社会階層とライフスタイルについての西東京市民調査
実施者	成蹊大学アジア太平洋研究センター共同プロジェクト
母集団・計画標本	東京都西東京市在住　35～59歳　女性　1,200人
調査対象	1949年11月1日～1974年10月31日生まれ(2009年10月31日時点)
標本抽出・調査法	層化二段無作為抽出法　郵送調査
調査期間	2009年9～11月
有効抽出標本	1,197人(住所不明3人を除く)
有効回収数(率)	821人(68.6%)
分析対象	775人

表4.2　女性　*N*=775

所有CDジャンル	%
アイドル	20.0
アニメ・子ども向け	29.1
Jポップ・歌謡曲	74.5
Jラップ	4.6
演歌	8.0
サウンドトラック	34.0
欧米のポップス・ロック	46.8
クラシック	51.4
ジャズ	24.1
ワールド・ミュージック	13.8

複数回答

表4.1　女性　*N*=775

	グループ	略称	%
年齢	35～39歳	30代後半	15.9
	40～49歳	40代	42.7
	50～59歳	50代	41.5
婚姻状況	結婚している	既婚	76.3
	結婚していない	未婚・離死別	23.7
学歴	中学・高校卒	高校以下	44.7
	短大・高専卒	短大・高専	27.1
	大学・大学院卒	大学以上	28.2
就業状態	正社員・公務員	正社員	18.9
	パート・派遣・自営業主ほか	正社員以外	46.9
	仕事をしていない	無職	34.2
世帯収入	600万円未満	低い	31.2
	600～800万円未満	中間	20.4
	800万円以上	高い	48.5

世帯収入は税込年収

3.2 世帯収入と音楽消費

次に、CD所有割合の高いJポップ・歌謡曲、クラシック、欧米のポップス・ロックの3ジャンルに着目して、世帯収入とCD所有の関係を確認する。3つの世帯収入グループごとにこれらのジャンルの所有状況を示すと、図4・1のようになる。

グラフが示すように、Jポップ・歌謡曲と欧米のポップス・ロックには世帯収入とCD所有との関連は認められない。一方、クラシックは世帯収入と関係しており、世帯収入の高い層がCDを所有する傾向が見られる。この傾向は統計的に有意である。

世帯収入とジャンル数の関係はどうだろうか。もとのデータは0から10までの値をとりうるが、7以上のジャンルのCDを所有している回答者は少ないので、7以上をひとまとめにして分布を確認すると、世帯収入と所有するジャンル数の関係は図4・2のようになる。

全般的に、収入が高いグループは多数のジャンルのCDを所有する傾向が見られる。ジャンル数の最頻値はいずれのグループも2だが、3以上では年収600万円未満の割合の低下が顕著である。つまり、収入が低いグループは中間と高いグループに比べて3ジャンル以上のCDを所有する割合が低くなっている。また、いずれのジャンルのCDも所有していないのは収入が低い層に多く、収入が高いグループ

図4.1　*N*＝775

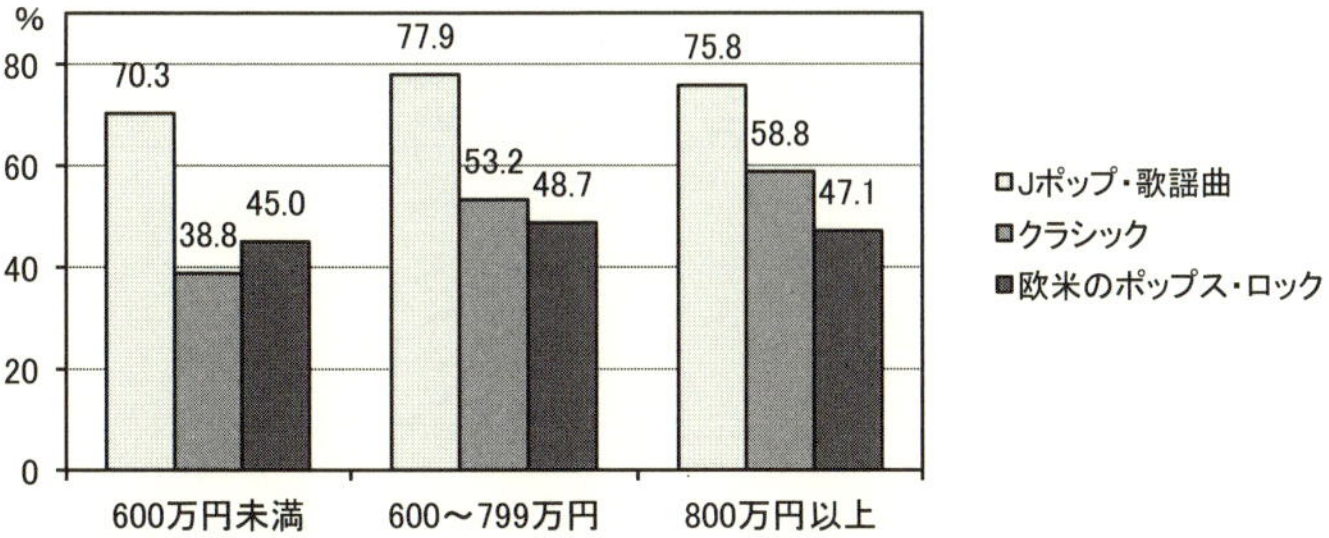

複数回答

では、3％にすぎないが、中間グループでは4％、低いグループでは9％となっている。0ジャンルという回答の分布は、収入が低い層による音楽消費が低調であることを示唆する結果である。

3.3　学歴と音楽消費

前節では収入と所有CDジャンルの数や内容に関連があることが明らかになった。しかし、文化資本の理論は、メディア消費の差異は経済的地位の差異に還元できず、文化資本の差異も独自の影響を及ぼすことを示唆する。そこで次に、学歴が消費に及ぼす影響に関する先行研究を踏まえて、学歴の役割に着目する。学歴は「制度化された文化資本」の一種であり、実証研究においても個人の有する文化資本として測定されている。

学歴とジャンルの関係は図4・3のとおりである。Jポップ・歌謡曲の所有状況は学歴と関連しないが、クラシック、欧米のポップス・ロックいずれも学歴と関連しており、学歴が高い方がこれらのジャンルのCDを所有する傾向があることがわかる。これらの傾向は統計的に有意である（5％水準）。

学歴とジャンル数の関係は図4・4にまとめた。グラフからは四年制大学以上の学歴の回答者のオムニボア傾向が読み取れる。高校以下と短大・高専の最頻値は2ジャンルであるが、四年制大学以上は3であり、4ジャンル以上の回答を選ぶ割合も多

図4.2　N=775

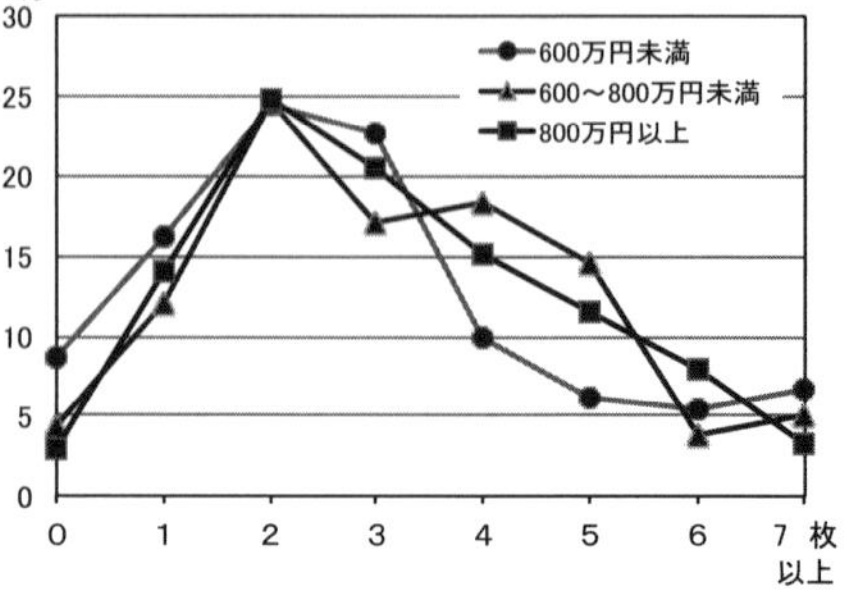

い。また0ジャンルという回答も学歴との関連が示されており、高校以下の7％、短大・高専の4％がいずれのジャンルのCDも所有していないが、四年制大学以上では3％にとどまる。学歴が高い方が、多種多様のジャンルを消費する傾向があることがわかる。ポワソン回帰という方法を用いると、学歴の影響が統計的に有意であることが示される。

また、学歴ごとに所有CDジャンルの割合を順位づけすると、順位にも差異があることが明らかになる（表4・3）。順位は各ジャンルのCDを所有していると回答した割合の順位を示す。平均は所有するCDの平均ジャンル数を示す。

表を見ると学歴と所有CDジャンルの間にはあまり明確な関係はないようである。クラシックは既存の研究ではハイブロウな文化と位置づけられているが、クラシックはいずれの学歴グループにおいても上位に位置づけられている。また上位5ジャンルに学歴差は少ない。ただし、ジャズとワールド・ミュージックの順

図4.3　N＝775

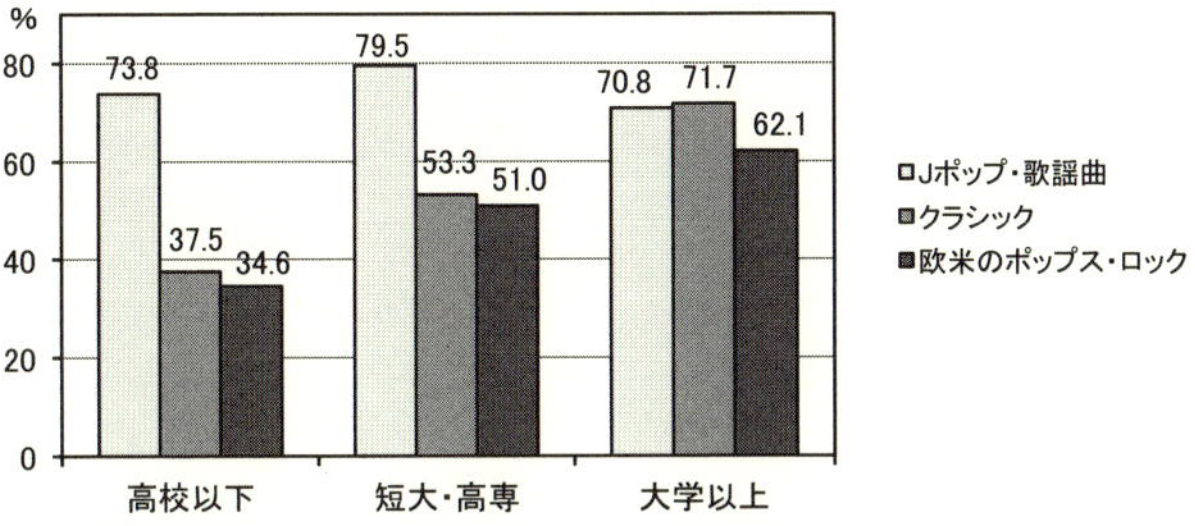

複数回答

図4.4　N＝775

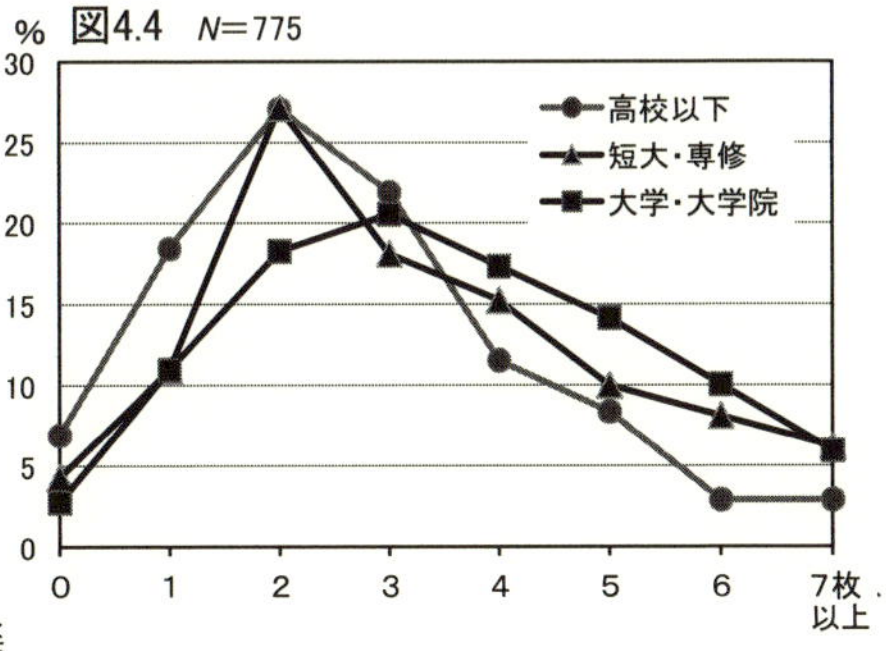

位は学歴が上がると高くなり、アイドルの順位は逆に低くなる。ジャンルの順位データからは、排他的消費の傾向がオムニボア傾向と混在する可能性が示唆される。つまり、文化資本の高い層はおおむねいろいろなジャンルに接するものの、一部のジャンルは選好しないという傾向もある。

本節では、世帯収入と学歴が、CD所有によって測定される音楽の好みと関連していることが明らかになった。この傾向は変数を統制した回帰分析によっても確認できた(16)。

表4.3　N=775

順位	高校以下	短大・高専	大学・大学院
1	Jポップ・歌謡曲	Jポップ・歌謡曲	クラシック
2	クラシック	クラシック	Jポップ・歌謡曲
3	欧米のポップス・ロック	欧米のポップス・ロック	欧米のポップス・ロック
4	映画のサウンドトラック	映画のサウンドトラック	映画のサウンドトラック
5	アニメ・子ども向け	アニメ・子ども向け	アニメ・子ども向け，ジャズ
6	アイドル	ジャズ	—
7	ジャズ	アイドル	ワールド・ミュージック
8	演歌	ワールド・ミュージック	アイドル
9	ワールド・ミュージック	演歌，Jラップ（同数）	演歌
10	Jラップ	—	Jラップ
平均数	2.6	3.2	3.5

(16) 本章の貢献は、ミクロデータを用いてメディア消費の傾向を解明したことにあるが（検定の概要は別表を参照）、より厳密な分析でも結果は支持された。すなわち、ブルデュー理論が示唆する排他的消費の傾向が認められるか否かを検討するために、片岡（2000）と同様に「大衆音楽排除」の変数を作成した。大衆音楽排除を従属変数としてロジスティック回帰分析を行うと、四年制大学以上の学歴、世帯収入、雇用形態が有意な効果を示した。

注16 表　χ^2検定

世帯収入とCD所有（図4.1）	欧米のロック・ポップス	0.55（df=2）p=0.760
	クラシック	23.66（df=2）p=0.000
	Jポップ	3.57（df=2）p=0.168
学歴とCD所有（図4.3）	欧米のロック・ポップス	42.85（df=2）p=0.000
	クラシック	63.38（df=2）p=0.000
	Jポップ	4.48（df=2）p=0.106

4　まとめ

本章では、メディア消費における格差を検討してきた。趣味や余暇の領域ではみな同じようなものを好み、消費しているという「生活の民主主義」というイメージは現状理解として適切なのか、それともユニボアとオムニボアの分断や階層ごとのジャンルの排他的消費が認められるのか、ということが本章の問いであった。所有CDの音楽ジャンルに注目して、高い文化資本層にオムニボア傾向と排他的消費傾向が混在していること、低い文化資本層にユニボア傾向と周縁的メディア消費傾向があることを見いだせた。簡単に述べれば、メディア消費にも格差は明らかに存在するのである。

本章の分析結果は、社会経済的地位と文化資本の差異がメディア消費に影響することを示している。「好み」が自由で私的なものではなく、さまざまな社会的条件によって規定されているという事実は、格差を理解する一つの視座として、モノの消費の分析に加えて、音楽の好み、インテリアに関するこだわり、旅行のスタイルなど、経験の消費の理解が重要であることを示唆する。格差を是正する試みは、メディア消費という経験の分断を理解しない限り頓挫する可能性が高い。国内外の文化資本の研究は、家庭の文化資本が子どもたちの学校でのパフォーマンスに及ぼす影響を明らかにしている。文化資本に恵まれた家庭の子どもは、学校教育の場で高く評価される資質や、学校教育に適合的な言語コードを身につけている。教育は能力を開発し、階層移動を促す過程であるが、同時に格差を追認するメカニズムにもなりうる。西東京市民調査の回答者は30〜50代女性であり、約7割が子どもと同居している。回答者の音楽の嗜好が次世代に継承されることが想定される。クラシックを重視した音楽のカリキュラムでは、花輪くんは「自然と」好成績を収め、まる子はがんばっても苦戦するかもしれない。

とにもかくにも「生活の民主主義」がイメージとして共有されていた世界から、イメージとしても実感しづらい世界へ、二一世紀の日本社会は転換しつつあるのかもしれない。一方で、日本では一九八〇年代から大学進学率が上昇してきた。また、冒頭に触れたように、ほかの産業社会に比べると人々のスキルの分散は必ずしも大きくない。本章で確認したように、学歴が消費スタイルにも影響を及ぼすのであれば、大学教育の拡大は多様な文化経験と社会移動の契機を提供する可能性がある。教育機会の格差や大学教育の内容に関する政策論議においては、グローバル化やキャリア教育などがしばしば焦点となるが、これらの課題に取り組む上でも、文化資本の理論と実証研究の蓄積を踏まえることで、より生産的な議論が進められるだろう。

付記

本章は成蹊大学アジア太平洋研究センター助成「アジア太平洋地域における社会的不平等の調査研究」（二〇〇八〜一〇年度、研究代表者・小林盾）および専修大学研究員特別研究員（特例）制度（二〇一三年度）の成果である。また、原稿執筆にあたっては研究員として滞在したIndiana Universityの図書館資料などを参照した。各機関と関係者の支援に謝意を表する。

文献

Bourdieu, Pierre, 1984, *Distinction : A Social Critique of the Judgement of Taste*, Cambridge Mass.: Harvard University Press.（＝1998 石井洋二郎訳『ディスタンクシオンⅠ・Ⅱ――社会的判断力批判』藤原書店.）

――, 1986, "The Forms of Capital"（R. Nice, Trans.）, J. G. Richardson ed., *Handbook of Theory and Research for the Sociology of Education*, New York: Greenwood Press, 241-58.

Chan, Tak & John H. Goldthorpe, 2007, "Social Status and Newspaper Readership," *The American Journal of Sociology* 112(4): 1095-134.

DiMaggio, Paul, 1987, "Classification in Art", *American Sociological Review* 52: 440-55.

藤田英典・宮島喬・秋永雄一・橋本健二・志水宏吉 1987「文化の階層性と文化的再生産」『東京大学教育学部紀要』27: 51-89.

Holt, Douglas, 1998, "Does Cultural Capital Structure American Consumption?," *Journal of Consumer Research* 25, no. 1: 1-25.

片岡栄美 2000『文化的寛容性と象徴的境界――現代の文化資本と階層再生産』東京大学出版会.

桑原武夫 1984『明治維新と近代化――現代日本を産みだしたもの』小学館.

大竹文雄 2007「日本の経営者の所得が低いこと」『日本労働研究雑誌』561: 68-70.
Pérez-Peña, Richard, 2013, "U.S. Adults Fare Poorly in a Study of Skills," *New York Times*, October 8, 2013.
佐藤俊樹 2000『不平等社会日本――さよなら総中流』中央公論新社.
佐藤嘉倫 2009「現代日本の階層構造の流動性と格差」『社会学評論』59(4): 632-47.
数土直紀 2010『日本人の階層意識』講談社.
Veblen, Thorstein, 1934, *The Theory of the Leisure Class : An Economic Study of Institutions*, New York: Modern Library.（=1998 高哲男訳『有閑階級の理論――制度の進化に関する経済学的研究』筑摩書房.）

【研究トピック3】 雑誌

社会階層との見えないつながりとは

今田 絵里香

【現代社会における雑誌】 雑誌と社会階層は関連があるのだろうか。現在、書店、コンビニエンスストアに足を運べば誰であろうと雑誌を手にすることができるし、たいてい千円以下で購入できる。もちろん雑誌は読者の関心に合わせて多様化している。たとえば日本雑誌協会によると、男女別・世代別に総合、ライフデザイン、ライフカルチャー、ビジネス、情報、趣味専門、コミックに分類できるという(1)。このように雑誌のジャンルは多様でありながら、価格と販売方法は平準化され、誰にでも入手可能であるため、雑誌は社会階層と関連がないように思える。

【『少女の友』と都市新中間層】 しかし、雑誌が誕生した時代に遡ってみると、それはそもそも限定された社会階層にしか購読できないものであった。たとえば、一九〇八(明治四一)年に実業之日本社から創刊された『少女の友』(2)は、高等女学校に通う女子をターゲットにしていた。なぜなら、「少女」とは、「初等・中等教育機関に通うことによって労働を免除された時期」である「少女時代」を生きる女子のことだった。

(1) 日本雑誌協会ホームページ「雑誌ジャンル・カテゴリ区分」最新表(2013.8.7 更新版) http://www.zakko.or.jp/subwin/genre.html (2014.1.8 閲覧)

(2) 一九〇八(明治四一)年創刊、一九五五(昭和三〇)年終刊。月刊。吉屋信子の連載小説や中原淳一の挿絵が大人気となった。

たからである。しかし、進学率が上昇した一九三六（昭和一一）年においても、高等女学校進学者は尋常小学校卒業者の13・1%にすぎなかった。さらにこのうち、保護者が①雑誌を女子に買い与える経済的な余裕があること(3)、②女子に教育熱心であること、③少女雑誌という都市文化に肯定的であること、以上三つの条件がそろった女子だけが『少女の友』を購読できた。その女子とは都市新中間層の女子である。つまり『少女の友』は明確に、都市新中間層の女子をターゲットとしていたのである(4)。表紙を見れば、手袋をはめた洋装の少女など、いかにも裕福な階層であろう少女が多数描かれており、同雑誌が貧しい階層の女子を相手にしていなかったのは一目瞭然である（図3・1）。

図3.1 『少女の友』表紙　1938年10月号

　このように、もともと雑誌は限られた社会階層のものであった。しかし戦後、高等教育進学者の増加に伴い、高等教育機関を卒業した「インテリ」として独自の階層文化を築いていた都市新中間層は、急激に力を失っていく。一九六三（昭和三八）年に高等教育進学率が15・5%をこえ、高等教育がエリート段階からマス段階に移行すると(5)、大量に生み出された大学卒業者は、「インテリ」の別名であった経営幹部予備軍のサラリーマンではなく、「ただのサラリーマン」として雇用されるようになった(6)。このように、都市新中間層とその他の社会階層の境目が曖昧になっていくとともに、雑誌は都市新中間層の独占物ではなくなっていく。とすると、新たな変化が

（3）創刊号（一九〇八年二月号）の定価は十銭であった。一九〇七年の時点でかけそば一杯は三銭である（森永卓郎監修 2008『物価の文化史事典――明治／大正／昭和／平成』展望社）。つまり、『少女の友』はかけそば三杯以上の価値があったということになる。
（4）今田絵里香 2007『「少女」の社会史』勁草書房.
（5）マーチン・トロウ　天野郁夫・喜多村和之訳 1976『高学歴社会の大学』東京大学出版会.
（6）竹内洋 1999『学歴貴族の栄光と挫折』中央公論新社.

生まれることになろう。

この変化を一九五四(昭和二九)年創刊の『ジュニアそれいゆ』を手掛かりとして把握してみたい(7)。戦前に『少女の友』の挿絵画家であった中原淳一は、戦後にひまわり社を興し、『ひまわり』『ジュニアそれいゆ』の編集者となった。戦前戦後と一貫して女子の絶大な支持を得てきた。それゆえ『ジュニアそれいゆ』を分析することで、戦前の『少女の友』と連続し、かつ社会的影響力が大きかったものを把握できる。『ジュニアそれいゆ』では「少女」ではなく、「ジュニア」が女子をカテゴライズする記号として使われていた。「ジュニア」は「少女」と共通する点があるが、なかでも重要なのは、中間以上の階層の女子を想定していることである。この点をていねいに見ていきたい。

(7) 一九五四(昭和二九)年創刊、一九六〇(昭和三五)年終刊。隔月刊。雑誌は容易には変化しないため、以下、偶数年の号を中心に分析した。一九五四年七月号、一九五五年四月号、一九五六年一、四、五、七、九、一一月号、一九五八年一、三、五、七、九、一一月号、一九六〇年一〇月号である。

【『ジュニアそれいゆ』の読者】『ジュニアそれいゆ』には「私たち夜間学生にとってもたのしいものをそして働くジュニアのために極くわずかな頁を避いて頂けたら尚々ジュニアそれいゆが好きになるのですけれど」(投稿欄。一九五六年一月号)という不満が寄せられているほど、勤労少年少女の記事が少ない。ときどき「車掌さんのお仕事」(一九五六年九月号)などという記事も載っているが、その意図はあくまでも、労働者の存在を「ジュニア」に理解させるというものである。

「ジュニアの皆さんがよく乗り合わせる、バスの中で、乗客に接している、車掌さんの仕事振りを、カメラで追い、車掌さんの仕事への情熱、たのしさ、苦しさ

などを、伺つて他の交通の仕事にたずさわつている人たちの上にも理解を深めて
行きましょう」（同）

「車掌さん」と「ジュニア」とは別の存在であるという前提がそこにはある。ところが、取材した「車掌さん」のなかに読者が存在した。次号の投稿欄には「前、雑誌社の方達が見えて写真をとつているのをみて、どこの方達かしら?と思つていたの」（一九五六年一一月号）という投書が載っており、淳一が、あわてたように、「あの営業所の中に愛読者の方がいらつしやるとは少しも気がつきませんでした」（同）と弁解している。

そもそも『ジュニアそれいゆ』の定価は一八〇円。ライバルの『女学生の友』（月刊。小学館）の定価一一〇円（一九五六〔昭和三一〕年）と比較すると、高価である(8)。投稿欄には、「おこづかいも少ない中学生に、あこがれの本は高級すぎました」（一九五八年三月号）という不満も載っている。ただし、淳一はあくまでも、

「一ぺんに百八十円を払うのはジュニアには少し無理なことかもしれません。けれど二ヶ月に一冊だから一ヶ月では九十円になります。そう考えるとそれほど高い本ではないと分つて頂けると思います」（同）

とコメントし、まったく意に介していない。淳一がこのように強気のコメントをしたのは、「十代のアンケート　お小遣いしらべ」（一九五四年七月号）という企画で、回答者の一ヵ月のお小遣いが、最低二百円、最高二千円、大多数五百~千円、という結

(8) 一九五七年の時点でかけそば一杯は三〇~三五円、国家公務員（国家公務員上級職試験合格者（大学卒業者））の初任給は九二〇〇円であった（週刊朝日編 1995『戦後値段史年表』朝日新聞社）。つまり、『ジュニアそれいゆ』一冊とかけそば五、六杯が同価値になろう。

果が得られたからである。もしも、このような回答者が読者の多数派であるとしたなら、一八〇円は高価ではなかろう。記事を見ても、「或るジュニアの進む道」シリーズには、母は舞踊家の石井みどり、父はヴァイオリニストの折田泉という、国立音楽大学高等科三年生の折田克子（一九五五年四月号）、「ドレス拝見」シリーズには、作家の永井龍男の長女・慶應義塾大学文学部一年生の朝子、次女・湘南学園高等部二年生の頼子（一九五六年九月号）など、裕福な家の女子しか扱われていない。表紙にも、派手なリボンを結んだ少女（図3・2）など、いかにも裕福そうな少女しか描かれていない。

そのため、読者からたびたび「ブルジョア雑誌」という批判がなされている。

「残念な事は〝ジュニアそれいゆ〟の事を『ブルジョア雑誌ね』という人が就職している友達に多い事。成程グラビアのページには良い家庭のお友達の訪問記事が溢れているし、働いている人には陽気に見える記事も少くありません」（投稿欄。一九五六年九月号）

「新鮮さには違いありませんが、お金持ちとか、有名家庭の様な上流階級の（少くとも私達から見ればそう思います）お嬢さんばかりですものね。だから始《ママ》めは淋しい様でしたワ」（投稿欄。一九五六年一一月号）

など。このような批判を回避するためか、一九五六年五月号から、勤労少年少女を紹介する「ひまわり少年少女」シリーズが開始された。しかし、その内容はといえば、

図3.2 『ジュニアそれいゆ』表紙　1958年3月号

労働しつつ東京芸術大学の受験勉強をし、ヴァイオリンのレッスンに励んでいる伊藤正少年（一九五六年一一月号）など、およそ勤労少年少女のイメージとはかけ離れたものであった。

重要な点は、戦前の『少女の友』には、読者が「ブルジョア雑誌」という批判を投げつけることがほとんどなかったことである。『少女の友』は、そもそも限定された社会階層の女子しか購読していなかったのであるから、批判が起こるはずもなかったのである。しかし、戦後になると、他の社会階層の女子も少女雑誌を購読するようになる。にもかかわらず、『ジュニアそれいゆ』は、あいかわらず中間以上の階層文化を当然のように表象していた。だからこそ、他の社会階層の女子から批判が巻き起こっていったと考えられる。

【雑誌と社会階層】 かつて雑誌は限定された社会階層にしか購読できないものであった。戦前はそれが当然であったし、少女雑誌ではそれが批判されることはなかった。しかし、戦後、他の社会階層の女子が読者層に参入してきたことによって、雑誌が中間以上の階層文化を表象していることを批判する動きが出てきたのである。そして、このような階層間のせめぎあいは、その後、雑誌にさまざまな階層文化を取り込ませ、また階層文化ごとに雑誌を細分化させたのではないかと予想することができる。すなわち、階層間のせめぎあいは、その後の雑誌の発展を促す原動力になったと考えることができる。

こう見てくると、雑誌は社会階層と無縁に見えて、じつは、その誕生においても、その後の急激な成長においても、社会階層と密接に結びついていたといえる。今日でも、雑誌は読者を特定の階層に限定していないように見えて、じつは社会階層をうまく利用している。たとえば、一九七五（昭和五〇）年に光文社から創刊された『ＪＪ』（月刊）は、いわゆる「コンサバ系」といわれるファッションを扱い、「お嬢さま」を表示する記号になっている。この『ＪＪ』のように、雑誌が特定の社会階層やライフスタイルを表示する記号として機能している例は、無数にある。雑誌はこの戦略によって、他雑誌と差異化しているといえよう。このような戦略を雑誌が使うのは、これまで見てきたように、そもそも雑誌というものが、特定の社会階層の利害や文化と不可分であったからなのである。

5 幸福

下流でも幸せになれるのか

見田　朱子

1　問題

幸福についての研究は近年増加し、おもに心理学、経済学、社会学の分野で手がけられている。国内外の研究で報告されている幸福感の傾向をいくつかみてみよう(1)。

女性は男性よりも、有職者は失業者よりも幸福度が高い。既婚者は独身者よりも幸福度が高いが、別居や離死別状態の幸福度は著しく低い。主婦は職に就いていなくても幸福度が高い。高学歴であるほど幸福度は高いが、高学歴すぎるとかえって低くなるとも言われる。若年、中年、高年齢層では中年齢層の幸福度が最も低い。高年齢層の幸福度は社会状況から独自の影響を受けている可能性がある。高収入ほど幸福度は高くなるが、頭打ちがある。などなど、この他にも、職種や従業上の地位、人種、居

(1) 日本語では、白石賢・白石小百合 2006「幸福度研究の現状と課題―少子化との関連において」内閣府経済社会総合研究所 ESRI Discussion Paper Series No. 165 のまとめが簡潔で幅広い分野をカバーしている。

(2) ブルーノ・S・フライ／アロイス・スタッツァー 沢崎冬日・佐和隆光訳 2005『幸福の政治経済学――人々の幸せを促進するものは何か』ダイヤモンド社.

住地域の政治体制などによる幸福度の傾向が研究されている(2)。

では、最近の日本人の幸福感にスポットを当ててみるとどうだろうか。大竹・富岡によれば、格差拡大は高所得者ほど幸福度を損なうという(3)。高所得は幸福度を基本的には上昇させる。しかし格差が拡大すると、高所得であるほど転落したときの落差が大きくなる。この転落への不安が幸福度を下げると予想される。

そこで本章では、社会学で階層帰属意識と呼ばれる、「上意識」「中意識」「下意識」に注目する。ここではよりイメージしやすいように、上流／中流／下流(意識)としよう。この階層帰属意識の格差の間で、幸福感の属性的要因は異なるのだろうか。

2 データと方法

2.1 世界価値観調査と対象者の属性

本章では、世界価値観調査(World Values Survey)の日本調査のデータを用いる(4)。調査の概要は表5・0の通りである。二〇一四年現在、第5回にあたる二〇〇五年度の調査まで結果が公開されていた(5)。本章では日本の直近2回分、二〇〇〇年(有効回答1362人)および二〇〇五年(1096人)を合算して用いる(合計2458人)。以下に回答者の属性などの内訳を示す(表5・1)。

ここでは、婚姻状態は、「結婚している」「事実上の結婚生活を送っている」をまと

(3) リスクを避けようとする性質を分析しているときに、このことが発見された。大竹文雄・白石小百合・筒井義郎編著 2010『日本の幸福度――格差・労働・家族』日本評論社.

(4) 世界価値観調査は一九八一年に24か国の参加によって始まった長期継続の国際調査である。これまでに一九八一年、一九九〇年、一九九五年、二〇〇〇年、二〇〇五年、二〇一〇年度と6回の調査が実施されており、第6回には60か国・地域が参加している。日本はすべての調査に参加している。

(5) 世界価値観調査ホームページ。東京大学社会科学研究所附属社会調査・データアーカイブ研究センター(SSJDA)やICPSR(Inter-university Consortium for Political and Social Research)でも調査票および個票データの提供が行われている。なお、第6回(二〇一〇～一四年の調査結果)は二〇一四年四月から順次公開されている。同日本調査結果は二〇一四年七月に公開された。

めて「既婚」に、「離婚」「別居」「死別」をまとめて「別居・離死別」とした。「独身」はそのままとして、計3グループに分類した。学歴は「中学卒」（高校中退を含む）、「高校・短大卒」（大学中退を含む）、「大学・院卒」の3グループとした。就業状態は、「フルタイム」「パート・アルバイト」「自営・自由業」をまとめて「有職」に、「主婦」「学生」をまとめて「主婦・学生」に、「定年退職・年金生活」を「定年・年金」として、「失業中」を入れた計4グループとした。世帯年収は「500万円未満」、「500~999万円」、「1000万円以上」の3グループに再編した。

表5.0

	第4回	第5回
調査の名称	世界価値観調査	
実施者	電通総研・日本リサーチセンター	
母集団	全国18歳以上男女	全国18～79歳男女
標本抽出	消費者パネルから国勢調査結果に基づく性・年齢別割当を抽出	
調査法	郵送調査	
調査期間	2000年7月	2005年7月
有効回収数	1,362人	1,096人

表5.1

世界価値観調査日本調査（2000＋2005）

	N＝2,458	%	*n*
性別	男性	45.4	1,116
	女性	54.6	1,342
年齢	18～34歳	25.3	622
	35～54歳	38.2	940
	55～86歳	36.5	896
婚姻状況	既婚	74.4	1,811
	別居・離死別	8.0	195
	独身	17.6	427
学歴	中学	10.2	244
	高校・短大	64.3	1,536
	大学・大学院	25.5	608
就業状態	有職	67.0	1,515
	主婦・学生	20.7	467
	定年・年金	10.6	240
	失業	1.7	38
世帯年収	500万円未満	22.1	498
	500～999万円	38.6	871
	1000万円以上	39.3	888
幸福感	非常に幸せ	28.9	689
	やや幸せ	60.6	1,445
	あまり幸せではない	9.8	233
	全く幸せではない	0.8	20
階層帰属	上意識	15.5	352
	中意識	47.8	1,085
	下意識	36.7	834

パート・アルバイトは有職に分類。幸福感は無回答を除く

2.2　幸福感――非常に幸せかどうか

まず日本人全体の幸福度を確認しよう。「全体的にいって、現在、あなたは幸せだと思いますか、それともそうは思いませんか」という質問への回答は、「非常に幸せ」28・9％、「やや幸せ」60・6％、「あまり幸せではない」9・8％、「全く幸せではない」0・8％である。

本章ではこのうち「非常に幸せ」の回答率で幸福度を表すことにする。「幸福」の質的レベルの違いに注目すれば、「非常に幸せ」と「やや幸せ」は異なるからである。**図5・1**に示すように、一九八一年から二〇〇五年までの日本の主観的幸福度を各選択肢の回答率でみると、「非常に幸せ」と「やや幸せ」の合計はつねに80～90％という水準で安定している。高水準と思われるかもしれないが、世界的にもほとんどの国において同様の水準である。一方で、「非常に幸せ」と「やや幸せ」を別に考えれば、年次ごとの変化はより明確にみられる。「非常に幸せ」が増えれば「やや幸せ」が減り、「非常に幸せ」が減れば「やや幸せ」が増えて、「非常に幸せ」と「やや幸せ」の合計はほぼ一定を保っているのだから。つまり「非常に幸せ」と「やや幸せ」は、その合計とは別に、区別して分析する必要がある。さらに、「やや幸せ」な人は常に60％前後にものぼる。「どちらでもない」選択肢がないため、「やや幸せ」の回答が増え、実質的に幸福な人は「非常に幸せ」としてしか取り出せないのだ。

図5.1　*N*＝2,387

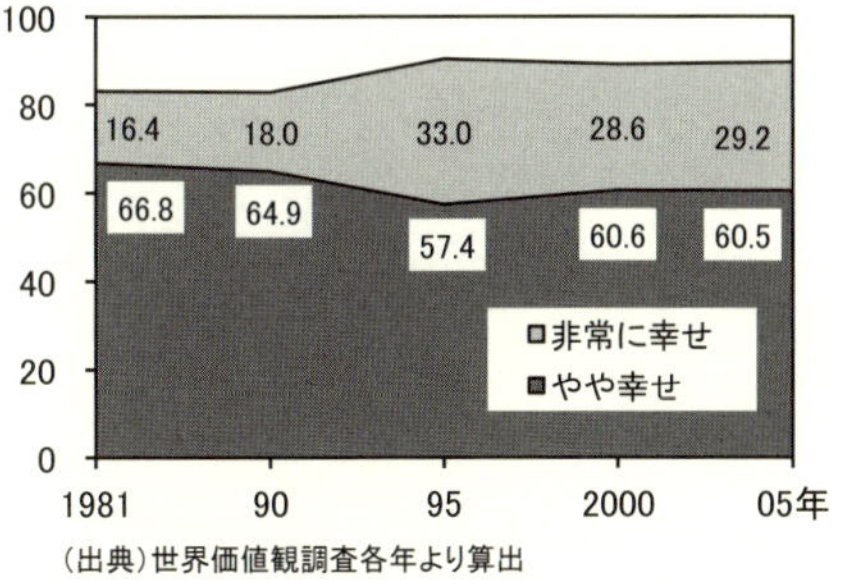

（出典）世界価値観調査各年より算出

（6）国際調査のため、階層帰属意識についての日本の伝統的な質問項目とは表現が異なっている。

（7）定年・年金生活者と失業者は、サンプル数が少ないこともあって、統計的に有意な差にはなっていない。

2.3　階層帰属意識――上／中／下の3グループ

階層帰属意識については、「あなたの生活の程度は、世間一般からみて、次のどれに入ると思いますか」と質問された(6)。選択肢ごとの回答者は、「上」0・6%、「中の上」14・9%、「中の中」47・8%、「中の下」28・6%、「下」8・1%だった。

この章では「上」と「中の上」をまとめて「上流」(15・5%)、「中の中」を「中流」(47・8%)、「中の下」と「下」をまとめて「下流」(36・7%)とし、この3つのグループごとに幸せな人の属性を分析していく。

3　分析結果

3.1　幸福度の概要

はじめに全体を確認すると、幸福度が統計的に有意に高いのは、女性、既婚者、主婦・学生で、逆に低いのは、男性、独身者、有職者である(図5・2)(7)。

次に階層帰属意識の上、中、下3グループの幸福度をみると、階層帰属意識が高いほど幸福度も高くなっている様子がわかる(図5・3)。しかし逆にいえば、どのような階層帰属意識であっても「非常に幸せ」と感じる人々はいる。たとえば階層帰属意識は「下」で「非常に幸せ」な人があり、階層帰属意識が「上」で「全く幸せではない」人もいる。幸せな人は、どのような人なのか。次節から、上／中／下流という

図5.2　N=2,458

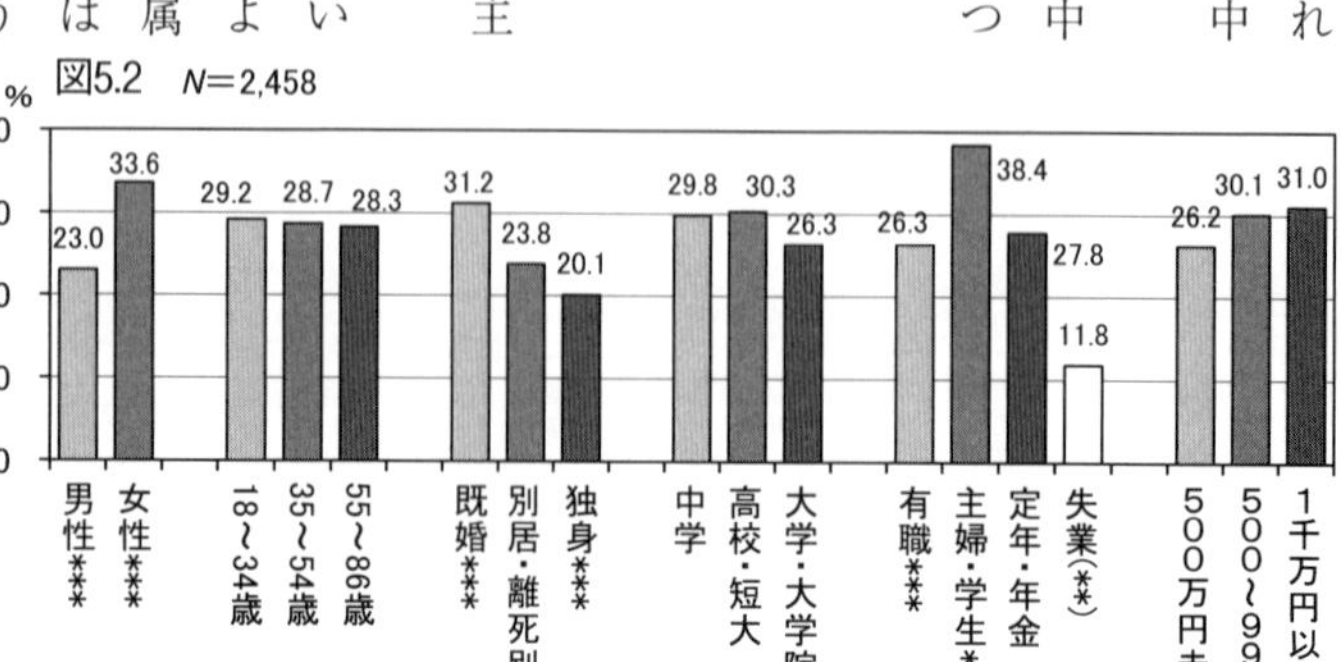

**p<.03　***p<.01
(**)失業(N=34)はサンプル数が少なく，参考として掲載した

文化圏・社会ごとに異なるその姿を、基本的属性でみてみよう。

3.2 男女別、年代別、婚姻状況別の幸福度

階層帰属意識ごとに、各属性と幸福度の関係をみていく。

男女別では、どの階層帰属意識でも女性の幸福度が10％ほど高い。これは統計的に有意であり、先行研究の結果とも一致している。年代別では、第1節で示したように、中年層で幸福度が低下するU字型が観察されることが多い。しかし今回のデータからは、幸福度に対する年齢的な効果があるとはいえない。

婚姻状況では、どの階層でもやはり既婚者の幸福度が高い。上流では独身者の幸福度も31・8％と高いようにみえるが、これは別居・離死別状態の人々の幸福度が低いためそのようにみえるだけで、統計的には上流と中流で既婚者の幸福度が有意に高く、独身者の幸福度は有意に低い。下流でも独身者の幸福度は11・7％、既婚者の18・7％と差があるが、これは統計的には有意ではない（図5・4）。

3.3 学歴別、就業状態別、世帯収入別の幸福度

学歴では、統計的に有意なのは、中流では大学・大学院卒の人々の幸福度が低いという点のみである。参考程度だが、下流においてのみ、高学歴の人々の幸福度が高い傾向にある（図5・5）。

図5.3　$N=2,211$

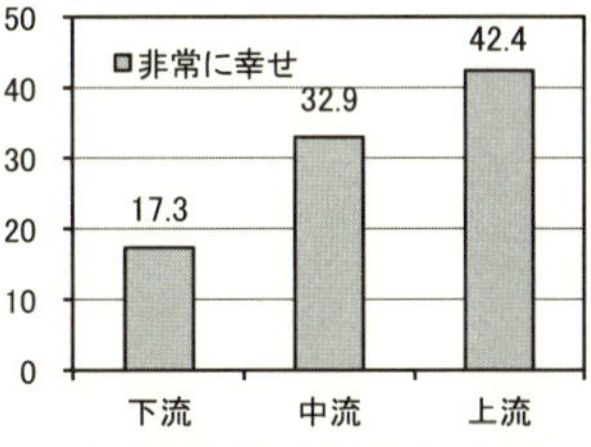

階層帰属意識を「下流」「中流」「上流」3段階で検定　$p<0.000$

図5.4　総$N=2,191$

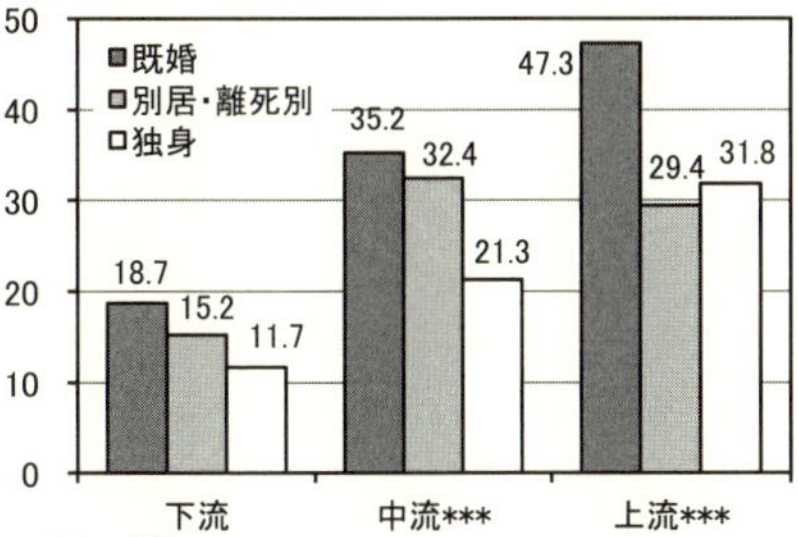

*** $p<.01$

就業状態では、どの階層帰属意識でも失業者の幸福度は低く、上流では定年・年金生活の人々の幸福度が非常に高いようにみえるが、これらは統計的に有意ではない。一方で、上流と中流では有職者の幸福度が有意に低く、中流では主婦・学生の幸福度が有意に高い。下流でも主婦・学生の幸福度は高めだが、これは統計的には有意ではない（図5・6）。

世帯収入では上流で世帯年収が高い（1000万円以上）と幸福度は有意に低く、中程度（500〜999万円）であると有意に高い。中流では世帯年収が高いと幸福度は有意に高い。下流では世帯収入と幸福度の関係はみとめられなかった（図5・7）。

4　まとめ

4.1　上流社会の幸福

以上の分析をまとめると、まず上／中／下流の全体に共通する傾向として、女性は幸福度が高い。また年齢による幸福度への影響はほぼみられない。これ以外の各変数と幸福度の関係を、上／中／下流社会の幸福観としてまとめる。

上流社会では、世帯収入が高いと幸福度はかえって低く、中程度の世帯収入で高い。また既婚者の幸福度は高く、独身者は低い。そして有職者は幸福度が低い。

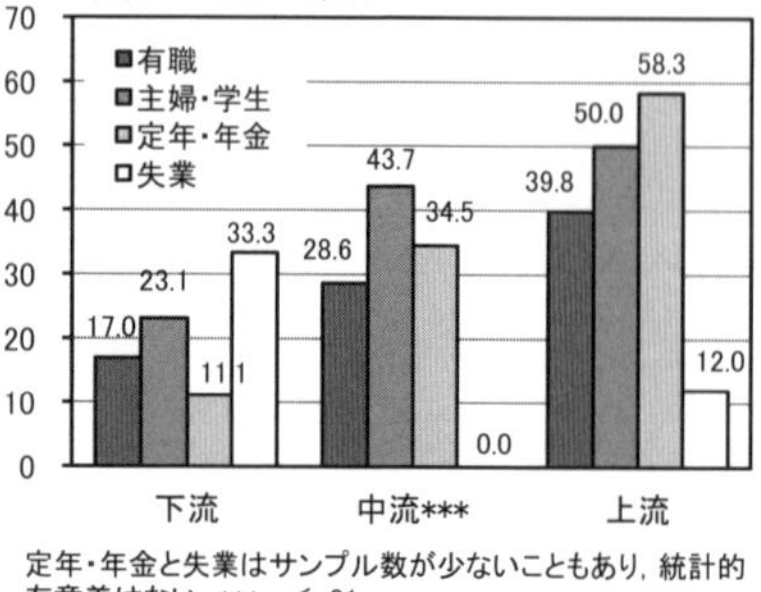

図5.6　総N＝2,117

定年・年金と失業はサンプル数が少ないこともあり，統計的有意差はない　*** p< .01

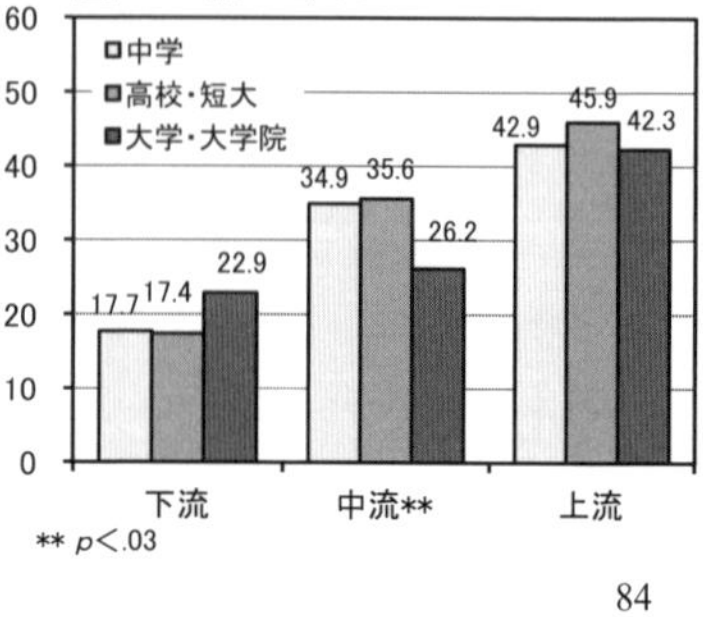

図5.5　総N＝2,161

** p<.03

上流社会に属している（と思っている）人々は、できれば仕事をしたくないから中程度の収入で幸福度が高い傾向があるのだろうか。しかし賃労働をしていない主婦と学生の幸福度も有意に高くはならず、この「仕事をしたくない」気持ちは有職者にしかわからないらしい。定年・年金生活に入ると、傾向としては幸福度が上がるようでもある。

したがって、実は不安を抱える高収入よりも安心できる中程度の収入で、結婚して、平和なリタイア生活に入ると「非常に幸せ」になれる確率は高い。上流社会に属していると意識しながら仕事をもつこと、高収入を得るようなライフスタイルは、幸福度が低くなるようだ(8)。

4.2　中流社会の幸福

一方で、中流社会に属している（と思っている）人々は、世帯収入が高いと幸福度が高い。既婚者の幸福度は高く独身者は低い、という点は上流社会と同じで、仕事があると幸福度が下がる点も上流社会と同じだが、主婦と学生の幸福度は有意に高い。そして高学歴だと幸福度は下がってしまう。

中流＝真ん中の人々には、高収入は実績の証明や先行きの明るさを与え、一方で高学歴は「高学歴なのに中流程度」では見合わないと感じさせるのかもしれない(9)。また主婦と学生の幸福度が高いのは、賃労働の大変さを「中流」の環境から知ってい

図5.7　総$N=2{,}062$

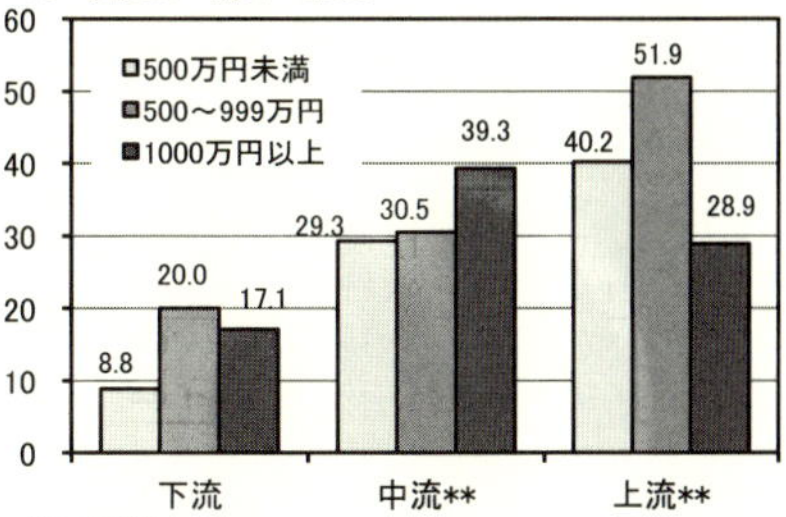

** $p<.03$

(8) ちなみに上流社会では、高収入の有職者は幸福度が低い傾向にある一方で、定年・年金生活で高収入であれば幸福度は高くなる。特に定年・年金生活者については統計的に有意だが、サンプル数が少ないので参考までとする。

(9) 菊地史彦 2013『「幸せ」の戦後史』トランスビュー．

るからか。

中流社会の中で「非常に幸せ」になるには、学歴は中程度で高収入がよい。専門的な技術職がお勧めだろう。結婚して専業主婦／主夫、できれば玉の輿に乗るのもよいだろう。

4.3　下流社会の幸福

自分は下流に属する…と思っていても「非常に幸せ」な人々がいる。しかし本章の分析ではその属性的な要素を特定することはできなかった。仕事がいやというわけではなく、唯一有職者の幸福度が決定的に低くならないのが下流社会に属する人々である。また既婚者でも独身者でも、決定的な幸福度の変化には関連しない。

下流社会では、「非常に幸せ」（17・3％）は少ないが「やや幸せ」（63・6％）が多い。そしてそれで満足しているのかもしれない。1000万円以上の高い世帯年収であっても、高学歴であっても、特に「非常に幸せ」になるわけではない。こうした性質から、下流社会の彼らが「だらだら生きている」という印象を与える可能性は高い(10)。

一つの考え方として、三浦展が「市場」ともみたように、この下流社会の人々が「非常に幸せ」になる要素は私たちにはまだわかっていないだけであり、実態調査によって掘り起こして具体的に言語化することが期待されているともいえる。それは従

(10) 三浦展 2005『下流社会――新たな階層集団の出現』光文社.

来の考え方に基づく「幸せ」――金銭や教育や結婚――ではないのだから。もう一方で、もはや彼らは「非常に幸せ」など目指してはいないし、そんなものにならなくてよいのかもしれない。もちろん積極的に「非常に幸せ」を目指さなくてはいけないわけはない。「やや幸せ」であることこそが最高なのだと、「だらだら」生きていけるのが下流社会とも考えられる。

4.4 ゆたかな幸福へ

本章では主観的な「生活の程度」を階層帰属意識として扱った。これと幸福感の間に入って影響力をもつ要素はまだまだ無数にある。健康状態、友人関係、宗教や政治体制、それらへの主観的評価など。さらに、こうした要素の複雑な相互作用も考えなければならない。

ただ、本章での目的は、格差として意識される各階層――上流・中流・下流社会という文化圏・社会における幸福観の違いをみることであった。したがって、各文化圏を前提とした解釈のみを提示しているし、それぞれの変数が後ろに引きずっている「社会的文脈」をまずは分離せずに考えてみた内容である。これで、自分はどの文化圏に属しているかなと考えながら、3つの集団の幸福観のどこかに共感したり、自分とは違っていて面白いと感じたり、こんな場合の幸福度はどうなるんだ？と疑問を持ったりしてもらえれば、この先のより深い検証作業につながるだろう。

いかなる幸福観を持つかは個々人のレベルで自由であり、その結果として多様な幸福観がある。この自由は保障されるべきであり、自由に手にしたその幸福観に基づいて人は幸福になろうとすることができるべきであり、このことはすべての前提である。だからこそ、格差は固定されてはならない。正確には「格差」の間を人が自由に移動することが妨げられてはならない。自由に「幸福」を追求しようとするときに、これが根本的な妨害になってしまうからだ。

本章での上流、中流、下流という分類は、調査回答者の主観的な自己分類である。実際の格差は、より厳然とした客観的存在でもある。収入や学歴といった客観的な格差に、思想やシステムや幸福観をともなった一種の文化圏がまとわりついて、「上流社会」「中流社会」「下流社会」というようなものが存在する。だから、客観的属性がもつ意味や意義を問い返すことで、こうした文化圏や社会を知ることができる。その作業は、そうした異なる幸福観をもつ文化圏や社会を渡っていくための指針となり、ゆたかな「幸福」の選択肢につながることでもある。「格差」を幸福のゆたかな選択肢とするためにも、属性のもつ意味の多様性を捉えるライフコースとライフスタイルの研究が必要である。

参考サイト

世界価値観調査 HP　http://www.worldvaluessurvey.org/wvs.jsp

電通総研　http://dii.dentsu.jp/archive/wvs/

東京大学社会科学研究所付属社会調査・データアーカイブ研究センター（SSJDA）　http://ssjda.iss.u-tokyo.ac.jp/

ICPSR（Inter-university Consortium for Political and Social Research） https://www.icpsr.umich.edu/icpsrweb/landing.jsp

Ⅱ　ライフコース編

6　恋愛と結婚

国際結婚に見る未婚化社会のジレンマとは

開内　文乃

1　問題

1.1　未婚化社会の到来

本章では現在、恋愛と結婚がどのような関係にあるかを、アジア人男性と国際結婚をした日本人女性のケースから検討する。そして日本の未婚化社会において、結婚難が格差問題となる背景を考察する。

二〇一〇年総理府統計局『国勢調査』によると日本の未婚率は過去最高となり、男性は25～29歳71・8％、30～34歳47・3％、35～39歳35・6％、女性は25～29歳60・3％、30～34歳34・5％、35～39歳23・1％である。20代後半の結婚は今や女性ですら、半数にも満たない。とはいえ、二〇一一年『第14回出生動向基本調査（独身者調査）』(1)では、未婚者の結婚意欲は依然として高く、「いずれは結婚するつもり」は、男性86・3％、女性89・4％となっている。さらにいえば、結婚は未婚者から制度としても重視されていて、「今のあなたにとって結婚することは利点がある」は、男性62・4％、女性75・1％が肯定している。

未婚者の結婚意欲が高いことは、二〇〇八年に婚活という言葉が造語され、定着したことにも見てとれる(2)。ただし、その後の二〇一〇年『国勢調査』では、未婚率が過去最高になった。このことから、社会全体で見れば未婚率の高さは深刻であるが、当事者から見れば結婚意欲があるにもかかわらず、結婚にいたらないジレンマが深刻といえよう。

1.2 恋愛結婚至上主義と未婚化

ここで問題とされているのは恋愛結婚である。だが、結婚には見合い結婚もある。『第13回出生動向基本調査（夫婦調査）』によると、戦前は見合い結婚が主流であった(3)。見合い結婚が恋愛結婚よりも下回るようになったのは一九六〇年代後半で、第14回同調査によれば、見合い結婚はその後、一九八二年29・4％、二〇〇二年7・4％、二〇一〇年5・2％と急速に減少している(4)。恋愛結婚は一九六〇年代後半から二〇年で広まり、さらに二〇年をへて結婚＝恋愛結婚と見なされるまで一般化したことが見てとれる。そしてこの恋愛結婚至上主義の流れと呼応しているのが未婚化

（1）厚生労働省／国立社会保障・人口問題研究所（2011b）

（2）婚活とは、「結婚活動」の略語であり、結婚するための計画とそれに向けた積極的な行動のことである。「結婚活動とは、就職活動のアナロジーとして作られた造語である」（山田・白河 2008: 1）とされている。

（3）『図1・1・2　結婚年次別にみた、恋愛結婚・見合い結婚構成の推移』厚生労働省／国立社会保障・人口問題研究所（2006）

（4）厚生労働省／国立社会保障・人口問題研究所（2011a）

の進行なのである。

1.3　恋愛感情の重要性

結婚＝恋愛結婚であり、それが未婚化に影響しているのならば、結婚の当事者が何を根拠として、自分たちの結婚を恋愛結婚と見なしているかが重要である。恋愛結婚は「結婚前に恋愛感情の伴う交際があった結婚」と規定できるかといえば、そうとはいえない。見合い結婚が成立するためにも恋愛感情の伴う交際は必須なのである。見合いにも成功と失敗があり、お互いの結婚条件がクリアされた似合いの男女であっても、結婚は必ずしも成立しない。また、見合い結婚と恋愛結婚を区別することも難しい。恋愛結婚は偶然の出会い、見合い結婚は第三者による意図された出会いと定義できるのかといえば、そうとも限らないのである。

『第14回　出生動向基本調査（夫婦調査）』[5]では、配偶者と出会ったきっかけを見ると、友人・兄弟姉妹を通じて29・7％、職場や仕事29・3％、学校11・9％、サークル・クラブ・習い事5・5％である。友人・兄弟姉妹の紹介が、夫婦の出会いのきっかけの第一位となっているが、これはお見合いにちかい。つまり、現在、結婚が成立するためには、見合い結婚か恋愛結婚か、あるいはどのようなきっかけで出会ったかではなく、結婚するにあたり、恋愛感情があるかないか、がポイントといえる。言い換えると、未婚者のジレンマは、厳密にいえば恋愛結婚の問題というよりも、恋

（5）厚生労働省／国立社会保障・人口問題研究所（2011a）

愛感情の問題から起きていることになる。

よって、現在の結婚が成立するための要件となっている恋愛感情とは何か、そして結婚というゴールにたどりつくために恋愛感情が必要とされる要因は何かを探る必要がある。本章ではこの問題をアジア人男性と国際結婚した日本人女性の事例から明らかにする。本章で使用する恋愛感情は、いわゆる男女交際における恋愛感情とは区別し、「この人と結婚しようという絶対的な思い」とする。

2 対象と方法

2.1 調査の目的

本章では「グローバル化する社会における国際結婚の実証研究」のデータを使用する。この調査の目的は、近年のグローバル化によって、ヒトが情報・モノ・カネのように国境を越えて移動するとき、国籍の異なる男女がどのように出会い、交際し、結婚して家族形成するかを、国外でアジア男性と結婚した日本人女性の事例から検討するものである。対象を国外の日本人女性の国際結婚に焦点化するのは、現在、国外における外国人男性と日本人女性の国際結婚の件数が増加しているからである(6)。結婚相手をアジア人男性に焦点化するのは、アジア人男性と日本人女性の国際結婚がグローバル化の流れを受けた国際結婚の一形態であるとの仮定からである(7)。

(6) 日本国外における日本人女性の国際結婚は一九九〇年以前は約3千組であったが、二〇〇〇年以降は毎年8千組を超え、この二〇年で約2~3倍に増加している。この増加は日本国外における日本人男性の国際結婚が一九九〇年以降も約2千組で停滞しているのとは対照的である。この情報は公表されていないが、厚生労働省大臣官房統計情報部『人口動態統計(保管表)』で確認できる。

(7) 日本人女性の国際結婚の相手は従来、欧米人男性と見なされてきた。それは日本人女性が欧米人男性に「あこがれ」(Kelsky 2001: 155) つまり、崇拝しがちであり、「欧米の白人男性と結婚することによる文化的上昇」(山田・開内 2012: 37) を期待するからである。よって、アジア人男性と日本人女性の国際結婚は、従来の国際結婚とは異なるタイプに分類できる。

2.2 インタビュー対象者

インタビュー調査の概要と実施方法は表6・0の通りである。

3 分析結果――結婚の決め手である恋愛感情

3.1 学歴、海外経験、資格

アジア人男性と国際結婚した日本人女性65人の内訳は表6・1の通りである。特徴は高学歴で、結婚以前に海外渡航歴があり、海外暮らしに抵抗がないこと、英語もしくは結婚相手の国の言葉を習得、または日常会話ができる語学能力にある。グローバル化の影響を受けた国際結婚の当事者として、これは当然といえよう。

学歴は大卒が6割を占め、有資格者も多い。2名が結婚前に日本で大学の教員をしていたなど、高学歴女性が多い（表6・2）。

資格において、特に国際結婚に直結するものは日本語教師である。日本語教師の資格者は現地に

表6.0

調査の名称	グローバル化する社会における国際結婚の実証研究
実施者	山田昌弘・開内文乃
調査対象	アジア人男性と国際結婚している日本人女性　65人
調査法	機縁法　半構造化面接法　1回2～3時間インタビュー
調査期間	2010年3月～2013年9月（計10回）
おもな質問	生年月日，生育歴，学歴，職歴，渡航歴，結婚前の恋愛と恋愛観，現在の配偶者と出会ったきっかけ，結婚にいたる経緯と結婚したきっかけ，現在の家族構成・職歴・育児の状況，今後の家族のあり方・子どもの教育方針

表6.1　　女性 $N=65$

調査年月	調査地	結婚相手の男性の国籍	調査した日本人女性
2010年 4月	カッパドキア	トルコ	3人
2010年 7月	東京	タイ	1
2010年 8月	東京	中国	1
2010年 9月	香港	香港	4
2010年10～11月	バンコク	タイ	14
2011年 2月	香港	香港	4
2011年 9月	イスタンブール	トルコ	4
2011年 9月	カッパドキア	トルコ	4
2012年 2月	香港	香港	15
		台湾	1
		中国	1
2012年 9月	イスタンブール	トルコ	13

適応するために渡航先の言葉を覚えようとする。つまり、日本語教師は職業柄、現地の人と交流する機会が多く、国際結婚にいたる傾向がある。この調査においても、日本人女性＝日本語教師、現地人男性＝その生徒というケースが多く見られた。

3.2　国際結婚の決め手の分類

日本人女性が語る結婚の決め手は4つに分類できる（表6・3）。①アジア人男性からのプロポーズ、②日本人女性からのプロポーズ、③自然のなりゆき、④できちゃった婚である。回答者の約6割は①と②のプロポーズが結婚の決め手となっていた(8)。つまり、日本人女性は、プロポーズによって結婚を決断し、関係維持を選択したのである。

3.3　プロポーズがもつ意味

日本人女性はアジア人男性との恋愛関係から婚姻関係に移行するにあたり、プロポーズという古典的な求愛の儀式が重要な要件になっていた。ただ、国籍の異なる男性と結婚するにあたり、身分保障の確約として男性のプロポーズが必要だったという答えは見られなかった。

結婚の決め手を③自然のなりゆきと答えた日本人女性は、配偶者ビザ取得の必要性、お互いの居住地の変化、政治的な情勢などで、ふたりの生活維持のために婚姻を

表6.2　N=65

		%	n
学歴	高校	6.2	4
	短大・専門学校	18.5	12
	4年制大学	60.0	39
	大学院修士	10.8	7
	博士	4.6	3
有資格者	日本語教師	20.0	13
	教員免許	6.2	4
	図書館司書	1.5	1
	薬剤師	1.5	1
	看護士	1.5	1
	歯医者	1.5	1
	弁護士	1.5	1

表6.3　N=65

	%	n
アジア人男性からのプロポーズ	56.9	37
日本人女性からのプロポーズ	7.7	5
自然のなりゆき	32.3	21
できちゃった婚	6.1	2

必要としていた。よって、自然のなりゆきと答えた日本人女性は、「ロマンティック・ラブ」＝恋愛の延長線上に結婚があり、結婚によって、お互いを一生涯にわたり、性的に独占することを誓い合う結婚ではなく、身分保障のために結婚をしていた(9)。言い換えるなら、恋愛から結婚への進展を意識していたわけではないが、ふたりの生活維持のために、婚姻関係に基づく身分保障を利用したということである。

それに対して、プロポーズが決め手となって結婚した日本人女性の多くは、明らかに恋愛から結婚への進展を意識して、プロポーズそのものに価値を見出していた。それは2パターンに大別することができる。

ひとつめのパターンは、過去の恋愛経験で相手の男性からプロポーズしてもらいたかったが、プロポーズしてもらえなかった、というものである。

【日本人男性が決断できない事例】(10)

質問：彼からのプロポーズが重要だったのですか。

回答：20代のときに、すごく好きな人がいて、結婚したかったんですが、できなかった。結局、プロポーズしてくれなかった。

質問：彼はなぜ、プロポーズしてくれなかったのですか。

回答：結婚してもいいようなことは言うんですが、それだけなんです。両親があまり、結婚に賛成でなかったので、まあ、気持ちはわからないわけではないんです

(8) インタビュー調査で語られた結婚の決め手を分類し、それを数値化した。事例の傾向として参照されたい。

(9) プロポーズが結婚の決め手と答えた日本人女性は、結婚にはプロポーズが必要であったという回答である。自然のなりゆきと答えた日本人女性のなかにもプロポーズされた人がいたが、結婚を決めるのにプロポーズの有無は関係がなかった。

(10) 一九七九年生まれ、タイ人男性と国際結婚。バンコク、二〇一〇年一一月二日インタビュー。

が……。大変なのは彼よりもわたしのほうなのにね。

質問：その彼と結婚できなかったのは、御両親のせいということですか。

回答：プロポーズのような……。結婚したい、賛成してくれるようにがんばろう、と言ってくれなかった、それが大きい。プロポーズは、だから、やっぱり、大事。今の夫は、結婚したい、といつも言ってくれたので……。

もうひとつのパターンは、自分は結婚に向いていないと思っていたのにプロポーズしてくれた、というものである。

【日本人女性が帰国子女という事例】(11)

質問：彼以外に今までにプロポーズされたことはなかったのですか。

回答：ないです、一度も。そもそも、結婚できないかもしれないと……。

質問：どうしてですか。お見合いの釣り書〔プロフィール〕にしたら、申し分もない経歴ですが。

回答：アメリカの大学を卒業して、日本に帰って来たんですが。それで日本の会社に入りました。その会社で、同期の日本人の男性からは全員、煙たがられたんです。ただ、仕事をよりベストのものにするために、彼らに意見をしていただけなんですが……。それだけなんです。でも、お願いだから黙ってくれるかな、君の

(11) 一九六八年生まれ、トルコ人男性と国際結婚。カッパドキア、二〇一〇年四月二三日インタビュー。

声を聞くと頭が痛くなるんだ、と言われたんです。その時、思ったんです、もしかしたら、一生、結婚できないかも……。プロポーズしてくれる人なんて、いないであろうと思い込んでいた。

質問：あなたが結婚するにはプロポーズが必要だったということですか。

回答：おそらく……。結婚して、守ってくれるとか。そういうことを確認したかったというか……。

【物事をはっきり言う性格の日本人女性の事例】(12)

質問：彼からのプロポーズがどうしてそんなにうれしかったのですか。

回答：日本人の男性とも2～3人くらい、おつき合いしたんです。そのひとたちから、ふられてしまっているんです。つき合って、ふられるというのは、すごく、つらい。

質問：どういう理由でふられてしまうのですか。

回答：優しそうで、おとなしそうにみえたのに、違った。気が強くて、口答えするから、つき合えない。そんな感じです。わたしって、ダメなんだなあって。だから、プロポーズされた時、わたしと結婚してもいいんだ、この人は……。

質問：あなたが結婚するためにはプロポーズが必要だったということですか。

回答：つき合ってもふられてばかりいたので……。わたしのことが大事だとか、必

(12) 一九七五年生まれ、香港人男性と国際結婚。香港、二〇一一年二月二五日インタビュー。

要だとか、安心のようなものがねえ。

これらの事例からわかることは、プロポーズが決め手となって結婚した日本人女性の多くは、ふたりの関係維持を気にかけていた。お互いに絶対的な存在であることを確認する儀式として、プロポーズが必要とされていた(13)。

(13) 女性からのプロポーズも、女性の気持ちを男性が受け止めるというかたちで、ふたりの関係維持の確約を意味していた。

4 まとめ

4.1 プロポーズと恋愛感情の関係

アジア人男性と国際結婚した日本人女性の多くが、結婚の決め手としてプロポーズという古典的な求愛の儀式をあげた。インタビューを分析すると、彼女たちが未婚化が進む日本社会で恋愛を経験してきたからこそ、プロポーズが必要とされたことが見てとれる。

一九七五年以前、性と愛と結婚が三位一体となったロマンティック・ラブが成立していた時、恋愛のゴールは結婚であった(14)。お互いに愛が感じられればそのまま結婚するという見通しを持つことができた。恋愛から結婚に進展するのは自明であり、プロポーズは結婚の決め手というよりも求愛の儀式として機能していたと思われる。しかし性と愛と結婚が三位一体でなくなると、「恋愛と結婚は別である」として「愛

(14) 山田・白河（2008）では一九七五年が未婚化の始まりであるとされる。それは「男女交際に関する規制緩和がおきたがゆえに、自動的に結婚できない時代がはじまった」（同：15）とされている。

と性の恋愛関係」と「結婚と性の婚姻関係」に分裂し始める。しかし婚姻関係は未だに理念上、三位一体でなければならないのである(15)。

現在、未婚化が進行し、恋愛と結婚が別であるほうが「当たり前」になってきている(16)。恋愛関係を婚姻関係に進展させるには、「この人と結婚しよう」という絶対的な思いが必要になる。これは三位一体であった時の恋愛感情とも、恋愛関係の時の恋愛感情とも異なる。結婚するにあたり、ふたりの関係を絶対化しようとする恋愛感情といえる。言い換えるなら、三位一体が崩壊したために「この人と結婚して支え合って生きていこう」という純度の高い恋愛感情が結婚に必要とされるようになったと考えられる。

アジア人男性と国際結婚をした日本人女性のインタビューを考察すると、彼女たちはこの純度の高い恋愛感情を意識して、恋愛から結婚への進展や、ふたりの関係維持の難しさを語っていたことがわかる。そしてプロポーズという古典的な求愛の儀式は、日本人女性にとって、男性に純度の高い恋愛感情を確認するものとなっている。また、プロポーズが結婚の決め手となった女性の二パターンとも、女性は「女らしい」、男性は「男らしい」ほうが結婚しやすく、関係を維持しやすいと想定していると思われる。つまり、アジア人男性と国際結婚する高学歴女性の多くが保守的なジェンダー観を持ち、結婚の決め手にプロポーズを必要とするのは保守的なジェンダー意識に基づいていたと分析できる。

(15) 機能と理念が合致しなくなっても、理念として残っている制度を、ポストモダンの論者たちはゾンビ・カテゴリー (Beck and Beck-Gernsheim 2002: 202-3)、木霊のような言葉(Bauman 2008＝2009: 124)といい、人々に未だに影響をあたえているとしている。

(16)『結婚・家族形成に関する調査報告書』(平成二三年) において、20～30代の男女は「恋愛と結婚は別だと思うか」に、「そう思う」52・3％、「そう思わない」20・1％、「どちらとも言えない」27・7％であった。

4.2　結婚のハードル

アジア人男性と国際結婚した日本人女性のインタビュー調査を通してわかったことは、結婚が近年、ハードルの高いライフイベントへと変化していることである。それが日本人女性のプロポーズの必要性に見てとれる。よって、アジア人男性と国際結婚した日本人女性の結婚の決め手となったプロポーズの機能をまとめてみたい。

第一は、男性からのプロポーズは日本人女性にとって、男性が純度の高い恋愛感情を持つ証明である。それは、お互いに結婚を理想化することで、愛情がわかなくなるリスクをコントロールする目的があるかもしれない。愛を注ぎつづける熱意が男性にあるかどうかを結婚前に確認しようとしている。

第二は、男性からのプロポーズは日本人女性の女性性を確認する証明である。高学歴女性は男性につき従う「大和なでしこ」とは異なる人が多い。しかし男性が女性をリードするべきという意識は高学歴女性においても同じである(17)。男性からのプロポーズは男性が女性をリードするという意味に変換され、保守的なジェンダー役割を追認している。

4.3　未婚化のゆくえ

最後に、日本の未婚化がどのように進むかを考察してみたい。高学歴の日本人女性は結婚にあたり、アジア人男性に純度の高い恋愛感情と女性をリードするという男性

(17)　日本性教育協会『青少年の性行動』第7回調査報告（2012）において、「男性は女性をリードするべきだ」を肯定する男子大学生は52・4％（そう思う17・7％、どちらかといえばそう思う34・7％）、女子大学生は63・2％（そう思う18・3％、どちらかといえばそう思う44・9％）となっている。高学歴層においては女性のほうが保守的なジェンダー意識を内面化している。

性を求めていた。日本人女性がなぜ、このふたつを重視するのかという問題がある。

おそらく、それは結婚後に近代家族を形成することを希望しているからではないであろうか。近代家族とは、父と母とその子どもが形成する家族で、夫が外で働き、妻は家事・育児を担う性別役割分業によって営まれる家族である(18)。近代家族における男性の役割は一家の大黒柱である。言い換えると、近代家族を形成することは、男性が精神的にも金銭的にも家族のリーダーシップをとることを意味する。女性たちは男性にその責任を果たす決意を求めていると考えられる(19)。

ただし、現在の日本で未婚化が進行している原因のひとつが、すべての男性にこの責任を求めることにある。バブル経済崩壊後の一九九五〜二〇〇五年頃の「就職氷河期」、二〇〇八年のリーマン・ショック後の雇用状況の悪化によって、現在、適齢期の男性のすべてが家族を支える収入をひとりで稼得するのは難しい状況が続いている。したがって、女性も家計維持のために働かなければならない。しかし、アジア人男性と結婚した日本人女性の多くは、男性に大黒柱としての稼ぎを求めているようであった。そうなると、女性は最終的には男性の収入に依存することを意味する。これは男性が家事・育児を分担したとしても、家事・育児の最終的な責任が女性にあることの裏返しといえる。

結論としては、現状では日本の未婚化は解消されないと言わざるをえない。日本の適齢期の男性のすべてが一家の大黒柱になれる時代は終わっている。それにもかかわ

(18) 近代家族は日本の高度成長期に一般化したとされる家族形態である(落合 1998)。

(19)『第14回出生動向基本調査(独身者調査)』(2011b)において「結婚・家族に関する考え方」を見ると、「結婚後は、夫は外で働き、妻は家庭を守るべきだ」に、未婚男性60・1%、未婚女性64・7%が反対で、性別役割分業を否定している。しかし「どんな社会においても、女らしさや男らしさはある程度必要である」に、未婚男性86・1%、未婚女性85・0%が賛成し、男女の違いを否定しているわけではない。「少なくとも子供が小さいうちは、母親は仕事を持たずに家がいるのが望ましい」に、未婚男性73・3%、未婚女性75・4%が賛成しており、未婚者は依然として性別役割分業を基盤とした近代家族を理想としている。

らず、女性がそれを求めるならば、男性の収入の多寡によって、未婚者は結婚できる層と結婚できない層に二極化する。その結果、結婚難は格差問題に帰着する(20)。また、未婚者の男女の多くが近代家族を理想化しているのであれば、性別役割分業を完全になくすことはできない。そのために、近代家族に代わる家族形成は難しく、結果として結婚難は依然として存続することになる。よって、「結婚したいのに結婚できない」未婚者のジレンマは、格差問題のひとつとして、今しばらく続くと考えられる。

(20) 内閣府『平成二三年　結婚・家族形成に関する調査報告書』(2011)において、20〜30代男性の婚姻率は、年収300万円未満では10%以下となっている。また、30代男性の婚姻率は年収が上がるにつれて高くなっている。

付記

本章の調査は、日本学術振興会科学研究費補助金の助成をうけた(「グローバル化する社会における国際結婚の実証研究」基盤研究(C)、二〇一一〜一三年度、研究代表者・山田昌弘)。

文献

Bauman, Zygmunt, 2008, *The Art of Life*, Cambridge: Polity Press.（＝2009 高橋良輔・開内文乃訳『幸福論――〝生きづらい〟時代の社会学』作品社.）

Beck, Ulrich and Beck-Gernsheim, Elisabeth, 2002, *Individualization*, London: SAGE Publications.

Kelsky, Karen, 2001, *Women on the Verge : Japanese Women, Western Dreams*, Durhum and London: Duke University Press.

厚生労働省／国立社会保障・人口問題研究所 2006『第13回出生動向基本調査（夫婦調査）』http://

www.ipss.go.jp/ps-doukou/j/doukou13/doukou13.pdf 2013.11.5 閲覧.

―― 2011a『第14回出生動向基本調査（夫婦調査）』http://www.ipss.go.jp/ps-doukou/j/doukou14/doukou14.pdf（2013.11.5 閲覧）.

―― 2011b『第14回出生動向基本調査（独身者調査）』http://www.ipss.go.jp/ps-doukou/j/doukou14_s/doukou14_s.asp 2013.11.5 閲覧.

落合恵美子 1989『近代家族とフェミニズム』勁草書房.

内閣府 2011『平成二三年　結婚・家族形成に関する調査報告書』http://www8.cao.go.jp/shoushi/cyousa/cyousa22/marriage-family/mokuji-pdf.html（2013.11.5 閲覧）.

日本性教育協会 2012『青少年の性行動　第7回報告書』.

総務省 2011『平成二二年　国勢調査』（http://www.stat.go.jp/data/kokusei/2010/kihon1/pdf/gaiyou1.pdf（2013.11.5 閲覧）.

山田昌弘・白河桃子 2008『「婚活」時代』ディスカヴァー・トゥエンティワン.

山田昌弘・開内文乃 2012『絶食系男子となでしこ姫』東洋経済新報社.

【研究トピック4】

婚活

なぜ結婚難は続くのか

山田　昌弘

【なぜ結婚難か】　私が婚活という言葉を造語したのは、二〇〇七年のことである。本書の「はじめに」で記したように、一九九〇年頃までは、特段の努力をしなくても「結婚」は容易に達成可能なライフイベントであった。しかし現在では、結婚するには特段の努力が必要になっている。これを就職活動になぞらえて、結婚活動、略して「婚活」と名づけたのである(1)。

一九九〇年代から進行する若者の間のさまざまな「格差」の発生が、未婚化現象と関係している。いうなれば、格差社会が結婚難をつくり出している。それと同時に、婚活の背後にもさまざまな格差が存在している。

【経済力・出会い・魅力】　高度成長期から一九九〇年頃まで結婚が容易だったのは、若者の間の「格差」、特に結婚の重要なハードルである「経済力」「出会い」「魅力」の差が小さかったからである。結婚に至るまでに、相手に出会う、魅力がある、相手と家庭をもち経済生活が送れるという、大きく三つのハードルがある。そのハー

(1) 山田昌弘・白河桃子 2008『「婚活」時代』ディスカヴァー叢書；山田昌弘 2010『「婚活」現象の社会学――日本の配偶者選択のいま』東洋経済新報社.

ドルが、一九九〇年までは大きな差異がなく、みな同じように低かった。

戦後の高度成長期以後、男性が働いて家計を支え、女性は家事・育児を行う性別役割分業の家族形態（近代家族）が一般化した。女性は、基本的に男性の収入に頼って生活するのだから、結婚相手の男性の経済力によって、生活水準が上下する。当然のこととして、女性は結婚相手になるべく高い経済力を期待する。

ただ、一九九〇年頃までは、二〇代男性の収入に差はあっても比較的小さかった。ほとんどの男性は正規雇用の企業正社員、公務員・団体職員、もしくは自営業の後継者になれた。学歴、企業規模、職業などによって、多少の収入差はあったが、賃金や昇進の年功序列制、終身雇用慣行があるために、二〇代正規雇用社員の賃金格差は驚くほど小さかった。そして、雇用は安定し、自営業も保護されていたため、男性は生涯にわたって稼ぎ手として家族を支える見通しをもつことができた。

つぎに、結婚相手との出会いも同様に差異は小さかった。一九九〇年半ばまでは、学歴の別なく男女ともに新卒時に正規雇用の就職先を見つけることができた。新卒一括採用、終身雇用制のもとでは長い間同じ職場で未婚の男女が一緒に働くことになる。すると交際が始まり、結婚に至るカップルが増える。もし職場で出会いに恵まれなければ、上司や親、親戚などが見合いの話をもってくる。この「縁故紹介資源」も、格差がなかったと考えられる。

さらに、一九八〇年代までは、「一度つきあった異性と結婚するのが当然」という規範があった。つまり、魅力の高い人ほど結婚が決まりやすく、未婚者の恋愛対象から除外された。それゆえ、異性から見た魅力の多寡は結婚に至る格差と関係がなかったのだ。筆者の調査(2)では、「恋人として何人とつきあった経験があるか」を聞いたところ、年齢が高い世代ほど、いない、もしくは1人という回答が多く、一九八〇年代以前は、初めての交際相手（もしくは見合いで決めた相手）と結婚した人が多かったことを示している（表4・1）。

【結婚格差の広がり】 一九九〇年代に入り、若者の状況が一変する。若者の間で、結婚の重要なハードルである「経済力」「出会い」「魅力」の格差が広がる、つまり、おもに若者の就労環境の変化が原因となってハードルが上がったのである。この時期に経済を中心とする近代社会の大きな構造転換の波が日本にも及んだことが、この変化から判断される。

まず、「経済力の格差」であるが、一九九〇年代に若者男女の間で非正規雇用者の割合が増大する。図4・1、4・2にあるように、未婚者（25～29歳）の正規雇用比率は、一九九二年には男女とも8割以上であったが、二〇一〇年には、男性6割前後、女性5割前後まで低下する。つまり経済力のハードルに明らかな格差が生じたのである。

次に、「出会いの格差」も広がる。日本では、パーティ文化などがなく、結婚のきっかけは「偶然出会って自然と交際する」ことが多い。しかし、正規雇用比率が下が

(2) 日本学術振興会科学研究費補助金 2004「離婚急増社会における夫婦の愛情関係の実証研究」(研究代表者・山田昌弘).

トピック表4.1

	恋人としてつきあった人数				
	いない	1人	2～3人	4～5人	6人以上
	%	%	%	%	%
1945～54年生まれ	27.1	18.9	39.6	11.4	2.9
1955～64年生まれ	15.6	12.4	41.7	22.0	8.3
1965～74年生まれ	2.4	11.6	40.4	28.8	16.8

東京・大阪在住30～59歳男女への質問紙調査, 2004年

(出典) 山田昌弘 2006「離婚急増社会における夫婦の愛情関係の実証研究」報告書

ると、同じ職場で長期間一緒に働く未婚の男女が減少する。アルバイトや派遣など短期の雇用契約で働く未婚者が職場に増えても、男性は経済力の点で同僚女性から相手にされず、女性は同僚男性と親しくなる前に職場を去ってしまう。自ら出会いの場に足を運び、積極的に異性に声をかけることができれば別であるが、苦手な人にとって異性と親しくなる場は減っていく。つまり、出会いのチャンスに格差が生じたのである。

　最後に「魅力の格差」に触れておこう。表4・1で見たように近年、既婚者の交際経験人数は増加している。二〇一〇年内閣府の調査でも、20～39歳既婚者の平均交際経験人数は、4・2人(3)。つまり、「3人とつきあって別れ、4人目で結婚」が平均となる。ちなみに、交際経験が現在の配偶者のみは10％にすぎない。一方で、未婚者で「交際経験がまったくない」のは、男性31・0％、女性19・2％であっ

トピック図4.1 未婚女性

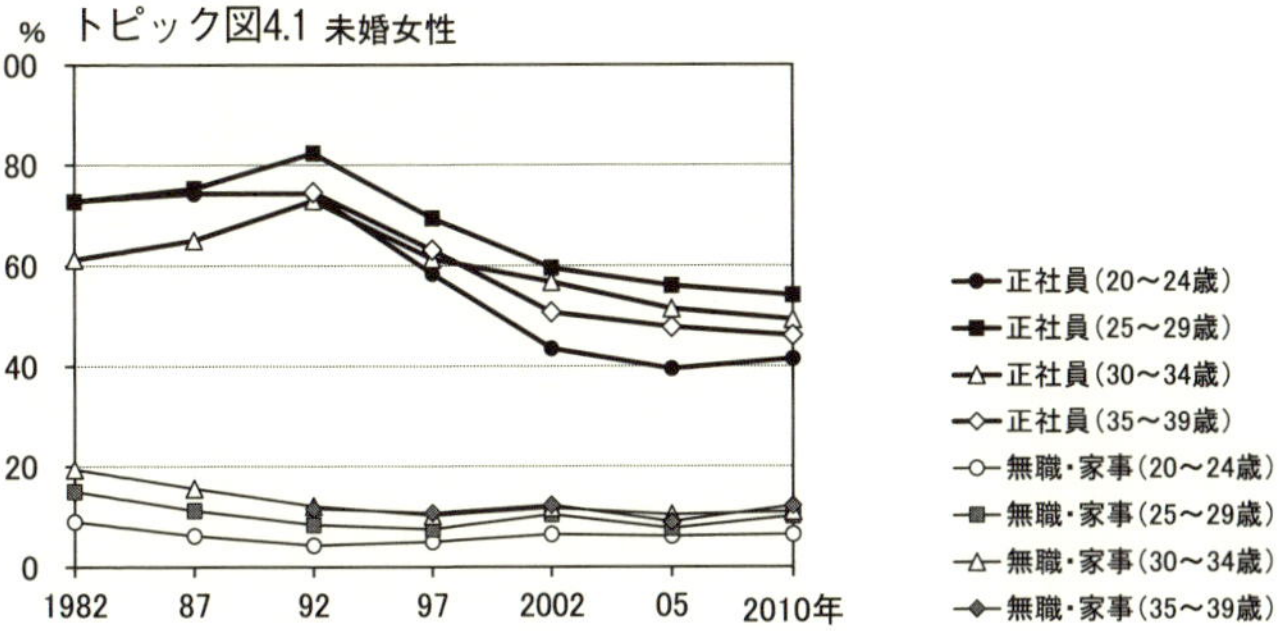

(出典)国立社会保障・人口問題研究所「出生動向基本調査」各年より筆者作成

トピック図4.2 未婚男性

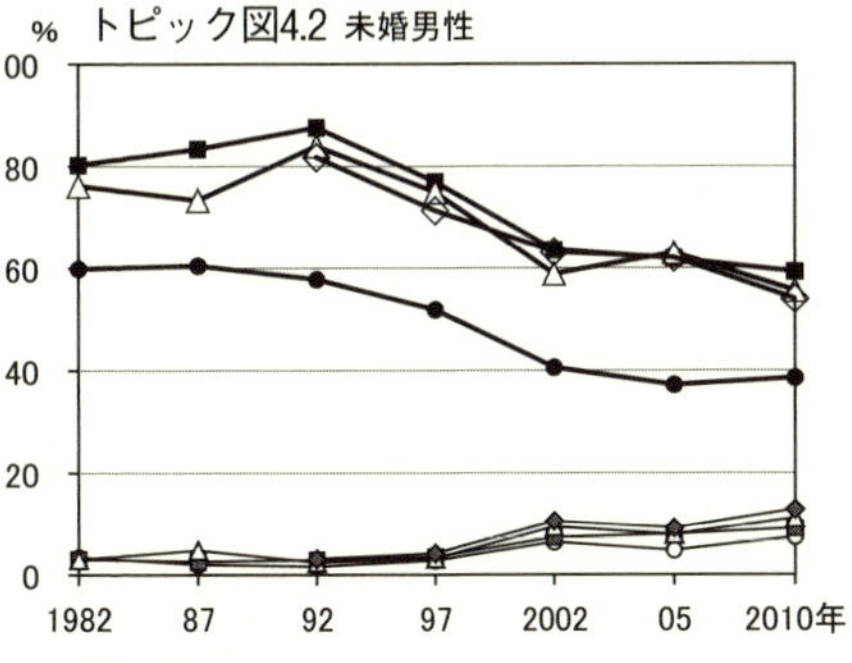

(出典)図4.1と同

た。つまり、異性から見て魅力があるほど結婚前に（時には結婚後も）複数の異性と交際するため、より魅力のある人に異性を奪われて交際機会が減少するのである。

このような結婚に至る「経済力」「出会い」「魅力」格差の広がりは、男女に対して異なった効果をもたらす。それは、日本が「男は仕事、女は家庭」という性別役割分業の近代家族が未だスタンダードであり、それゆえ、男性の経済力が結婚の条件に直結するからである。一方、女性は男性から経済力を求められることは少ない。そこで、経済力のハードルは男性にだけ課せられる。

婚活は、結婚のハードルを乗り越えるための自覚的活動である。そして、ハードルの中で直接コントロールできるのは男女とも「出会い」と「魅力」の一部でしかない。男性はたとえ「出会い」「魅力」は越えられても経済力というハードルをクリアできなければ、なかなか婚活の成功はおぼつかない。一方で、女性は経済力のある男性をもとめて、出会いのハードルをクリアしようと婚活に励むのである。

このように婚活には男女によって異なる格差構造があるため、さまざまな結果が生じることになる。たとえば、男性は経済力によって婚活の成否が分かれる。しかし、女性は出会いを増やせばたとえ魅力がいまひとつであっても、経済力のある男性に選ばれる確率が高まる。これが男性よりも女性に婚活が盛んな大きな理由である。

（3）内閣府 2011『平成二三年結婚・家族形成に関する調査報告書』.

7 家族

家族形成にはどのような格差があるのか

筒井　淳也

1　問題

1.1　豊かな家族と貧しい家族

「家族と格差」と聞くと、どのようなことを思い浮かべるであろうか。多くの人は、「裕福な家族もあればそうではない家族もいる」ということをイメージするであろう。経済的に恵まれた家では、住居は広く、高級車があり、子どもは小学校あるいは中学校から私立に通っている。夫は経営が安定した企業に正社員あるいは役員として勤めており、妻は専業主婦として子どもの面倒を見ながら、比較的余裕のある日々を過ごしている。他方で家計が苦しい家族は、駅からそれほど近くない賃貸住宅に住み、家族は毎月の光熱費を気にしながら細々と暮らしている。

こういった家族間の格差は、もちろん実際に存在する。というより、そもそも現代社会において個人の裕福さはその人の所得で決まるわけではなく、多くの場合その人が属する家族の中にいる稼ぎ手の所得や社会的地位で決まる。夫が高額所得者であれば、その妻や子どもはたとえ無収入であっても裕福な生活を送ることができるであろう。つまり格差とは基本的に家族格差、あるいは世帯単位の格差なのである。

しかしこのような意味での家族格差を見ていく場合、いくつか気をつけなければならない点がある。ひとつは、いくら世帯全体の所得が高くても、その世帯の中に住む人数が多ければ、そのなかの一人が享受できる豊かさは小さくなる、ということである。そこでしばしば用いられるのが「等価世帯所得」である。等価世帯所得とは、世帯所得を世帯人数の平方根で割ったものである(1)。

もう一点は、さきほど個人の豊かさは「家族の中にいる稼ぎ手の所得や社会的地位で決まる」と書いたことに関係している。ある人の社会的地位を判断する場合、現時点での稼ぎ主の所得だけではなく職業上の地位などが重要になってくる、ということである。たとえば20代前半のある若い夫婦は、夫婦とも一流企業に正社員として勤めているが、まだ若いゆえに二人合わせても年収が500万円にしかならない。他方で、ある50代の夫婦では、夫が正社員で年収400万円、妻がパートで100万円稼得するとする。どちらも夫婦二人だけの世帯である場合、等価世帯所得は同じ354万円である。しかしこれら2つの家族を「同じ豊かさ」と考えることは難しい。とい

(1) 単純に一人当たりの世帯所得(世帯所得をそのまま世帯人数で割った値)を用いないのは、世帯の中にさまざまな共有財産があり、それがあることによって得られる豊かさは世帯人数が1人から2人になったときに単純に半分になるわけではないからである。

うのは、彼らの豊かさは必ずしも現在の所得水準のみで決まるのではなく、夫婦がライフコースのなかで稼いできた、あるいはこれから稼ぐであろう所得水準で決まるからである。

さて、家族の経済力格差はそれ自体で問題となりうるが、社会学ではむしろ親世代の格差が子世代の格差に受け継がれること、すなわち階層の再生産の問題に取り組んできた。そこでは、子どもの到達階層が、親の階層（出身階層）と関係なく——たとえば教育の達成によって——決まるような公平な社会が良い社会だ、という考え方があった。このことについては第3節で詳しく説明しよう。

1.2 「家族と格差」のもうひとつの視点

他方で、前節のような「家族と格差」の示し方は、家族と格差に関する別の重要な視点を見えにくくしている、ということにも気づく必要がある。

さきほど登場した架空の夫婦の例をもう一度思い出してほしい。世帯年収が同じ500万円の、20代前半の若い夫婦と50代の夫婦である。これらの夫婦には、どちらも子どもがいない。このとき20代の夫婦はこれから子どもを持つのかもしれないが、50代の夫婦は、あまり稼ぎがないので子どもをつくらなかったのかもしれない。経済的な裕福さの差が、家族を持つことに対して影響する可能性がある、ということである。

さらに、そもそも結婚できるかどうかが、その人の収入や社会的地位で決まるという事実もある。さきほど述べた等価世帯所得という格差の測り方では、結婚して家族を形成、結婚せずに独り暮らし、そして「パラサイト・シングル」と呼ばれることもある、同じく結婚していないが親と同居、の三者の区別がつかない。たとえ等価世帯所得が同じでも、安定した職に就けないために親と同居している者と、苦労しつつも親から独立して、結婚して家族を営んでいる者では、将来の見通しが異なる。現在親と暮らして維持している生活水準を、やがて親が退職・引退して年金収入のみになったときに継続できるかどうかは、不透明であろう。

1.3 少子化と格差問題

以上見てきたように、「家族と格差」にはおもに2つの見方がある。まずは家族の格差、ひいては家族による格差であった。すなわち「どの家庭に生まれるのかが子どもの人生を左右する」という問題（出身階層の問題）である。次に注目したのが家族形成における格差、すなわち「結婚して子どもをつくる」ことができるのかどうか、についての問題（未婚化の問題）であった。

後者の問題は、具体的には若年男性の経済力格差とジェンダー格差によって引き起こされている。そして「結婚できる者とできない者」とのあいだの格差、つまり家族形成格差によって引き起こされてきた少子化は、社会保障の世代間格差という新たなタイプの格差を帰結する。以下では、これらの格差がどのように絡み合っているのかを説明していこう。

2　データと方法

本章では、3つの社会調査のデータと2つの公式統計のデータ、合計5つのデータを使用する。

まずは、日本家族社会学会のＮＦＲＪ（全国家族調査）である(2)。ＮＦＲＪは、日本家族社会学会が調査主体となっており、おもな調査はこれまで一九九九年、二〇〇四年、二〇〇九年に実施されている。対象者は日本国内に居住する28〜77歳（ＮＦＲＪ08は28〜72歳）の男女である(3)（**表7・0・1**）。

2つめは、大阪商業大学を拠点とするＪＧＳＳ（日本版総合的社会調査2000, 2001, 2002）である。二〇〇〇年から本調査だけで10回も実施されているが、ここでは二〇〇〇〜〇二年を利用する。対象者は日本に居住する20〜89歳の個人である（**表7・0・2**）(4)。

3つめは、「人口動態調査」である。厚生労働省が毎年発表している全数調査統計で、人口変動に関係する個人レベルの行動が正確に把握されている。

4つめは、世界銀行「世界開発指標」（World Development Indicators, WDI）であ

(2) 二次分析に当たり、東京大学社会科学研究所附属社会調査・データアーカイブ研究センター（ＳＳＪＤＡ）ＳＳＪデータアーカイブから、第1回全国家族調査（ＮＦＲＪ98）、第2回全国家族調査（ＮＦＲＪ03）、第3回全国家族調査（ＮＦＲＪ08）（日本家族社会学会全国家族調査委員会）の個票データの提供を受けた。

(3) ＮＦＲＪでは、調査名称の年数と実際の調査年は異なる。たとえばＮＦＲＪ98の調査年は一九九九年、ＮＦＲＪ03は二〇〇四年、ＮＦＲＪ08は二〇〇九年である。ただしいずれの調査でも、調査対象者のおもに前年度の情報を聞き取ったデータとなっている。

(4) 日本版General Social Surveys（ＪＧＳＳ）は、大阪商業大学ＪＧＳＳ研究センター（文部科学大臣認定日本版総合的社会調査共同研究拠点）が、東京大学社会科学研究所の協力を受けて実施している研究プロジェクトである。

表7.0.1

	NFRJ98	NFRJ03	NFRJ08
調査名	第1回全国家族調査	第2回全国家族調査	第3回全国家族調査
実施者	日本家族社会学会全国家族調査委員会		
調査地域	日本全国（13大都市110地点，10万人以上の市200地点，10万人未満市102地点，町村123地点，合計535地点）		
調査対象	1921～71年生まれ（1998年末時点。28～77歳）日本人	1926～75年生まれ（2003年末時点）同左	1936～80年生まれ（2008年末時点）同左
計画標本	10,500人	10,000人	9,400人
標本抽出	層化二段無作為抽出法		
	都道府県(47) × 都市規模(4)で152層を設定，535地点を抽出，比例割当して等間隔抽出	都道府県(47) × 都市規模(4)で153層を設定，583地点を抽出，比例割当して等間隔抽出	都道府県(47) × 都市規模(3)で108層を設定，480地点を抽出，比例割当して等間隔抽出
調査法	訪問留置法		
調査期間	1999年1～2月	2004年1～2月	2009年1～2月
有効回収数（率）	6,985人（66.52%）	6,302人（63.0%）	5,203人（55.35%）

表7.0.2

	JGSS-2000	JGSS-2001	JGSS-2002
調査名	生活と意識についての国際比較調査		
実施者	大阪商業大学JGSS研究センター・東京大学社会科学研究所		
調査対象	全国20～89歳男女（2000年6月25日時点。明治43年6月26日～昭和55年6月25日生まれ）	全国20～89歳男女（2001年9月1日時点。明治44年9月2日～昭和56年9月1日生まれ）	全国20～89歳男女（2002年9月1日時点。大正元年9月2日～昭和57年9月1日生まれ）
計画標本	4,500		5,000
標本抽出	層化二段無作為抽出法		
	全国6ブロック，市郡規模で層化，人口比例により300地点抽出。各地点等間隔抽出法により正規対象15名予備対象5名を抽出		全国6ブロック，市郡規模で層化，人口比例により341地点抽出。各地点等間隔抽出法により正規対象13～15名予備対象5名を抽出
調査方法	面接調査と留置調査		
調査期間	2000年10～11月	2001年10～11月	2002年10～11月
有効回収数（率）	2,893（64.9%）	2,032（63.1%）	2,953（62.3%）

る。世界銀行が収集・編集・公表している国際マクロデータであり、データはウェブで公開されている(5)。

5つめは、「国際社会調査プログラム」(International Social Survey Programme, ISSP 2005)である。数十ヵ国が参加して毎年行われている国際比較調査であり、標本サイズや調査方法は国ごとに多様である。二〇〇五年の調査では"Work Orientation III"と題して、仕事に関する態度や実態が調査されている(6)。

3　分析結果——家族による格差と格差の結果としての家族

3.1　家族による格差

第1節で述べたように、家族には経済的に豊かな家族とそうではない家族がある。実際に世帯所得を測定した場合、どれほどの格差が家族(世帯)間にあるのかを見てみよう。図7・1左のグラフは等価世帯所得の分布である。200〜300万円台が最も多いが、かなりの格差があることがわかる。

次に右のグラフは、40代の夫婦で子どもが1〜2人いる世帯の所得分布である。世帯年収が1000万円以上の比較的恵まれた家族が4分の1以上いる一方、4分の1程度の家族は600万円以下で暮らしている。子ども2人をこれから大学に進学させる場合、かなり切り詰めた生活を強いられるはずである。

(5) ＷＤＩは以下を参照。http://data.worldbank.org/data-catalog/world-development-indicators

(6) ＩＳＳＰは以下を参照。http://www.issp.org/

この世帯年収の格差は、ある程度稼ぎ手の学歴によってもたらされている。図7・1右のグラフで、世帯年収が1200万円以上の世帯のうち夫が大卒の割合は約66％であるが、200〜399万円では約31％にすぎない。また、この格差は学歴などさまざまな要因を媒介して、子どもの将来の社会的地位に反映される可能性がある。

社会学は格差を考える際に、以上のデータから読み取れるような家族間格差を、「家族による格差」の問題としてとらえてきた。社会学の中でも社会階層論がおもに注目してきたのは、世代間の社会移動である。もしある社会が完全に機会平等の世界であれば、子どもの職業は父親の職業とは全く関係なく、本人の努力やそれによる学歴達成などで決まる。これに対して機会不平等の社会では、父親の職業が何らかのかたちでその子どもに影響する。

「親子の職業観の関連性」では、自営業を営む親の職業を子どもが継ぐことが想像されやすい。しかし社会学者が最も注目してきたのは、教育あるいは学歴を媒介した出身階層と本人が到達する階層のつながりである。地位の高い職業に就いた親は、子どもに多額の教育投資を行うし、大学進学への期待も高い。したがって子どもは高い学歴を得て、結果的に地位の高い職業に就く、という関連である。教育を通じた職業階層の再生産である。

実は、各国が工業化によって経済的に豊かになっていった第二次世界大戦後では、教育を通じて社会が機会均等になっていくのではないか、という見方が一定程度共有

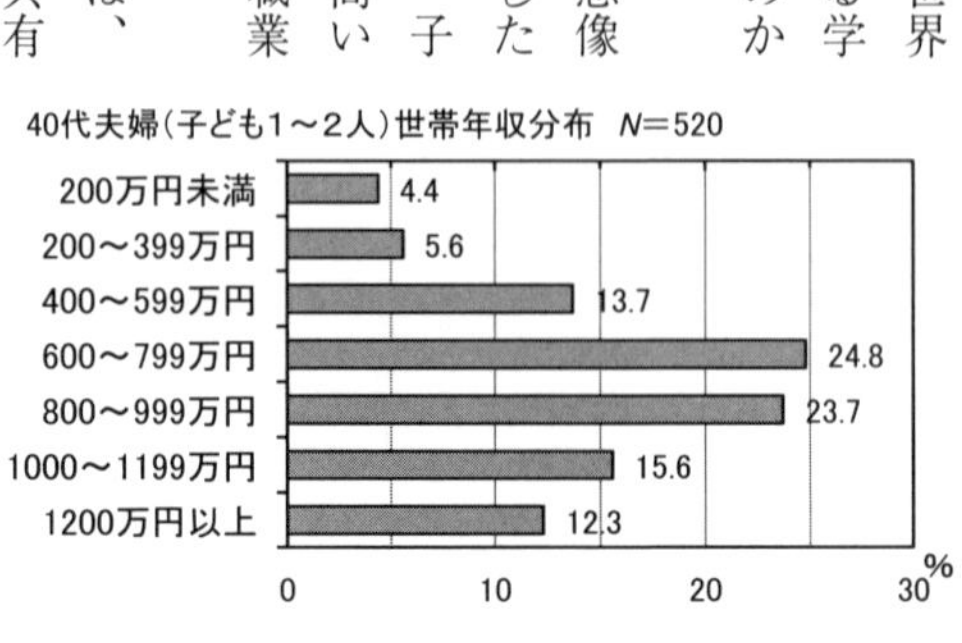

されており、このことは有名な社会学者タルコット・パーソンズの理論にも反映されている。パーソンズは、近代化が進むと、個人の社会的地位達成は帰属原理ではなく業績原理によって決定されるようになると考えた。帰属原理とは、生まれによって地位が決まることである。前近代の身分制はその典型であり、親が貴族であれば子も必然的に貴族になるような社会であった。近代化のプロセスで身分制が廃止された後でも、帰属原理は残っている。家族制度が存続しており、かつどの親の家庭に生まれるのかは、子どもは選ぶことができないからである。

それでも、地位達成がもっぱら教育における学力達成によって決められ、かつ義務教育制度や学費抑制、奨学金制度の充実などを通じて、教育内容・レベルに対する親の経済力の影響が小さくなっていけば、その社会は業績原理に近づいていく。パーソンズは、工業化によって雇用労働化が進み、人が能力に応じて雇用されるようになれば、自然と業績原理が浸透していくと考えた。社会階層論研究の中でも、産業化命題と呼ばれる同じような考え方がある。

しかし現実はそうはならなかった。早くも一九六〇年代頃から、アメリカでは実証研究の結果「学校の教育環境が同じでも学力には差がつく」ことが明らかになってきた。学校外の要素、おもに家庭での子育てのあり方が影響力をもつ可能性が考えられるようになった。こうして、学校から家族に再び社会学の注目が集まるようになったのである。家庭の教育文化によって子どもの将来の地位達成に格差が生じる可能性が

図7.1　等価世帯所得分布　*N*=4,570

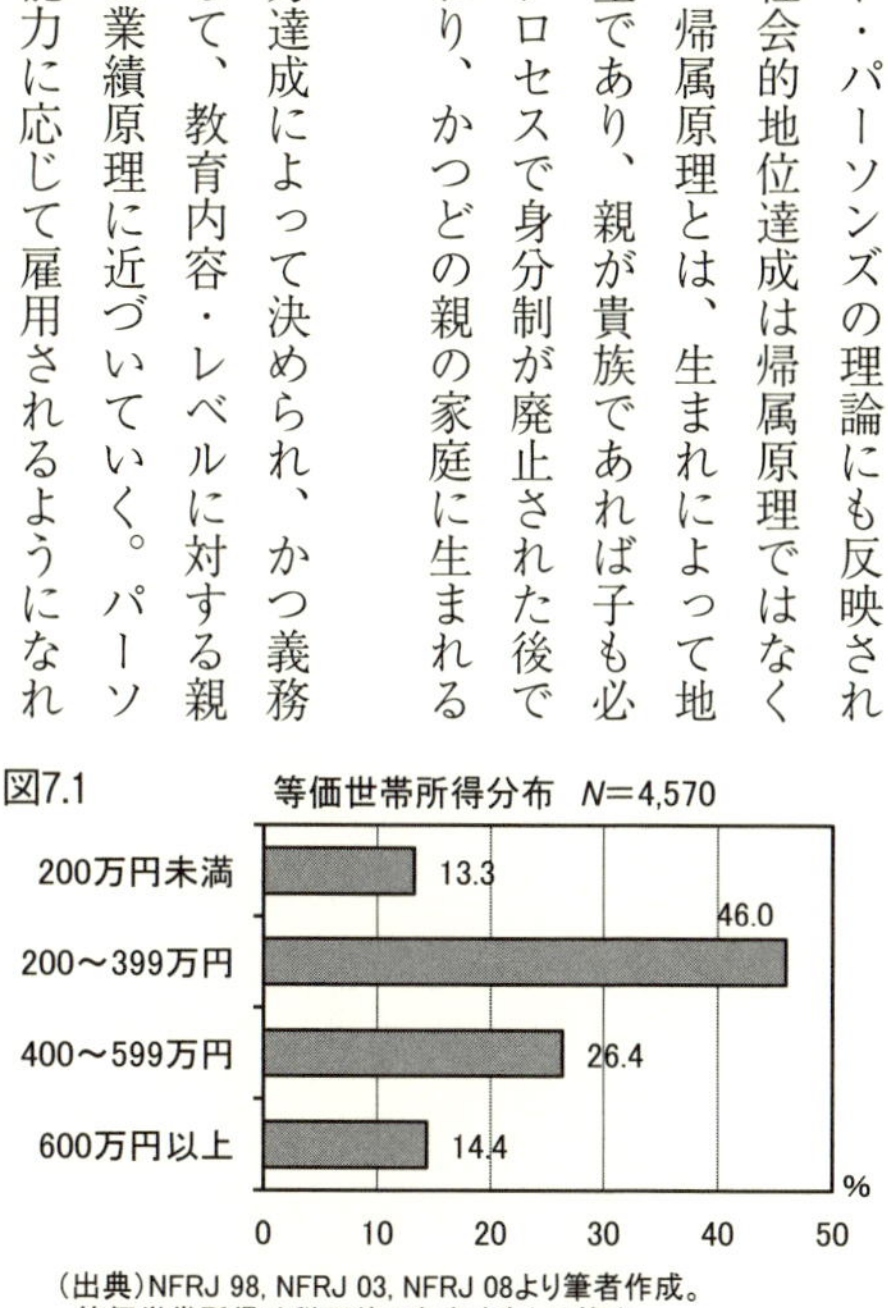

（出典）NFRJ 98, NFRJ 03, NFRJ 08より筆者作成。
等価世帯所得は税引前の年収をもとに算出

深刻に受け止められるのは、家庭の経済力の差であれば教育費への公的資金投入（高等教育の学費無償化など）によって影響を緩和することができるが、家庭の文化格差を政策的に緩和することは非常に難しいからだ。

「家族制度を通じた格差の再生産」という理論枠組みは、社会学の階層・格差研究において長い間共有されてきたものであった。しかし工業化された経済先進各国で経済成長が鈍化した一九七〇年代以降、家族と格差のお馴染みの分析枠組みは、徐々に説得力を失っていった。

3.2　家族形成における格差

家族による格差に代わって注目を集めるようになったのが、家族形成における格差である。家族形成とはここでは結婚と出産であるが、まず具体的に特定の年齢においてまだ結婚したことがない人が結婚する確率（初婚確率）から家族形成格差を描いてみよう(7)。図7・2は、男女、年齢階層、学歴、初職階層(8)ごとの初婚確率である。たとえば一番上のグラフは女性の年齢階層と学歴ごとに初婚確率をプロットしたもので、20〜24歳の高卒以下の女性の初婚確率は0・15（15％）を少し下回っていることがわかる。

最初に学歴ごとの初婚確率に注目してほしい。全体的に最も初婚確率が高くなるのは女性では20代前半、男性では30代前半であるが、女性の20代前半では、大卒の初婚

(7) 初婚確率は以下のように算出した。対象者はJGSSデータに含まれる20〜89歳の回答者のうち、一九五〇年以降に20〜39歳に初婚リスクを経験した者である。被説明変数は対象者がある年に初婚を経験したかどうかである。説明変数は年代（5年間隔）、年齢階層（5歳）、学歴（高校卒、短大／専門学校卒、大学卒）、初職の職業階層（「大企業あるいは専門職のフルタイム」「中小企業フルタイム」「その他（非正規）」）である。特に学歴と初職階層の効果が年齢階層ごとにどのように違うのかをわかるようにするため、年代を統制した上で、男女それぞれで年齢階層と学歴、年齢階層と初職階層との交互作用を投入したモデルを推定している。

(8) 初職とは学校を卒業・中退後初めて就く職をさす（在学中のアルバイトは含まない）。

確率がその他の学歴よりかなり低い。これと対照的に、男性の30代前半では高卒以下の初婚確率が低くなっている。

次に初職階層ごとの初婚確率を見てみよう。女性の初婚確率は初職階層によって大きく異なることはないが、30代の男性では初職が大企業・専門であれば初婚確率がかなり高まる傾向が見てとれる。

図7・2からわかることは、家族形成、つまり結婚格差の存在である。一九五〇年

図7.2

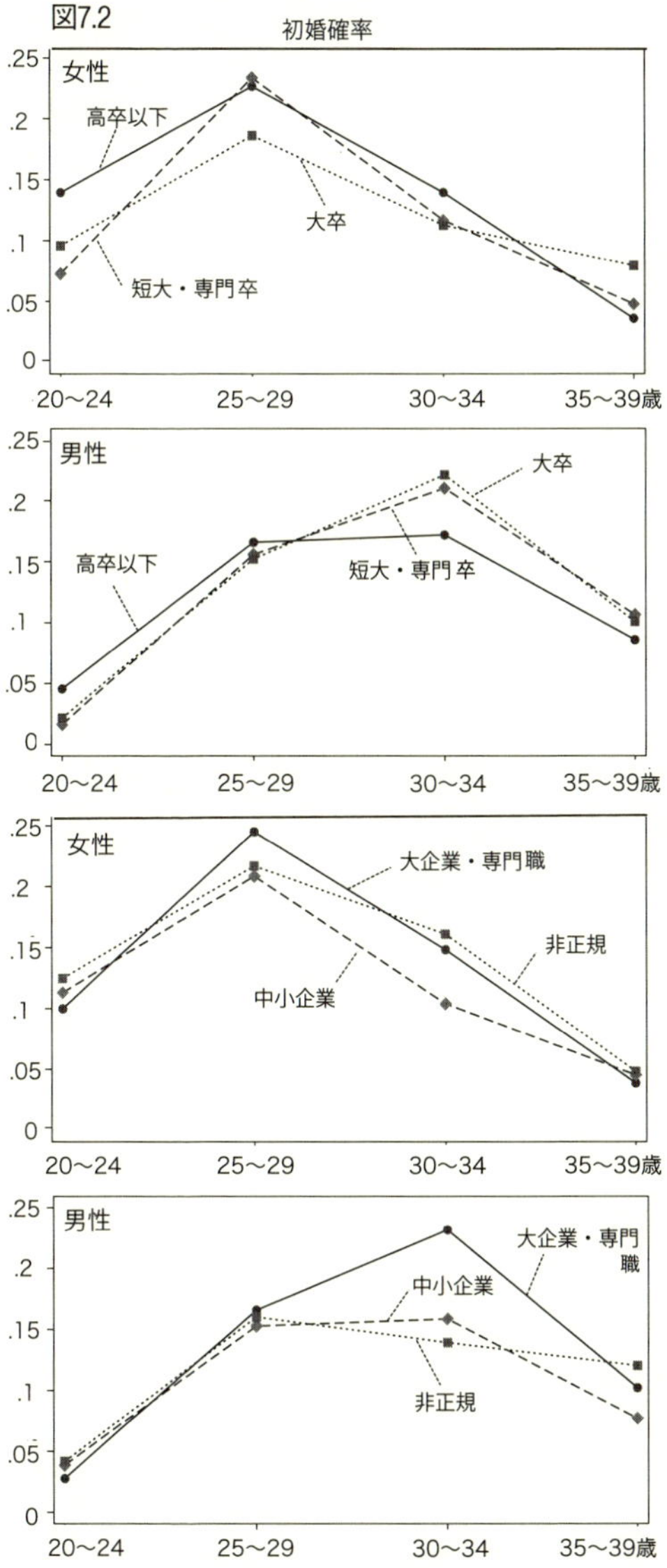

（出典）JGSS（2000,2001,2002）より筆者作成

以降の全体的な傾向としては、職業階層の低い男性と高学歴の女性の結婚のハードルが高かった、つまり男性は安定した所得の有無が、女性は仕事と家庭の両立の難しさが、家族形成における格差を生み出すことがうかがわれる。以下、この節でまず男性の経済力格差の拡大について、そして次節において高学歴女性の未婚化の背景にあるジェンダー格差について見ていくことにしよう。

山田昌弘は、一九七五年以降現在まで続く少子化は、団塊の世代を生み出した一九四〇年代後半のベビーブーム後の出生率の急速な落ち込みと違い、格差を伴った少子化であることを強調している(9)。つまり、ベビーブーム後の少子化は、ほとんどの人が結婚して子どもを2～3人持つという「再生産平等」状態(10)に行き着いたのに対して、現在の少子化は「ほとんどの人が結婚して子どもを持つが、持つ子どもの数は減る」という意味での少子化ではなく、若年層のなかに結婚しても子どもを持つ層と持たない層の格差が生じているのである。

一部で報道されているように、一九九〇年代まではいわゆる主婦パートか学生アルバイトによって大半が占められていた非正規雇用であるが、二〇〇〇年代以降、未婚の男女において非正規雇用者の割合が増加している。雇用の非正規化の傾向は、長期的な産業構造の変動と、短期的な景気変動の両方の影響を受けている。短期的には、二〇〇八年のリーマン・ショック後に派遣労働者が大量に雇い止めされるなど、非正規雇用は景気変動に伴う雇用の調整弁としての機能を持たされている。また、非正規

(9) 山田昌弘 2007『少子化日本——もうひとつの格差のゆくえ』岩波書店.

(10) 落合恵美子は、多くの人が画一的なライフコースをたどる中で2～3人の子どもをつくっていた状況を指して「再生産平等主義」と呼んだ。落合恵美子 2004『二一世紀家族へ——家族の戦後体制の見かた・超えかた』第三版 有斐閣.

労働といえば女性のもの、というのが一九九〇年代までの共通理解であったが、二〇〇〇年前後から非正規労働は若年男性のあいだにも広がっている。

二〇〇〇年代の長期的な雇用不安定化の背景には、経済のグローバル化がある。具体的には、製造業が中国や東南アジアなどの後発発展国に移転し、国内の安定した職が失われた。景気による短期的な影響はある程度仕方がないとしても、長期的に非正規雇用の増加圧力が存在していることは、家族形成の格差がこれからますます拡大していく可能性を示唆している。そして特に二一世紀に入ってから、社会学は格差についてとらえる枠組みを、社会移動の研究とは異なった視点から構築するようになった。

すでに見てきた世代間社会移動の理論枠組みは、おもに親の職業階層と子どもの職業階層の関連性を調べるものであった。このアプローチは、基本的に公平性の価値観に立脚したものである。公平性あるいは機会平等とは、自分の選択や努力によらない要因に自分の人生が左右されないほうがよい、という考え方である。たとえば性別、民族、家族の社会的地位などは、基本的には子どもが自力で変えられないものであるが、それにもかかわらず、子どもの将来の社会的地位達成の程度に少なからぬ影響力を与える。

「人生の出発点における状態とは関係なく自分の将来が決まる」という意味での公平性が実現した社会は、たしかに魅力的であるように思える。しかしこの視点にはひとつの大きな欠落がある。それは「全体の豊かさ」の視点である。極端な話をすれば、「自分の出身階層（親の職業階層）にかかわらず、すべての人が同等の貧困状態になる」社会も、公平な社会移動が実現していることになる。あるいは中間層が小さく上層と下層が大きくても、階層の上層と下層への到達が出身階層と無関連に（ランダムに）決まる世の中は、公平な社会である。

さらに、もしある個人が安定した職に就けなかったために結婚できなかったとすれば、その人の子どもがやはり下層の職に落ち着くという階層の再生産すらもはや起こらない。その人は子どもを持つことができないからである。

社会学で社会移動の研究がさかんになった一九六〇年代から一九七〇年代は経済が拡大期にあり、失業や格差はあっても徐々にみなが豊かになっていく、という考え方がふつうであった。家族形成における格差という、公平性の理念に基づいた社会移動の研究から漏れ落ちてしまう問題に注目が集まらなかったのは、社会が全体的に豊かになっていくのならば、業績原理に基づいた競争の結果生じる格差は、ある程度許容できるという考え方があったからであろう。

しかしこれ以降、問題の所在は別のところに移行してしまった。一九七〇年代のオイルショックは、先進国の経済成長に歯止めをかけた。同時期のニクソンショックに伴うブレトンウッズ体制の崩壊は、国際的な資本移動の自由化を促し、各国は脱工業化し、産業構造をサービス業中心に変化させていった。戦後形成された機能主義理論に基づいた家族論や、社会移動研究の中での家族の位置づけ（格差の要因としての家族）はこのなかで徐々に説得力を失ってきたのである。

3.3　少子化とジェンダー格差

前節で見てきた家族形成における格差（特に男性若年層の結婚格差）は、未婚化を通じて日本に深刻な少子化をもたらしている。少子化をもたらす要因については、正しい知識がどこまで行き渡っているのかはいささか疑問である。日本は他の先進国に比べて婚外子比率が非常に低く、生まれてくる子どものほとんどは結婚しているカップルの子どもである。つまり結婚が出産の前提となっている。この状況で少子化をもたらす要因は、前節で見てきた婚姻率の低下か、あるいは結婚している夫婦が持つ子ども数の減少に限られる。これまで人口学者が行ってきたデータ分析では、日本において主たる少子化の要因であるのは婚姻率の低下であったことがわかっている(11)。もその背景にあるのは、ひとつにはすでに見てきた男性の雇用の不安定化であるが、もうひとつは女性の高学歴化に伴う雇用労働化であった。

男性の稼得力が衰える傾向は、グローバル化の中で先進国の産業構造が脱工業化し、経済成長が鈍化するなかで、ある意味不可避な現象である。しかしあらゆる先進国が日本におけるような人口構成の歪みからくる格差・不公平性を経験しているわけではない。

(11) 岩澤美帆 2002「近年の期間TFR変動における結婚行動および夫婦の出生行動の変化の寄与について」『人口問題研究』58(3)：15-44. など参照。

図7・3に示したのは、合計特殊出生率と有配偶女性のフルタイム就業比率の分布である。まず出生率のみを見てほしいのだが、アメリカ、イギリス、オーストラリアなどの英語圏の主要国のほか、スウェーデン、フィンランドといった北欧諸国は、日本よりも出生率が高いことが確認できる。これらの国も日本と同じく（場合によっては日本よりも厳しく）経済成長の鈍化とグローバル化に伴う産業構造の変化に直面したが、日本と違い、それが極端な人口構成の歪みをもたらすことはなかったのである。

一部の政治家や評論家のあいだでは、出生力が低下したのは女性が働くようになったからだ、という説が信じられている向きがある。この説明は、ある意味では妥当であるが、全く正しいわけではない。図7・3を見てもわかるが、アメリカやフィンランドでは出生率も高いが、結婚している女性がフルタイムで働く割合も高い。スウェーデンやノルウェイなどを見ても、やはり日本よりも有配偶女性のフルタイム就業率は高い。

これは、山口一男が分析しているように、出生率が高い先進国では両立支援が充実している、働き方の柔軟性があるなどの理由のために、女性の就業と出生力とのマイナスの関係が中和され、

図7.3

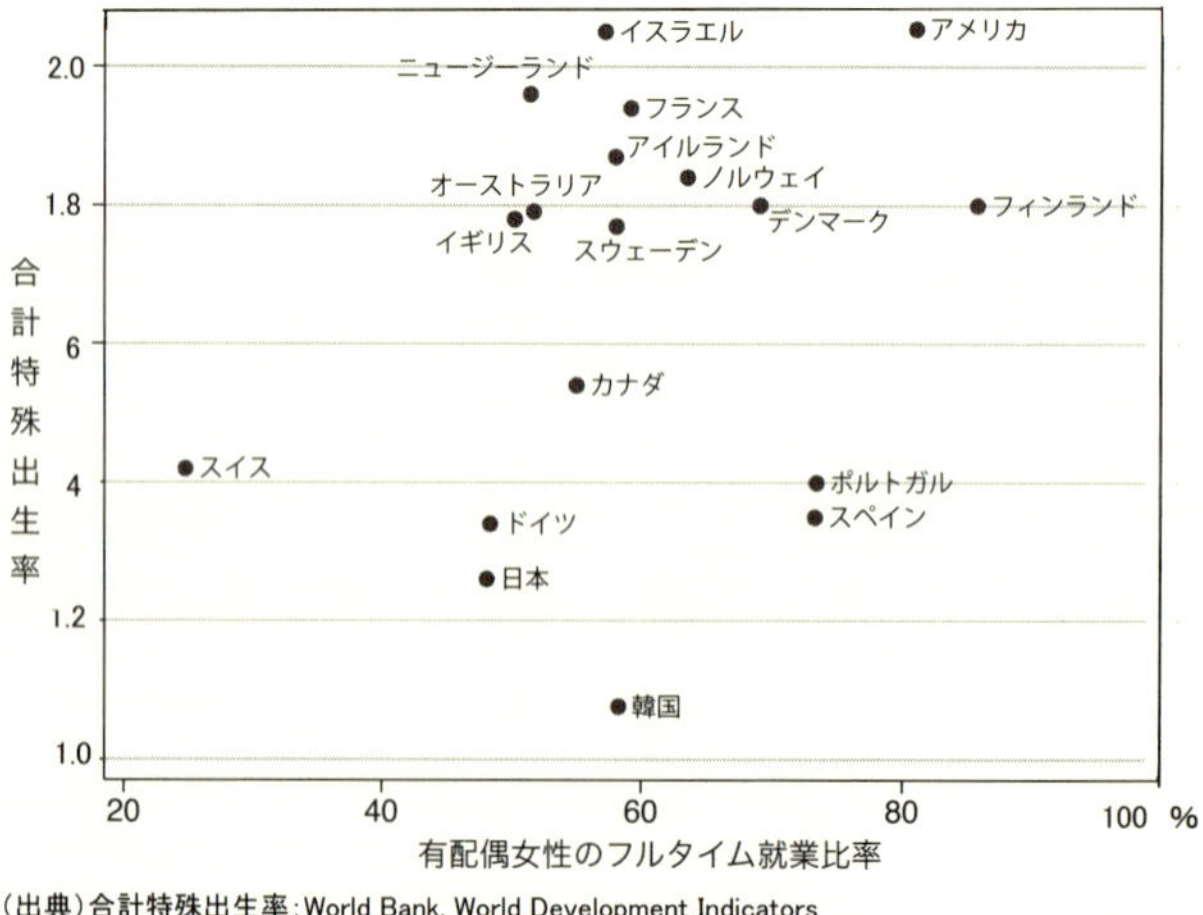

（出典）合計特殊出生率：World Bank, World Development Indicators
有配偶女性のフルタイム就業比率：International Social Survey Programme(2005)より筆者作成

さらにはプラスに転じているからである(12)。男性と同じように働く女性が増えていく傾向は、ある程度先進国に共通した不可逆的な趨勢であろう。そうすれば、男女の賃金格差を縮小し、子育てと仕事を両立させるワーク・ライフ・バランス制度を推進することは、少子化圧力を抑制するために必須の政策となる。これが欠けている状態では、初婚確率の分析でも示唆したように、就業中断による損失がより大きい高学歴女性において、結婚・出産が回避されてしまう。

　賃金格差の是正やワーク・ライフ・バランス政策は制度的な措置であるが、家庭内における家事・育児・介護労働の負担の男女間格差も是正すべき課題である。日本では妻が夫よりもずいぶん多くの家事をこなしているが、これは必ずしも夫のほうが長時間働いているという理由だけでは説明できない。**表7・1**は、フルタイムの共働き世帯における「食事準備」の頻度である。たとえば妻の食事準備頻度が「ほぼ毎日」で夫の頻度が「1週間に2〜3回」である夫婦が、100組中3・98組いることを示している。実に6割近く（58・68％）で、妻が「ほぼ毎日」食事準備をしているのに対して、夫は「ほとんど行わない」と回答している。フルタイム共働き夫婦でこれである。

　労働の条件がほぼ同じであるのに家事分担が女性に不利になる理由としては、さまざまなことが考えられるが、たとえば食事用意のような家事は一定のスキルが必要であるため、夫では家事を担えない、ということが考えられる(13)。また、日本では

(12) 山口一男 2009『ワークライフバランス――実証と政策提言』日本経済新聞社．

表7.1

		夫の食事準備頻度					
		ほぼ毎日（週6～7日）	1週間に4～5回	1週間に2～3回	週に1回くらい	ほとんど行わない	計
		%	%	%	%	%	%
妻の食事準備頻度	ほぼ毎日（週6～7日）	3.02	1.03	3.98	11.81	58.68	78.52
	1週間に4～5回	0.21	0.48	2.68	1.99	3.36	8.72
	1週間に2～3回	0.41	0.82	2.20	0.75	4.32	8.51
	週に1回くらい	0.21	0.34	0.07	0.41	1.30	2.33
	ほとんど行わない	0.75	0.07	0.14	0.07	0.89	1.92
	計	4.60	2.75	9.06	15.03	68.57	100.00

（出典）NFRJ 98, NFRJ 03, NFRJ 08より筆者作成

「夫は働き、妻は家事をする」という規範が受容されているために、妻が実際上多くの家事を不公平に負担していても、妻がそれを「そういうものだ」ととらえてしまい、不満を持ちにくい、ということも考えられる(14)。

制度レベルあるいは家庭レベルでジェンダー格差を是正していくことは、晩婚化・非婚化対策の主要戦略となりうる。特に日本においては、男女の賃金格差の大部分は正規雇用と非正規雇用の賃金格差によって説明できる。そして正規・非正規の格差を是正することは、結婚して世帯を形成することによって家計を成り立たせるライフコース戦略を選択させやすくする。女性に一定程度稼得力があれば、たとえ男性の稼ぎが従来の基準で「一人前」でなくとも、結婚すればそれなりの世帯所得を維持することができるからである。

3.4 少子化と世代間格差

「格差を生み出す要因」としての家族という視点から見れば、公平性の観点から、教育機能をどれほど家族の外部に運び出せるかが課題となる。パーソンズは機能主義の観点から、家族の機能は子どもの社会化と成人の情緒の安定化にある、と論じた(15)。有名なＡＧＩＬ図式でいえば、家族はＬ、すなわち潜在的パターン維持の機能を持つものと考えられた。家族がライフコースにおける基底的な部分を支えつつ、その上で個人は業績原理の社会において自由に地位達成競争に従事する、そういった

(13) Tsutsui, J., 2013, "Gender Segregation of Housework," S. Tanaka ed., *A Quantitative Picture of Contemporary Japanese Families*, Tohoku University Press, 123-46.

(14) 不破麻紀子・筒井淳也 2010「家事分担に対する不公平感の国際比較分析」『家族社会学研究』22(1): 52-63.

(15) Parsons, T. and R. F. Bales, 1956, *Family: Socialization and Interaction Process*, London: Routledge & Kegan Paul.（＝2001 橋爪貞雄・高木正太郎・山村賢明・溝口謙三・武藤孝典訳『家族――核家族と子どもの社会化』ミネルヴァ書房.）

社会が想定されていた。その後の社会学は、家族は最低限の支えとなるどころか、個人の地位達成において強い影響力をもつことを明らかにしてきた。

他方ですでに見てきたように、社会的地位達成における家族の役割がどうであれ、これらの研究が依って立つ理論枠組みは公平性の価値観に立脚したものであり、これは経済がますます豊かになっていくという前提において説得力をもつものであった。安定した所得を得られる男性が減少するなかで、結婚難が少子化を引き起こす時代においては、公平性よりも全体の豊かさを求める価値観が優勢になってもおかしくない。

とはいえ、少子高齢化はあらたなかたちでも公平性への関心を引き起こしている。高齢化に伴って医療に対する公的支出の抑制が叫ばれるようになり、かつ年金制度の維持可能性が問題にされるようになった。こうなると、社会学がこれまで注目してきた、家族を媒介にした世代間の社会移動の公平性ではなく、政府を媒介にした所得再分配における世代間の公平性が問われるようになってくる。前者は基本的には同世代間のライフコースのスタートラインでの不公平性の問題であるが、後者は生まれてきた時代に起因する不公平性の問題である。

年金にせよ医療保険にせよ、人口構成のバランスがとれていれば、たとえ若年世代が年配の世代を支える仕組みであったとしても、ある時点で高齢世代を支える若年世代は、将来自分たちの子どもの世代に支えてもらえるという見込みをもつことができる。しかし少子化が進んだ状態では、若年世代は親の世代を制度的に支えながら、自分たちが将来高齢になった時代に次の世代からの支えを期待できない、という事態になる。

これは政府によるいわばマクロな制度レベルでの世代間不公平性であるが、家族内のミクロな不公平性もある。出生率がまだ高かった頃に生まれた世代には、数多くのきょうだいがいることが多い。親と同居しつつ面倒を見るのはそのうち1人（通常は長男）であり、残りの子どもは介護から自由であった。また、日本で出生率が4を超える一九四〇年代まではまだ平均余命が短く（一九五〇年で61歳）、高齢の親の介護に必ず直面するわけではなかった。

また、人口転換期においては家族構成上有利な世代が生まれることにも注目すべきである。一九四七〜四九年の間に生まれた世代は、その親の世代とは違い、自分たちでは多くの子どもを持たなかった。要するに、親の面倒もあまり見なくてすみ、また子どもの世話もそれほど過重ではなかった世代である。その上、この世代が就業した時代は、高度経済成長が終焉を迎えていたとはいえ、まだ日本経済に余力が残っており、企業による家族扶養制度に支えられつつ、多くの場合子どもの世話は専業主婦が行っていた。

日本の合計特殊出生率が恒常的に2・0を割り込むようになったのは一九七〇年代に入ってからであるが、一九七〇年代に生まれた初期少子化世代の一部は二〇一三年時点ですでに40代に入っており、親の介護をしているか、少なくともその義務が意識される年齢である。仮に一人っ子どうしの結婚の場合、2人で計4人の親を介護する可能性も生じる。きょうだいが多い場合には、妻方の親の世話は妻の男きょうだいに任せることができるかもしれないが、きょうだいが少なければそうはいかなくなる。夫の仕事の時間的拘束が厳しい場合、最悪のケースでは妻が実の親・義理の親あわせて4人の介護をせざるをえないこともありうる。

4　まとめ

これまでの内容をまとめてみよう。

「家族と格差」について考える際に、伝統的な社会学の理論枠組みは「家族に起因する格差」に注目してきた。業績原理が信奉される産業化社会においても、子どもがその親に育てられるという習慣が維持されている以上、子どもの地位達成には家庭の経済力や子育て文化が影響してしまう。

しかしこの理論枠組みは公平性という価値に立脚した分析視角であり、一九七〇年代以降の経済成長の鈍化と産業構造の変化という環境において、特に日本においては説得力を失うこととなった。一部の男性の稼得力の低下は、結婚と家族形成における格差を露呈させた。また、日本に根強く残る仕事と家庭の両面でのジェンダー格差が、働く女性が結婚・出産する際の足かせにもなっている。

そして、家族形成における格差の結果として生じた少子化のなかで、人口構成の歪みが重大な問題として浮上してきた。人口構成の歪みは、世代間格差と利害の対立という別の意味の「家族と格差」問題を生み出すことになったのである。

適切な人口構成を維持して持続可能な社会を再構築するためには、若年層の安定した雇用を促す経済・労働政策、両立支援制度、男女賃金格差の縮小、家庭内労働の分担の公平性などを通じて、結婚して子どもを持つことが合理的な選択肢となるような体制をつくり上げていく必要がある。

参考サイト

全国家族調査（ＮＦＲＪ）調査概要　http://nfrj.org/c/outline

日本版総合的社会調査共同研究（ＪＧＳＳ）調査概要　http://jgss.daishodai.ac.jp/surveys/sur_top.html

【研究トピック5】トラブル　紛争に格差は生じているか

常松　淳

【日常生活に潜むトラブル】

日常生活でのトラブルにはなるべく遭遇したくないものである。些細なトラブルでも心の平穏を乱されてしまうし、場合によっては経済的な損失を被ったり、悪くすると身体に害が及んでしまうこともありうる。それでも、長く生きていると身に降りかかってきてしまうのがトラブルというものであろう(1)。社会生活を送っていれば、いろいろな場面にトラブルの種はひそんでいる。日頃から関係の深い家族・親族、あるいは近隣の人と揉めることもあろう。外で仕事をしていれば、職場で納得できないことが生じるかもしれない。道を歩いているだけで、交通事故に巻き込まれる可能性はつねにある。

では、そもそも、ひとはどれほどの割合でトラブルに遭遇するものであろうか。そして、あらゆるトラブルが人々の身に平等に降りかかるわけではなく、格差と呼びうる違いが存在しているのではないであろうか。

日本で二〇〇五年に行われた「紛争行動調査」では、さまざまなタイプの「問題」

(1) ここでいう「トラブル」とは、主として人と人との関わりにおいて生じる問題・揉めごと・被害等を指しており、法社会学の文脈ではしばしば「紛争 dispute」と呼ばれているものである。

について過去五年間に経験した割合を調べた(2)。「問題」のタイプごとに経験した割合をカッコ内に示すと以下のようになる。商品やサービス（4・8％）、土地や住宅（1・5％）、アパート・マンションや土地、家屋の貸借（1・4％）、雇用（3・0％）、家族・親族（2・2％）、事件・事故（7・3％）、隣近所（5・3％）、金銭貸借（2・2％）、民間保険（1・4％）、税金や公的保険（1・0％）。これらのうち、ひとつ以上いずれかの問題を経験した割合は18・9％であった。問題別に見る限り経験者はいずれも数％程度であり、トラブルの遭遇状況は概して低調であるという印象を受けるかもしれない。

【トラブル経験の個人差】 そこで私たちは都市郊外に居住する中高年女性を対象とした「二〇〇九年社会階層とライフスタイルについての西東京市民調査」において、過去五年ではなく、これまでに各種のトラブルを本人またはその家族が経験したかどうかを尋ねた(3)（**表5・0**、本書巻末の調査票問34参照）。本人だけでなくその家族が遭ったトラブルも重大な意味を持つことが多いと考えられることから、一般にどの程度のトラブルが経験されているかを知るにはこのデータが適切であろう。トラブル経験の割合を見ると、いずれかのトラブルを1つでも経験したのは69・4％であった(4)。目を惹くのは上位の盗難や交通事故であろう。自分か家族が被害を受けた女性は3人に1人以上である。ほぼ7割の女性（とその家族）が何らかのトラブルを経験したことがあるという結果となった（**図5・1**）。日常生活に潜むトラブルは決し

(2) サンプルは全国に住む20〜70歳以下の男女である。詳細については村山眞維・松村良之編 2006『紛争行動調査基本集計書』有斐閣学術センターを参照。本文内の数値は同書：272-86からとった。

(3) 成蹊大学アジア太平洋研究センターの共同研究プロジェクト「アジア太平洋地域における社会的不平等の調査研究」（研究代表者・小林盾）の一環として行われた。

(4) 先の「紛争行動調査」よりも対象期間が拡大され、また家族も含めていることから、おおむね割合は高くなっている。

て他人事ではない。

さて、ではトラブルの遭いやすさに個人差はないのであろうか。この問題は、トラブルのタイプによっても違いがありそうである。ここで、同じデータについて、個人の属性（年齢、配偶者の有無）と社会階層の地位（学歴、就業状態、世帯年収）の諸要因による違いを分析した結果を簡単に紹介しておきたい。

まず、交通事故・家族とのトラブル・空き巣などでは、これらによる違いはほとんど見られなかった。言い換えると、この種のトラブルはその人の属性や階層的地位にかかわらず降りかかってくるようだ。たしかに、交通事故などはいつ誰にでも起こりうるものであろう。この種のトラブルにおける「格差」は小さいといえる。

【金銭貸借トラブル】　一方、上記の要因によって大きな違いが生じていたのが、金銭貸借をめぐるトラブルであった。仕事をしている人はこの種のトラブルを経験しやすくなる一方、有配偶、四年制大学卒は経験しにくいという傾向が見出されている。この点をもっとわかりやすくとらえるために、

トピック表5.0

調査の名称	2009年社会階層とライフスタイルについての西東京市民調査
実施者	成蹊大学アジア太平洋研究センター共同プロジェクト
母集団・ 計画標本	東京都西東京市在住　35〜59歳　女性　1,200人 1949年11月1日〜1974年10月31日生まれ（2009年10月31日時点）
標本抽出・調査法	層化二段無作為抽出法　郵送調査
調査期間	2009年9〜11月
有効抽出標本	1,197人（住所不明3人を除く）
有効回収数(率)	821人（68.6%）
分析対象	807人

トピック図5.1

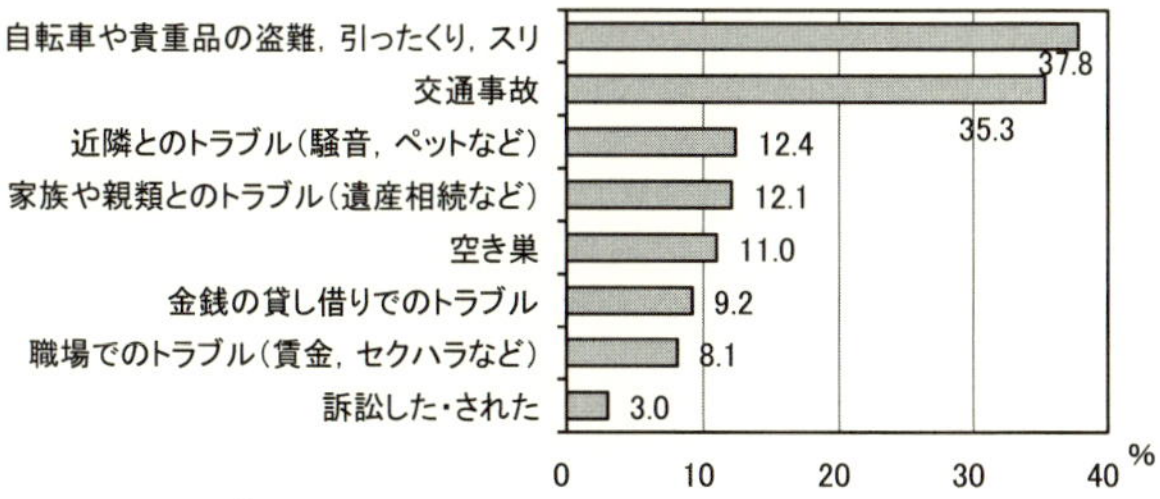

Aグループ「配偶者なし・四年制大卒未満・就業・世帯年収600万円未満」(73人)と、Bグループ「配偶者あり・四年制大卒以上・無職・世帯年収600万円以上」(63人)を比べてみる。前者は、独身で高校卒以下の学歴、就業しているが年収600万円に満たない女性である。後者は夫がいて四年制大卒以上の学歴、本人は就業していないが世帯年収は600万円以上ある女性ということになる。どちらがトラブルに遭遇しやすいであろうか。

まず実際に金銭貸借トラブルに巻き込まれた人は、Aグループで20・6%に対し、Bグループでは皆無で0・0%であった。この違いは統計的に有意だった。

次に二項ロジスティック回帰分析をした結果、推定されたモデルによれば、Bグループでは予測される経験確率はどの年齢においてもほぼ数%で横ばいであるのに対し、Aグループでは、35歳時で20・5%、59歳時では25・4%であり、10倍近くもの開きがある(5)。上で見たように、サンプル全体で金銭貸借トラブルの経験は9・2%であった。すなわち、夫がいて本人は就業せず、しかし高収入・高学歴である場合、自分や家族が金銭トラブルに巻き込まれたことのある確率は相対的にぐっと低い。この種の問題では、トラブルにおける格差が生じているといえる。

以上から、トラブルに遭遇する確率は、たとえば直近の5年に区切るならそれほど高いものではない。しかし、それまでの(本人と家族の分まで)すべての経験を含めて考えると、トラブルのなかで割合の高いタイプである盗難・引ったくり・スリや交

(5) 詳細については次の論文を見よ。常松淳 2015「トラブル経験における格差」『桜文論叢』89: 217-240.

通事故で3割を超える。そして、ひとくちにトラブルといっても、その遭遇確率が属性や階層的地位によって左右されるタイプ（金銭貸借など）と、あまり左右されないタイプ（交通事故など）がある。特に金銭貸借トラブルについては、女性の属性パターンで予測確率を比較すると10倍近くの開きが出る場合があった。ここにもまた格差と呼びうる違いが存在しているといえよう。

【研究トピック6】

法律知識

法への道は平等に開かれているか

飯田　高

【資源としての法律知識】　法に関する知識は、社会生活を営んでいくうえで大きな武器となりうる。自分にどのような権利が保障されているのか（あるいは保障されていないのか）、不平等な扱いからいかにして自分を守れるか、という知識は日常生活においても重要である。

いくつか例を挙げよう。雇われて働く労働者には、法律上いろいろな権利が認められている。一定の労働時間を超えて働くことを拒む権利、正当な理由なくみだりに解雇されない権利、団体を創設して使用者と交渉を行う権利などである。これらはいずれも、通常強い立場にある使用者側に対し、労働者側が対等な立場を確保するための手段となっている。また、事業者に比べて立場が弱い消費者や、大家（貸し手）に比べて立場が弱い借家人（借り手）にも、自己の権利を守るための手段が法制度によって提供されている。

権利や義務についての知識（実体法の知識）のみならず、どのようにすれば権利や義務を実現できるかについての知識（手続法の知識）もまた貴重な資源となる。裁判制度を利用するには何が要るのか。判決や和解の内容を相手方に守らせるにはどういう手続を踏むべきか。もし実体法および手続法の知識を得ることがまったくできなければ、権利は単なる画餅に帰してしまう。

ところで、法律知識は、自らの立場を有利にするのに役立つだけではない。法律知識が特定の人々に偏って存在（＝不均等に分布）している状態は、格差を固定し、社会の根幹を損なう深刻な病弊となりうる。

たとえば、世界の貧困問題の背後には、法律知識の偏在とそれによる法律の効果の不均等の問題が横たわっている。世界銀行が二〇〇四年に発行した報告書は次のように指摘している。

「グローバリゼーションによって経済発展が促されてきたが、経済発展の恩恵は均等ではなく、社会のさまざまな階層に異なる影響を及ぼしている。機会を利用する力を与え、そして恣意的で不平等な扱いから身を守ってくれる法的権利が、貧しい人たちには相変わらず欠けている。差別的または恣意的に執行される法は、個人の権利や財産上の権利を奪い、正義へのアクセスを阻む障壁を高くし、貧しい人たちを貧しいままにする」(1)。

歴史的に見れば、一般の人々が法律知識に十分にアクセスできるようになるまでには長い道のりがあった。一例を挙げると、江戸時代の基本法典として通用した公事方《くじかた》

（1）World Bank, 2004, *Initiatives in Legal and Judicial Reform*, p.2[0].

（2）一七四二（寛保二）年成立。閲覧できるのは寺社・町・勘定の三奉行と京都所司代・大坂城代のみとされていたが、実際には成立直後から写本が流出していた。

（3）成蹊大学アジア太平洋研究センターの共同研究プロジェクト「アジア太平洋地域における社会的不平等の調査研究」（研究代表者・小林盾）の一環として行われた。

御定書《おさだめがき》は、幕府首脳しか閲覧できない秘法だった(2)。法律知識が広く行き渡っていることは、民主主義社会の成熟度を示す指標だといってもよいだろう。

【身近な法律知識の量と分布】 それでは、現在の人々はどれほどの法律知識をもち、法律知識は社会の中でどのように分布しているのであろうか。「二〇〇九年社会階層とライフスタイルについての西東京市民調査」(3)では、中高年女性を対象に以下の4つの項目を知っているかを質問した(**表6・0**、調査票問35参照)。

(1) 借金の連帯保証人になると、借りた本人と同じように支払う義務がある
(2) 夫婦別姓は、法律で認められていない
(3) 訴訟は、弁護士に依頼しなくても、自分で起こすことができる
(4) 裁判員は、刑事事件だけに参加して、民事事件には参加しない

法律をかじったことのある人にとってはどれも常識に近いかもしれないが、一般の人々にとっては必ずしもそうではない。

有効回答817人のうち、それぞれの項目について「知っている」回答者は、(1)では800(97・9%)、(2)では431(52・1%)、(3)では346(41・8%)、そして(4)では289(34・9%)であった。比較的身近な法分野であっても、中高年女性は等しく知識をもっているわけではない。なお、知っている項目の平均数は約2・28個であった。

知っている項目数と社会的な諸属性と照らし合わせたところ、いくらかの関連性が

トピック表6.0

調査名	2009年社会階層とライフスタイルについての西東京市民調査
実施者	成蹊大学アジア太平洋研究センター共同プロジェクト
母集団・計画標本	東京都西東京市在住 35～59歳 女性 1,200人 1949年11月1日～1974年10月31日生まれ(2009年10月31日時点)
標本抽出・調査法	層化二段無作為抽出法 郵送調査
調査期間	2009年9～11月
有効抽出標本	1,197人(住所不明3人を除く)
有効回収数(率)	821人(68.6%)
分析対象	817人

見られた。たとえば、最終学歴や大学受験経験の有無によって、知っている項目数には部分的に有意な差があった。最終学歴別に見ると、中学卒1・63個、高校卒2・13個、短大卒2・28個、大学卒2・54個、大学院卒3・00個となっており、中学・高校と大学・大学院との間の差は有意であった。また、微弱ながらも世帯収入との関連も観察された。具体的には、世帯収入なし1・63個、200〜399万円2・11個、400〜599万円2・33個、1600万円以上2・64個であり、概して世帯収入が増えるにつれて平均項目数も増加していた。

法律知識の量は、個人のもつ価値観とも有意に関連しているようである。「男は外で働き、女は家庭を守るべきだ」という考え方に「賛成」の回答者よりも、「反対」の回答者の方が知っている項目数は多く、「賛成」1・95個、「反対」2・35個であった。「男同士、女同士の結婚は、今のまま禁止するべきだ」という考え方にも「賛成」2・17個、「反対」2・39個と同様の傾向が見られ、「反対」の方がより多くの項目を知っていた。

その他、訴訟経験や一部のトラブル遭遇経験との間にも統計的に有意な相関が観察された。以上に加えて職業威信スコア(4)との間の相関も有意であり、法律知識が社会の中で不均等に分布していることが示唆される。より系統立った大規模な調査を行えば、法的知識の水準と分布がさらに明らかになるかもしれない。

【正義へのアクセスの格差】 ただし、高度に複雑化した社会では、生活に関わる可

トピック図6.1　N=817

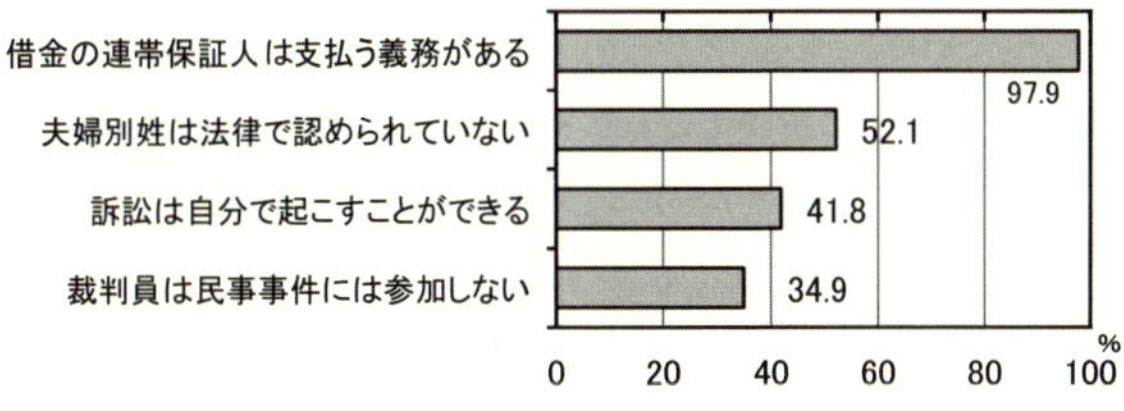

(4) 職業に対する人々の評価の平均値を職業ごとに算出したもの。ここでは、一九九五年社会階層と社会移動全国調査（SSM調査）から得られた数値を使用している。

能性のある膨大な法律の知識を市井の人々がマスターするのは現実的ではない。世界中のどんな国でも、人々に知られている法律は全法律のほんの一部だけである。たとえ弁護士や裁判官であっても、すべての法律を知り尽くしているわけではない。

現代社会で強力な武器になるのは、法律そのものの知識よりもむしろ、「どこに行けば（どこを探せば）欲しい法律知識が得られるか」という、いわばメタレベルの知識である。ハードディスクの中に情報がたくさん保存されていても情報を簡単に取り出せなければ意味がないのと同じで、法的情報にどれだけ容易にアクセスできるかが大事である。この種の情報は、社会における法律知識の偏在の問題を少なからず軽減してくれるであろう。

友人・知人ネットワークの中に弁護士などの法律家がいると、いない場合に比べて法的情報にアクセスしやすい。ある調査によると、法律問題を経験したことのある人のうち、弁護士の知人がいる場合は約2割が弁護士に依頼していたのに対し、いない場合は3％しか依頼していなかった(5)。法律家と接触できる位置にいれば、メタレベルの知識はそれだけ増す。

司法アクセスを改善する近年の政策も、法や正義の実現における不平等を解消することを目標としている(6)。そのような「上から」の政策にはたしかに意義があるが、法的情報へのアクセスを妨げる「下から」の要因も看過すべきではない。つまり、企業や地縁コミュニティなどの中間集団にはローカルなルール圏が存在してお

(5) 村山眞維・濱野亮 2012『法社会学 第2版』有斐閣：90.

(6) 市民が裁判その他の司法サービスを容易に利用できることを広く「司法アクセス（access to justice）」と呼ぶ。これは近年の司法制度改

り、法律に基づいた権利を主張しにくい環境が維持されることが多々ある。ケースによっては無法地帯になっていることもあろう。

こうした環境では、法律の知識があっても立場を守れず、法的情報へのアクセス経路が提供されても利用しにくい可能性が出てくる。法律知識の獲得とアクセスが意味をもつ環境とはどのようなものであり、そうした環境をどのようにつくるか。格差社会や民主主義の成熟との関係において法律知識を考える際には、この点にも目を配っておく必要がある。

革の課題のひとつとされており、二〇〇六年には司法アクセス学会も設立された。司法アクセスの改善を目指す動きの例としては、法テラスの設立や法律扶助の拡充、インターネット情報の整備などが挙げられる。

8 教育

子どもを私立に通わせる家庭のライフスタイルとは

相澤真一

1 問題

1.1 教育における選択と格差

この章では、私立の学校に子どもを進学させる人々の行動を通して、教育における選択の多様性と格差の関係を検討する。本章では、私立学校に子どもを通わせるのはどのような人々なのかを解きほぐし、現代教育における選択と格差を読み解くヒントを提示する(1)。まず、政府の全国調査から私立小学校、私立中学校、私立高校のそれぞれに通うことの意味の違いに注目する。そして、筆者らの西東京市調査からそれぞれの私立学校に通う世帯の特徴を都市型のライフスタイルとして把握する。

(1) データを用いた先行研究としては、私立中学校受験を階層閉鎖戦略として捉えた片岡栄美 2009「格差社会と小・中学受験―受験を通じた社会的閉鎖、リスク回避、異質な他者への寛容性」『家族社会学研究』21(1): 30-44; ペアレントクラシーの実例として、私立小学校受験現象を明らかにした望月由起 2011『現代日本の私立小学校受験――ペアレントクラシーに基づく教育選抜の現状』学術出版会などの研究が挙げられる。

1.2　「子どもの学習費調査」に見る教育費の分断線

ライフスタイルの検討に入る前に、最初に政府が公開する調査統計資料を使って、現在の日本の教育格差に明確に見られる「分断線」を紹介しよう(2)。「子どもの学習費調査」(3)は、文部科学省が公立、私立両方の幼稚園から高等学校（全日制）の生徒の保護者に対して調査を実施し、その回答をもとに同省が全国の幼児・児童・生徒一人当たりの年間経費を推計している。本節で注目するのは世帯年収別、公立・私立別の子ども一人当たり年間平均「学校外活動費」である(4)。これには学習塾、習い事、スポーツ、地域活動などの費用がある。学校段階を追って紹介しよう。

小学校ではそもそも学校教育費が公立で年間5万円強に対して私立で80万円前後であるのに加えて、図8・1によって学校外活動費でも、私立に通わせる家庭の方が高いという事実が明らかになる。図では、公立、私立共に、世帯収入が上がるほど、学校外活動費が上がる結果になっているものの、公私の差はどの収入の世帯でも20万円程度の差で、ほぼ平行線のグラフとなっている。この結果、学校教育費を合わせた学習費総額では、公立が30万円強であるのに対して、私立では140万円強と、年間110万円の差がついている。すなわち、小学校が公立か私立かで学習費が全く異なることがわかる(5)。

一方、中学校では異なる様子が見られる。中学校では、公立は学校教育費が13万円強、私立は95万円前後で約80万円の差があるが、公立と私立でほぼ同額程度の学校外

(2)　以下の研究を参考にした。吉川徹 2006『学歴と格差・不平等──成熟する日本型学歴社会』東京大学出版会.

(3)　この調査は二年に一度行われており、二〇一四年一月に最新の二〇一二年調査が公開された。回収率は公立小中高校85％強、私立の小中高校65％から75％程度である。

(4)　学校教育費（授業料や施設費など各世帯が学校に支払う費用）＋学校給食費＋学校外活動費（補助学習費及びその他の学校外活動費の合計）＝学習費総額とする。学校外活動費は親の任意で決められるため、子どもにかける費用の格差をより顕著に示すと考えられる。

(5)　小学校の学校外活動費の差に大きく寄与しているのが学習塾と習い事の費用であり、学習塾費で年間15万円程度、習い事で年間12万円以上、私立小が多くかかっている。

活動費をかけており、むしろ収入によっては、公立の方が多くなる。これは高校受験に伴う学習塾費用が大きく影響しており、公立では年間平均18万円程度に対して、私立では12万円程度であることがそのまま影響している。この結果、学習費総額でも、公立45万円に対して、私立で130万円弱と若干ではあるが、差が縮まっている。すなわち、私立だけでなく、公立もかなり経済的負担がかかっている。

これが高校段階になるとさらに様相が変わる。図8・2では、二〇一二年の公立高校と私立高校の学校外活動費を世帯年収別に示すとともに二〇〇八年度の差も示している。二〇一〇年度より実施された高校授業料の無償化政策（高等学校等就学支援金）の結果、二〇一二年の調査結果は興味深い点が見られる。

図8・2は、収入別にはっきりした傾向が見られる。まず、世帯年収400万円未満の世帯

万円　図8.1

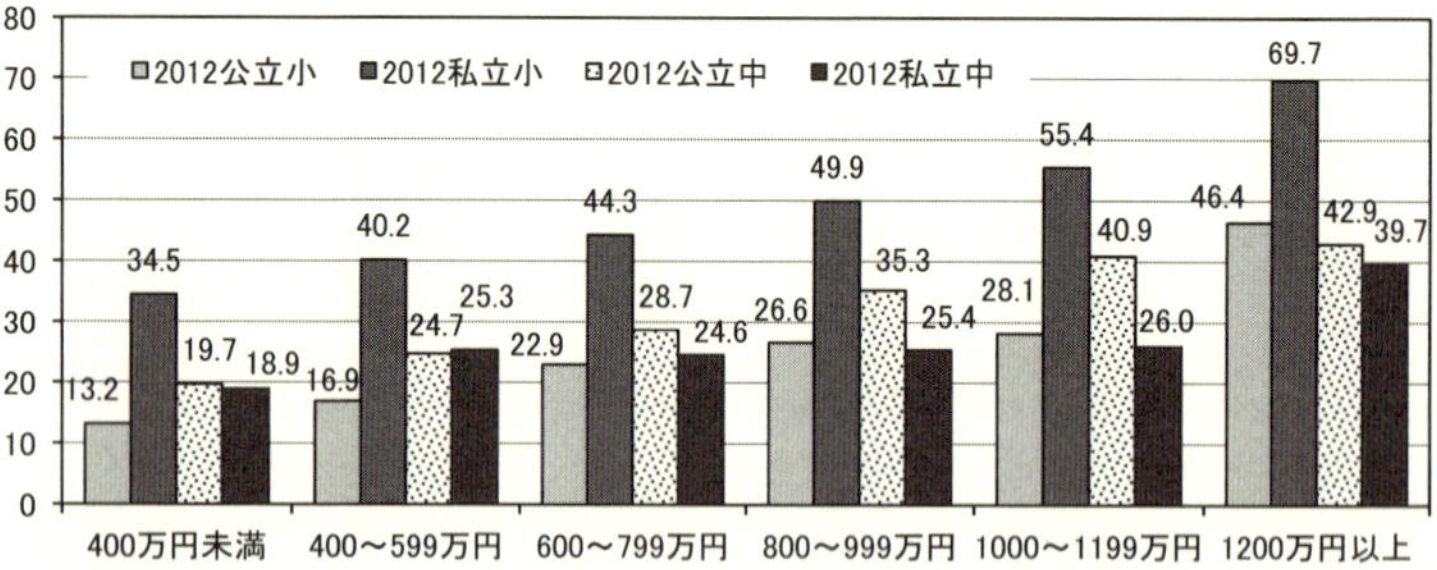

万円　図8.2

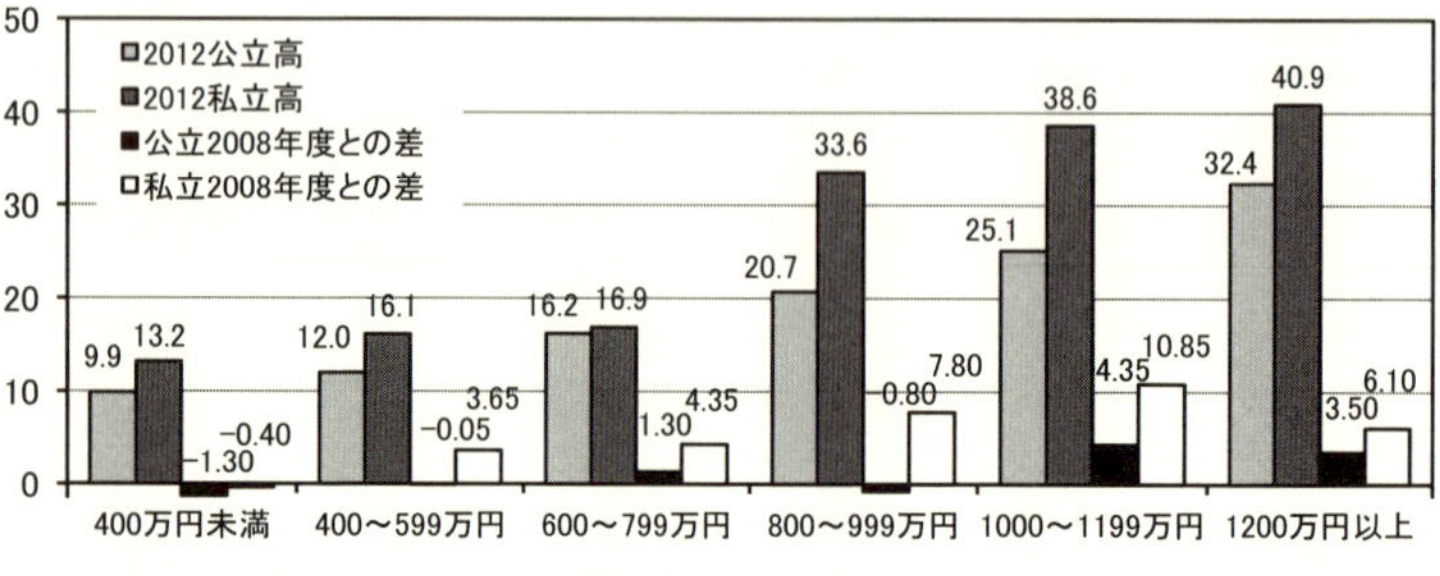

では、公立高も私立高も〇八年と一二年で学校外活動費がわずかに減っている（調査年度ごとに、公立12万→11・5万→9・9万、私立13・6万→13・2万→13・2万）。

　特に世帯年収250～350万円未満の世帯では私立高校に通う生徒に1・5倍、250万円未満の生徒には2倍の額の就学支援金の加算支給があるにもかかわらず、学校外活動費は減少している。すなわち年収400万円未満の世帯では、高校の授業料が無償でも、学校外活動費に回せる状況ではなく、公立・私立とも、子どもを高校に通わせるのが精いっぱいの世帯だといえる。

　世帯年収400～1000万円未満の世帯では一貫した傾向が見られる。これらの年収の世帯では、公立高校の生徒は、学校外活動費がほとんど増えていないものの、私立高校の生徒は増加している。すなわち、400万円未満の世帯で手控えていた学校外活動費への支出が可能になったことを示している。400～1000万円未満の世帯では、公立高校に通わせることができるものの、私立高校に通う上では決して余裕がある層ではないといえる。

　世帯年収1000万円以上になると、公立でも私立でも学校外活動費が伸びている。すなわち、高収入の世帯では、国庫から補助される分が子どもの学校外活動費という形で子どもへのさらなる支出に向けられているのである。

　図8・2を踏まえると、世帯年収400万円、1000万円を区分線として、子どもの進学に対する経済的余裕の違いが明らかに見られる。現代日本における公立―私

立の進学をめぐる教育格差は、私立高校進学者の内部を区分することで明らかにできる。すなわち、小・中学校から私立に通わせるのと同じ「余分に投資して行かせる私立高校」と、「公立に落ちたからやむなく行く私立高校」が混在している。

以上のマクロ統計によって浮かび上がった事実を踏まえて、本章ではどのような家庭が子どもを私立小学校や私立中学校に行かせるのか、そこにどのような格差が存在するのかを、経済力の格差とライフスタイルの二点から検討する。

2 データと方法

本章の以下の分析で用いるデータは、「二〇〇九年社会階層とライフスタイルについての西東京市民調査」(二〇〇九年西東京市民調査)である(表8・0)。

西東京市内には私立小学校はなく、私立中学校は2校あり、私立高校も2校である。都内隣接自治体を含めると、私立小学校は7校、私立中学校は16校ある。東京二三区内で一つの区に10校以上も私立中学校がある地域と比べれば決して多くはないものの、公共交通機関を使って通学することも考えれば、決して私立学校の少ない地域ではない。そのため、今回用いられたデータは、東京において私立学校の多様性と、恵まれた階層の親たちが子どもを私立小中学校に通わせることの関係性を把握しやすいサンプルであるといえる。

表8.0

調査の名称	2009年社会階層とライフスタイルについての西東京市民調査
実施者	成蹊大学アジア太平洋研究センター共同プロジェクト
母集団・計画標本	東京都西東京市在住　35～59歳　女性　1,200人 1949年11月1日～1974年10月31日生まれ(2009年10月31日時点)
標本抽出・調査法	層化二段無作為抽出法　郵送調査
調査期間	2009年9～11月
有効抽出標本	1,197人(住所不明3人を除く)
有効回収数(率)	821人(68.6%)
分析対象	558人(子どものいる618人から長子が学齢前の60人を除く)

本章では、有効回答を得た35～59歳女性821人のうち、子どものいる618人から、長子が学齢に達していない60人を除き、558人を分析対象とする。本章の分析の中心となる変数は**表8・1**の通りである（本書巻末の調査票問39を参照）。なお、質問では第三子まで、子どもの性別や大まかな年齢も併せて調査している。なお、小中ともに私立・国立という子どももいるため、小中学校のいずれかで子どもを私立・国立に通わせたことがあるのは135人（分析対象全体の24・2％）であった(6)。

3　分析結果

3.1　子どもの通学経験　私立小中学校

まず、子どもの私立小中学校への通学の基本的なポイントを確認しよう。東京都では、現在でも、多くの都立高校が男女別定員制をとっている。これは、私学において依然として女子校の数が多く、公私連絡協議会における東京私立中学高等学校協会の要請を踏まえたものであると指摘されている(7)。本調査データでも、娘1人を私立・国立小中学校に通わせたのが51人、息子1人を私立・国立小中学校に通わせたのが25人と、比較すれば女子を私立・国立に通わせた方が多かった。加えて、性別を問わず子どもを2人以上私立・国立小中学校に通わせたのは59人であった。

　どのような出身背景を持つ世帯が子どもを私立・国立小中学校に行かせるのであろ

表8.1

問39　子どもは中学までに私立か国立の学校に通ったか

	%	*n*
1．小学校で通った	7.9	44
2．中学校で通った	20.1	112
3．通っていない	75.8	423
4．子どもはいない，または小学校入学前	--	60

複数回答のため，合計は100%を超える

（6）以下の分析では、第1節のマクロ統計による検討を踏まえて、世帯年収400万円未満、400～1000万円未満、1000万円以上の3グループによる検討を行う。また、私立・国立以外の地方自治体が設置した学校を、一括して公立と表記した。

（7）小野寺みさき 2014「都立高等学校における男女別入学定員の変遷」『早稲田大学教育・総合科学学術院　学術研究（人文科学・社会科学編）』62: 53-68.

うか。ここにはしばしば指摘されるような学歴の再生産が見られる。本調査では学歴が上がるにつれて、子どもを私立・国立に通わせる世帯が増えていた。また、妻本人に小学校受験や中学校受験の経験があると、それぞれの段階で子どもを私立・国立に通わせる傾向が有意に強くなっていた。学歴だけでなく、収入分布を見ても、子どもを私立・国立小中学校に通わせた世帯とそうでない世帯との差が明瞭に見られる。この差を示したのが**図8・3**である。

図8・3に見られるように、子どもを私立・国立小中学校に通わせた経験のある世帯年収は「1000~1199万円」を最頻値とした収入分布となっており、3割以上は1200万円以上の世帯年収がある。それに対して、子どもを通わせた小中学校がすべて公立の世帯では、「600~799万円」を最頻値とした収入分布となっている。このように、子どもを私立・国立小中学校に通わせた経験のある世帯に1000万円超が多いことは、第1節のマクロ統計で見てきた区分線とも一致する。

以上を踏まえると、都市部の私立小中学校への通学は、高学歴高収入の親の教育戦略となっていることがわかる。これは先行研究で指摘されてきた点と一致する。

3.2　母親の都市型ライフスタイル　私立小中学校進学

本章では、私立小学校と私立中学校進学の意味の違いに加えて、これらの意味がどのように母親たちのライフスタイルと対応しているのか分析したい。

図8.3

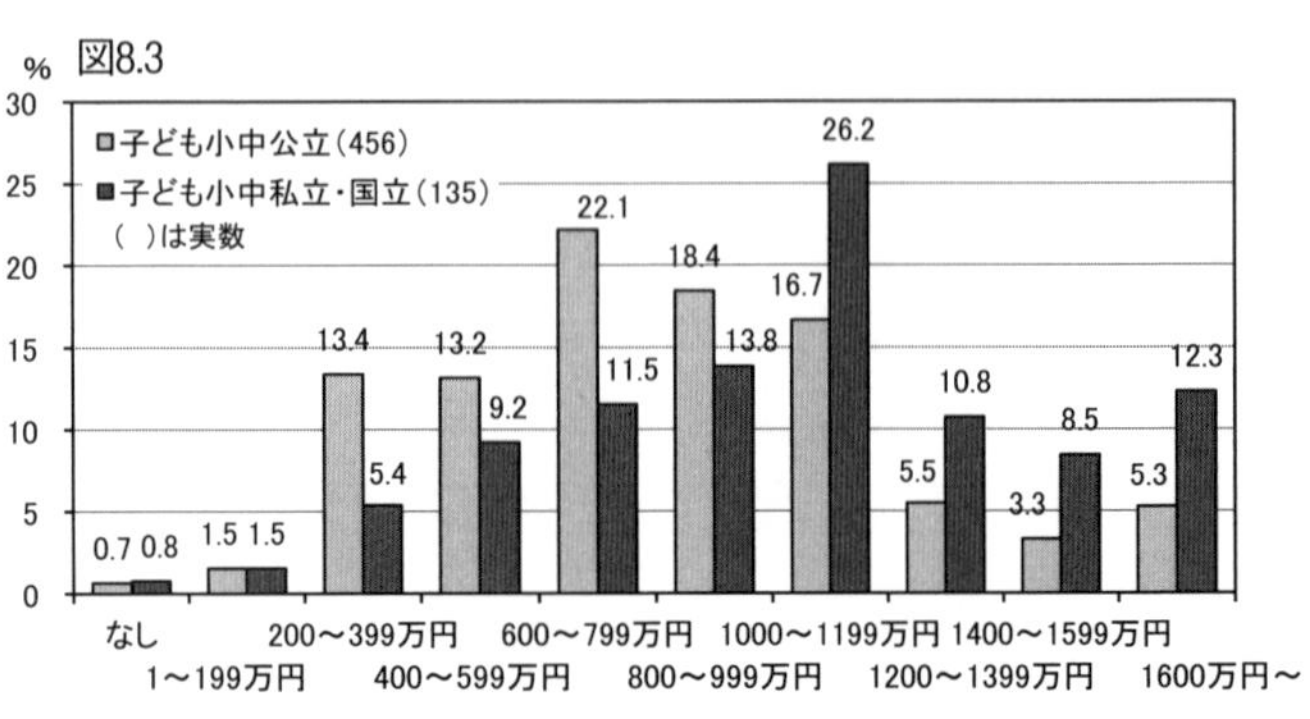

図8・4〜8・6では、家の所有物、生活習慣や趣味について、子どもを私立・国立小中学校に通わせた母親（135人）のうち、私立・国立小学校（44人）あるいは私立・国立中学校（91人）によって、特に差がはっきりと現れたものを示した。

図8・4は、子どもが公立に通う世帯と子どもが私立・国立に通う世帯で明確に差が見られる。住居が持ち家であることに加えて、投資信託を所有しているなど、経済的な余裕があると推察できる項目も含まれている。図8・5は、小学校から私立・国立に通わせた世帯のみに際立って多い、あるいは少ない傾向が現れた項目である。

図8・5の項目を先行研究との関係から述べるならば、子どもを小学校から私立・国立に通わせるグループは、経済的に比較的裕福で専業主婦を志向する人々を多く含む可能性が示唆される(8)。さらに、子どもを中学校から私立・国立に通わせる世帯にのみ際立った傾向が現れた結果をまとめたものが、図8・6である。先行研究によれば、子どもを私立中学校だけに通わせた母親は、年齢と学歴が高いほど健康リスク回避行動をとる（健康のために運動する）傾向にあると論じられているが、それと類似した傾向がこの図8・6に見られる(9)。

また、子どもを私立・国立の小学校に進学させたグループとそれ以外の2カテゴリーに分けて、母親の就労状況を分析すると、私立・国立小学校のグループの方が有意に就労していない母親が多かった（該当グループが54・5％に対してそれ以外は35・6％）。

(8) この点については、石崎裕子2004「女性雑誌『VERY』にみる幸福な専業主婦像」『国立女性教育会館研究紀要』8: 61-70; 石崎裕子2007「女性雑誌『STORY』にみる専業主婦像」『日本女子大学人間社会学部研究紀要』18: 47-60を参照。

(9) 片瀬一男2008「学歴階層と健康リスク関連行動」菅野剛編『階層と生活格差』二〇〇五年SSM調査シリーズ10: 29-41.

図8.4

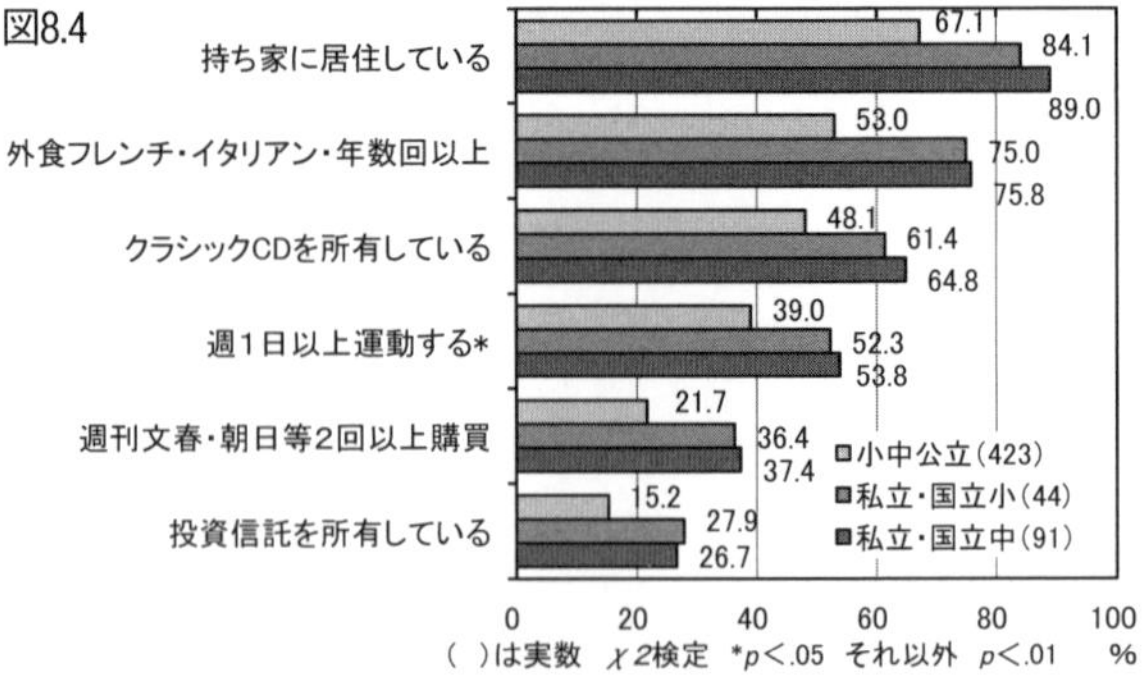

図8.5

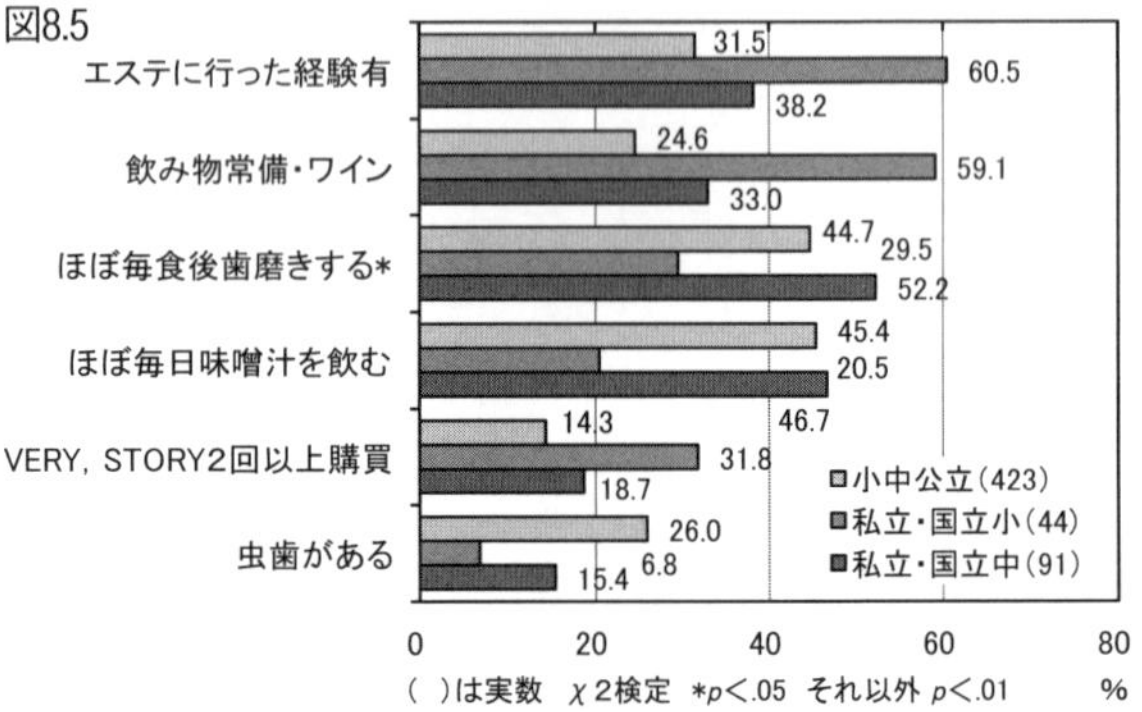

図8.6

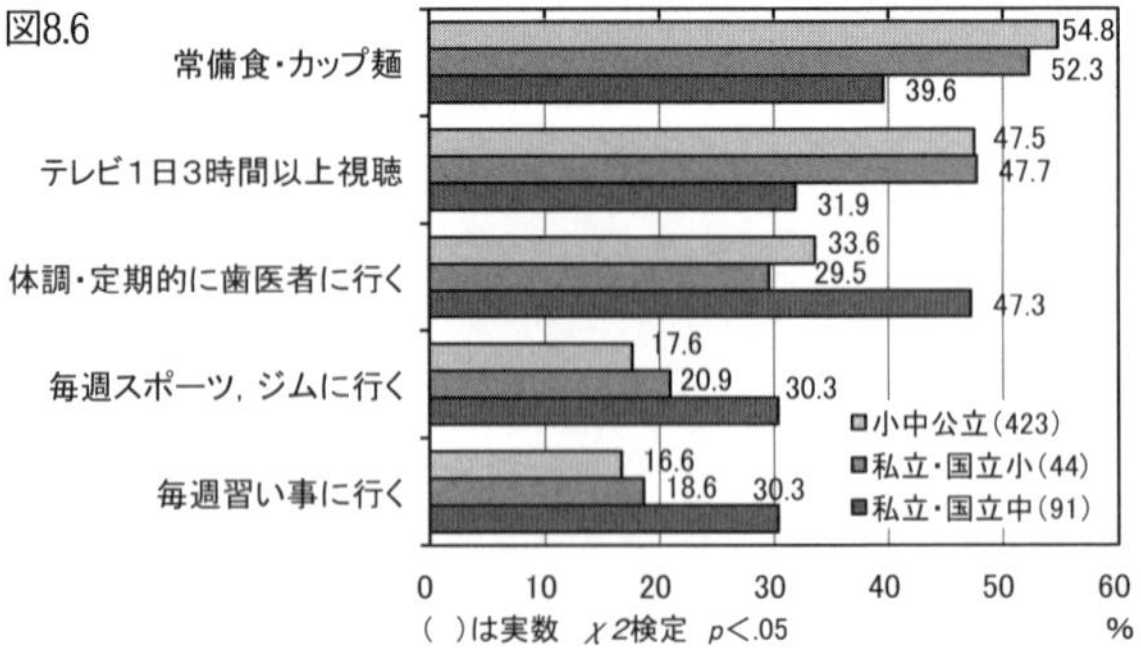

以上の結果を踏まえると、まず、持ち家の世帯の方が私立・国立の小中学校への進学者が多いなど、経済資本の影響力が見られる。加えて、経済資本の影響力を軸におきながら、子どもを小学校から私立・国立に進学させる世帯の母親と中学校から私

立・国立に進学させる世帯の母親には少し異なる志向性があることがわかる。

3.3　母親の都市型ライフスタイルと子どもが通う学校の対応分析

本章で検討した項目が二次元平面上にどのように位置づくかを図示したのが図8・7である。これはバート法による多重対応分析（MCA）によるカテゴリーの布置である。ここでは、3・1および3・2で検討した項目のほか、さらに本人就業状態（フルタイムか、パートタイムか、無職か）、階層帰属意識（「中の上」を「上」、「中の下」を「下」にリコード）を投入した。そのうえで、原点周辺に集合し、ラベルが著しく読み取りにくくなった項目を除外して記載した(10)。

図8・7全体を見る上で重要なことは、横軸に示された第1軸が、全体の分散説明率のうち67・2%を占めている点にある。図8・7の当初の計算結果では、正の方向に進むほど経済状態がマイナスとなる形であったため、読者の理解の便宜を図るために、横軸を反転させた表示にした。「世帯収入400万円未満」が第3象限に、「世帯収入1000万円以上」が第4象限に示されている。この経済状態が全体のライフスタイルを説明する上で、強い説明力を持っていることがわかる(11)。

一方で、この図で興味深いのは、分散説明率が5・5%と小さいながらも縦軸上の第2軸に並んだ項目である。それぞれの項目群を検討しながら、縦軸の意味を検討しよう。縦軸が正の方向に「子どもを私立・国立小学校に通わせた（通っている）（子

(10) なお、対応分析の社会学的応用としては、ブルデューに端を発する以下の研究などを参考にした。Pierre Bourdieu, 1979（＝1990 石井洋二郎訳『ディスタンクシオンⅠ――社会的判断力批判』藤原書店）; 近藤博之 2011「社会空間アプローチによる階層の分析」石田浩・近藤博之・中尾啓子編『現代の階層社会2 階層と移動の構造』335-349. Tony Bennett, et.al., 2009, *Culture, Class, Distinction*, Routledge.（＝訳書近刊　磯直樹ほか訳）

(11) この傾向は、日本社会全体に特有に見られる傾向であることが近藤（2011）（前掲論文）によって示されており、一地域を捉えたデータでも同様の傾向が確認されたといえる。

ども私立小)」「VERYやSTORYを2回以上買った(VERY等購買)」、「エステに行った(エステ経験有)」、「本人学歴が短大卒業(本人短大)」、「毎週スポーツ教室・ジムに行く(毎週スポーツジム)」があり、また、本人の就業状態は「無職」が多く、階層意識「中」を持った人が近接している。つまり、第2軸の正の方向には、専業主婦のファッション志向性が表現される項目が多く含まれている(12)。

では、縦軸の負の方向には、何が読み取れるだろうか。「本人パートタイム」、「本人フルタイム」「子どもを私立・国立中学校に通わせた(通っている)(子ども私立中のみ)」「投資信託を所有している」(投資信託有)」ことや「週刊文春・週刊新潮・週刊朝日・サンデー毎日等を2回以上買った(週刊文春・朝日等購買)」経験が近くにある。本人が大

図8.7 多重対応分析 座標図

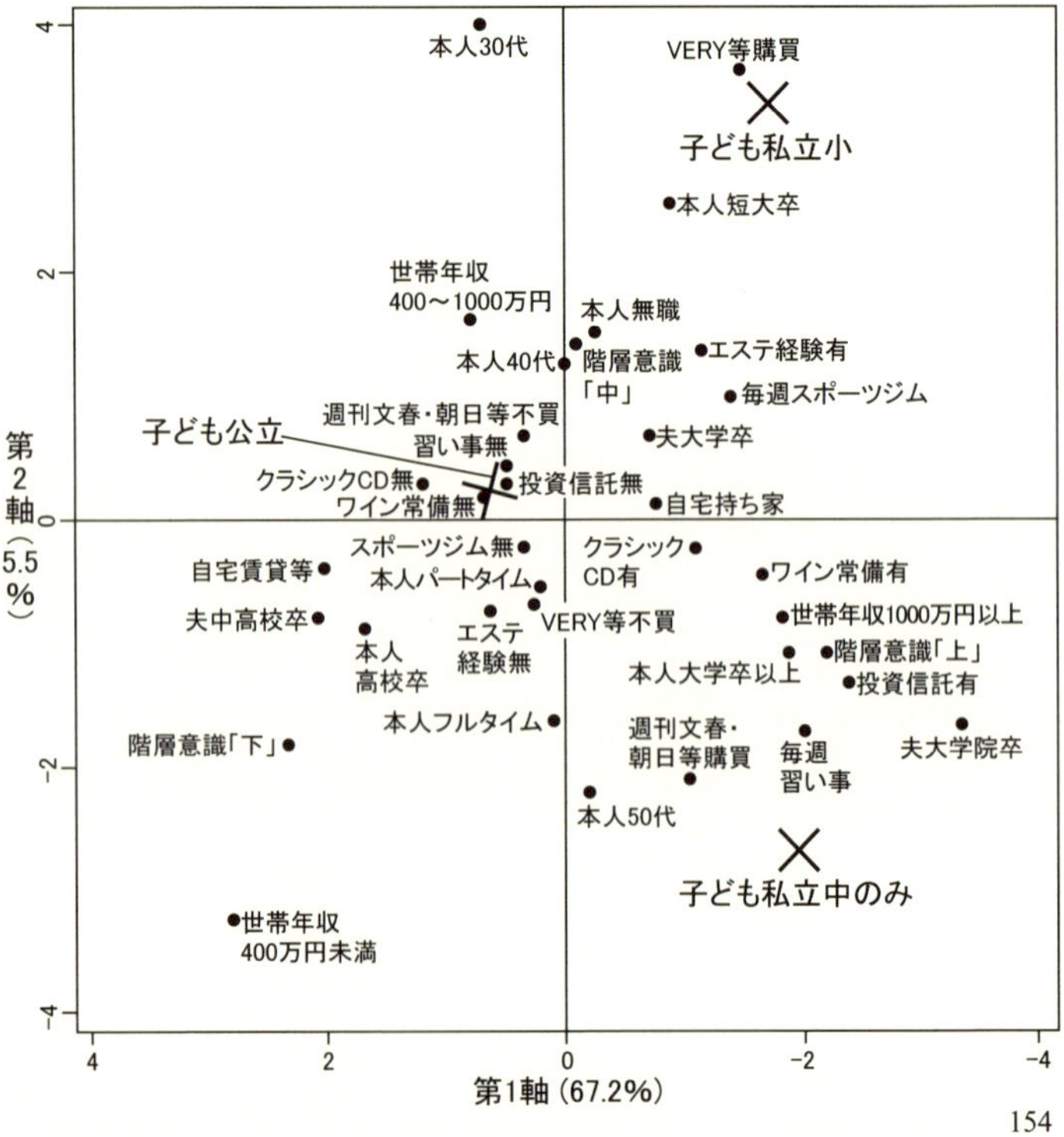

学卒以上、夫が大学院卒、階層意識「中の上」または「上」が位置づけられている。

子どもを私立・国立中学校に通わせることと、これらの項目がなぜ近接するのかを考えるとき、手がかりの一つとなるのは、「投資信託を所有している」である。すなわち、資産の投資によって見返りを期待するように、教育費をかけたとしても、その後、その投資に見合った収入が得られるとする人的資本論における教育投資の考え方が、子どもを私立・国立中学校に通わせる行動と近似している可能性が示唆される(13)。

以上より、子どもを私立・国立中学校に通わせることは、高い経済的地位と父母両親の高学歴に裏付けられながら、見返りを求める教育投資の性格を帯びている可能性がある。縦軸の第2軸は、小さい分散説明率ながら、正の方向にはファッション性を、負の方向には投資的性格を読み取ることができるからである。

4　まとめ

本章で見てきたのは、二つの点である。第一は、人々の経済的な格差と子どもの進学する／させる学校との関係である。もう一点は、それらの経済的な格差と関連を持ちながらも独自に見られるライフスタイルとそれらの学校との関係である。その結果、経済力との関係では、世帯年収４００万円の区分線と世帯年収１０００万円の区

(12) この関係は、石崎(2004, 2007)を参照して読み取っている。石崎は、女子学生や20代のＯＬ向けファッション雑誌である『ＪＪ』の元読者層をターゲットとした『ＶＥＲＹ』に登場する幸福な専業主婦たちの姿が「新・専業主婦志向」と呼ばれる若い女性たちの専業主婦志向を見事なまでに体現することや、『ＳＴＯＲＹ』が「40代を迎えた「新・専業主婦志向」の女性たちに、自分磨きに励み、外見も内面もいくつになっても美しくありたいという夢や希望を与える雑誌」（石崎 2008: 57）であると論じている。

(13) 人的資本論については、Gary Becker, 1975（＝1976 佐野陽子訳『人的資本――教育を中心とした理論的・経験的分析』東洋経済新報社）を参照。また、「週刊文春・週刊新潮・週刊朝日・サンデー毎日等を2回以上買ったことがある」経験も、子どもを私立・国立中学校に通わせる教育への「投資」の性格を持つことの傍証となると考えられる。これらの雑誌に

分線が全国的に存在していること、この関係が西東京市における私立・国立小中学校進学にもあてはまることを、経済格差から見る教育格差の問題としてまず示してきた。また、二点目のライフスタイルの分析によって、子どもを私立・国立小学校に通わせる母親には、専業主婦志向ともあいまったファッション性が見られる一方、私立・国立中学校に通わせるということには投資的性格も読み取れる。また、子どもを私立中学校に通わせる世帯では、学習費総額全体は多いものの、学校外活動費が少ないことも、その世帯が選んだ学校に投資するという傾向の傍証となりえよう。子どもを通わせる学校の種別（公立、私立小、私立中）自体がライフスタイルの差異を映し出しているといえる。

教育において、選択と格差の問題は常に微妙な関係にある問題である。本章でも明らかなように、私立学校の選択肢の多い東京都内では学校選択を支える構造は経済力によってかなりの部分が説明できてしまう。そのため、多様な選択肢を平等に提供していくことはきわめて難しい。教育の世界では、多くの場合、選択肢が増えれば増えるほど、教育の不平等、格差の問題となってしまうからである。だが一方で、選択肢を少なくした教育システムの構築も難しいであろう。現代の教育は、すでに多様になっており、またそのような多様性を人々も支持しているからである(14)。

現在、教育機会の平等な保障と卓越性の追求の両立が世界中で求められている。高校段階までの教育を全国民に提供する動きは世界的に見て不可逆的であり、ここで

は、大学別合格者数一覧が載っており、九〇年代以降、首都圏私立中高一貫校の高いパフォーマンスが目立って掲載されているからである。

(14) たとえば、二〇〇〇年に東京都教育委員会が行った「都立高校の学区に関する都民意識調査」では、自由に学校を選択できることに対する賛成意見が多くを占めている。

は、公立と私立の両者が手を取り合った教育機会の提供が求められる。そして、これまで形成されてきた学校のあり方を考えれば、富裕層がグローバルに通用するような高い学力を求める保護者の要求に応える私立学校の存在も、生徒に手厚い教育を与える公立、私立それぞれの学校の存在も、否定できないであろう。

そのため、学校を媒介とした社会的格差があることは認識しながら、それぞれの学校段階の多様な学校の存在を認めつつ、ニーズと希望があれば、アクセスを保障できる教育システムを構築することが日本社会でも求められよう。教育には動かしがたい格差がある。だが、それゆえにこそ、格差を直視し、格差を絶望視しない教育システムの構築が求められるのである(15)。

(15) 香川めい・児玉英靖・相澤真一 2014『〈高卒当然社会〉の戦後史――誰でも高校に通える社会は維持できるのか』新曜社.

【研究トピック7】塾

豊かな社会における格差問題とは

森　いづみ

【日本の学習塾】 日本ではどれほどの子どもが、学習塾に通っているのであろうか。文部科学省（当時文部省）が通塾に関する正式な統計を取り始めた一九七六年には、小学生全体の12・0％、中学生全体の38・0％が塾に通っていた。その後小中学生の通塾率は上がり続け、近年は中学生の通塾率が若干下がったものの、二〇〇八年には小学生の4人に1人（25・9％）、中学生では半数弱（53・5％）が通塾していた（図7・1）(1)。

文部科学省の二〇一〇年「子どもの学習費調査」（平成二二年度）によると、学習塾・家庭教師費の支出は、小中学生ともに世帯収入による差が大きい(2)。世帯年収400万円未満のグループで5万7000円に対し、

トピック図7.1

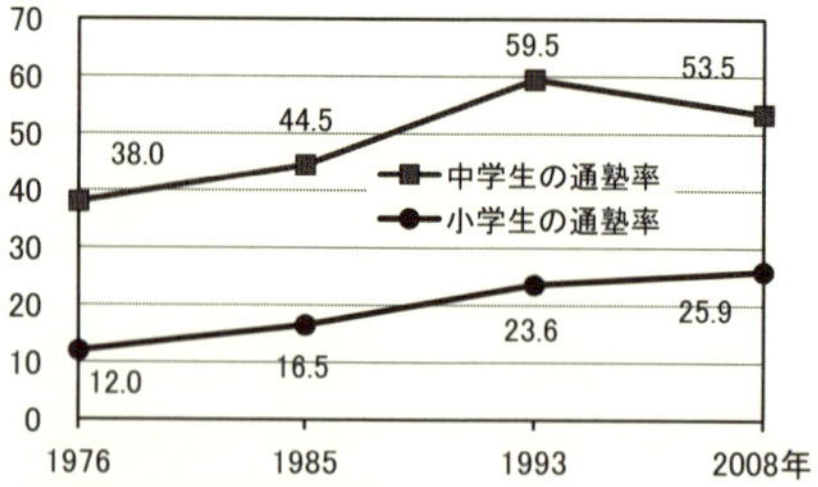

（出典）文部省「児童・生徒の学校外学習活動に関する調査」(1976, 1985)
文部省「学習塾に関する実態調査」(1993)
文部科学省「子どもの学校外での学習活動に関する実態調査」(2008)
文部（科学）省「学校基本調査」各年度版

（1）一九七六、八五、九三年の調査は世帯調査のため、公立・私立両方の子どもを調査対象に含むが、二〇〇八年の調査は公立学校を通した調査であり、私立の子どもの実態は含まれないことに注意。いずれも全国調査であり、小中学生の保護者4～6万人を対象としている。

1000万円以上では21万5000円であった。中学生でも、400万円未満のグループでは19万4000円、1000万円以上では31万4000円が支出されていた。

塾問題とは古くて新しいテーマである。受験競争の激化が社会問題化していた一九七〇〜八〇年代の日本でフィールドワークを行った米国のある文化人類学者は、塾とは受験戦争における戦略的武器（tactical weapons）のようなものだと述べた(3)。塾は、平等主義や公共の価値を重視する公教育の理想主義の裏で、人々の現実的なニーズに応えるためにはびこり、塾と学校との関係は「本音と建前」と評された。

【諸外国の塾】　では、日本以外の国は塾に対してどのような対応をとってきたのであろうか。学習塾はかつて、日本や東アジアの受験社会の産物と見なされていたが、近年は「影の教育」と呼ばれ、世界中のさまざまな国に普及しており、各国が塾に対して取る態度も「禁止」から「推進」まで多様であるという(4)。

たとえば韓国は、軍事政権が支配していた一九八〇年代初頭に、教育機会の平等を過度に追求しようとして、政府が塾を禁止した。出身階層にかかわらず、各人の努力によって公教育を通じてより高い学歴や社会的地位を獲得できることが、教育の機会均等の理念である。しかし人々が高額の塾を利用することによって、この理念が崩されることを韓国政府が懸念したのである。しかし、人々は学歴競争に勝つために水面下で塾を利用しつづけた。その結果、政府による塾の禁止は長く続かなかった。

一方、米国では階層による学力格差を是正するために、連邦政府が積極的に塾の利

(2) 卯月由佳 2010「小中学校の学校外活動費の支出と世帯収入の関連」文部科学省ホームページ http://www.mext.go.jp/b_menu/toukei/chousa03/gakushuhi/kekka/k_detail/1316220.htm（2014.1.6 取得）

(3) Rohlen, T. P., 1980, "The Juku Phenomenon: An Exploratory Essay," *Journal of Japanese Studies*, 6 (2): 207-42.

(4) Bray, M., 1999, *The Shadow Education System: Private Tutoring and its Implications for Planners*, Paris: UNESCO International Institute for Educational Planning.

用を推進している。二〇〇二年から実施されている「どの子も置き去りにしない法」(No Child Left Behind Act)のもとで、学力水準の低い学校に通う低所得層の生徒は、希望すれば政府の補助金を受けて無料で民間の塾を利用できる。従来、米国で親が子どもを民間の補習機関に通わせることは少なかった。しかしこの法律を一つの契機に、米国の補習はめざましい発展を見せているのである(5)。

【学力格差と塾の役割】 筆者が実施した二〇〇九年米国のペンシルバニア州フィラデルフィア都市部でのインタビュー調査によると、補習事業者の特徴はじつに多様であった(**表7・0、表7・1**)。運営は、全国に支部をもつフランチャイズ企業もあれば、小規模企業や個人経営のところもあった。経営者はベテランから起業したばかりの若者までさまざまであり、集団指導はほとんどなく、生徒をきめ細かく指導する一対一の個人補習が多く見られた。指導は補習センターや教会、生徒の自宅などで行われ、授業料は経営者それぞれのビジネスモデルや信条によって多様に設定されていた。「どの子も置き去りにしない法」による政府の認定の有無は、表7・1の通り異なる回答が見られた。認定されている事業者を学力水準の低い学校の子どもが利用する場合、上記の授業料は無料になった。

調査では、必ずしも政府の事業とは関係なく、民間の事業者として運営する塾も多く見られた。しかし重要なのは、こうして民間の塾が増えつつある米国において、政府が補習政策を通じて、低所得層を救済し、教育の平等を実現しようとしている姿勢

(5) 森いづみ 2012「米国における補習政策の背景と展開―学校外部に目を向けた格差縮小の試み」『比較教育学研究』45: 115-39.

トピック表7.0

調査名	フィラデルフィアにおける補習実施の背景に関する調査
実施者	森 いづみ
調査対象	ペンシルバニア州フィラデルフィア学区の5補習事業提供者
調査法	半構造化面接法(各事業者への30～45分程度のインタビュー),教室や授業場面の観察,ドキュメント収集(パンフレット等関連資料)
調査期間	2009年7月5日～7月9日
おもな質問	指導年数,指導教科,指導のタイプ,料金,政策との関連,利用する生徒や家族の特徴,補習の利用理由,講師のプロフィールや雇用プロセス,学校との関係

である。公教育を補完するために、民間の教育機関の活用を公に打ち出したこの政策は、出身家庭による学力格差が問題視される他国にとっても示唆的であろう。

ひるがえって日本では、これまで文部科学省は塾に対して、特別な介入はしてこなかった。しかし近年は放課後の学習活動の一環として、地域に根づいた塾にも期待が寄せられている。自治体レベルで公立の塾が開かれ、退職教員やボランティアがサポートしたり、学校が民間の塾と連携して指導を提供することも増えている(6)。

塾通いの有無について、そもそも塾に頼らなくても子どもが自分で復習したり教師に質問すれば十分だという声もあろう。また、そもそも学校がきめ細かい教育を提供すれば、塾通いの必要はないという考えもあろう。しかし、学校が現状よりもきめ細かく一人一人の学習ニーズに応える教育をしても、さらに高度なテクニックなど何かしらの塾的なサービスを要望する生徒は出てくるかもしれない。本来は学校に行けば十分であるところを、周りから取り残されることが心配なために放課後も塾に通うという、「保険」的な役割が塾に期待されることもありえよう。

見方を変えれば、日本における塾通いとは「基礎財」としての学校教育が平等に提供された上で、豊かな家庭の生徒がより有利な機会を求めて「上級財」としての塾に通うという意味で、「豊かさの中の不平等」(7)を示しているのかもしれない。

塾の問題は、公教育と学力格差を考える上で、スタートラインとしての機会をどこまで平等にすればよいのかという難しい問題を提起する。はたしていま、塾で担われ

トピック表7.1

事業者	A	B	C	D	E
運営形態	企業フランチャイズ	小規模・個人	小規模・個人	小規模・個人	企業フランチャイズ
指導のタイプ	一対一または少人数	一対一	一対一	一対一	一対一，自習
指導場所	センター	教会	自宅	自宅	センター
1時間当たり料金	$45	$28	$35	$50	$115/月
どの子も置き去りにしない法の認定	有	無	申請中	検討中	認定受けていたがやめた

(6)「公立中、塾の手も借りたい 国立研が調査」『朝日新聞』2013.9.25 朝刊1面39面、「村が、町が、学習塾 公費使い無料で開設」『朝日新聞』2013.9.21 朝刊1面35面.

ているサービスのどこまでが、実は公的に担われるべきものなのか。一方で、人々が塾に求めるもののどこから先が私的な欲求といえるのか。塾とは多様化した豊かな社会における格差問題を考えるうえで、一つの重要な契機を提供している。

(7) 原純輔・盛山和夫 1999『社会階層――豊かさの中の不平等』東京大学出版会.

9　仕事
なぜ非正規雇用が増えたのか

香川　めい

1　問題

1.1　働き方の変化

この章では、人々の働き方の変化がキャリア形成にどのような影響を与えたのか、そこにどのような格差があるのかを検討していきたい。

一九九〇年代以降、働き方をめぐる状況はそれ以前とは大きく様変わりした。正規雇用ではなく非正規雇用として働く人々が著しく増加した。非正規化の進行をあらためてデータから確認しておこう。総務省「労働力調査」によると、一九八四〜二〇一三年の三〇年間で、非正規雇用として働く人の数は約604万人から約1870万人へと大きく増加した（図9・1）。当然、雇用者(1)として働く人全体に占める非正規

（1）「労働力調査」の定義では、「会社、団体、官公庁又は自営業主や個人家庭に雇われて給料、賃金を得ている者及び会社、団体の役員」を指す。つまり、雇われて働き、給料や賃金を受け取る人のことである。

の割合も増加し続け、一九八四年に14・4%だったが、二〇〇一年に25・5%、二〇一三年は34・0%を占めるようになっている。この数値を見る限り、日本社会では一九八〇年代以降、非正規化が急激に進行してきたといえそうである。

このような変化は、たとえば学校を出ても「ちゃんと働かず」アルバイトやパートといった非正規雇用として働く若者の増加として、また、学校に行くでもなく、働くでもなく（職業訓練を受けるわけでもない）いわゆる「ニート」と呼ばれる「よくわからない」若者の発見として、そして、厳しさを増す就職戦線を苦に精神を病んだり、自殺したりする若者の存在として…、つまり、若者と働くことの問題として社会問題となってきた。

では、同じ期間に正規雇用者は劇的に減少したのであろうか。絶対量としての正規雇用者数に注目してみよう。実は正規雇用者数には、非正規雇用者ほどの劇的な変化は生じていない。一九八四年に3333万人だった正規雇用者数は、一九九〇年代半ばにかけて増加を続け、一九九七年に3812万人と量的なピークをむかえる。その後、減少はするものの、二〇一三年時点での正規雇用者数は3281万人と一九八四年時点の水準とそう大きくは違わないのである(2)。このグラフを見る限り、正規雇用が減少するかわりに、非正規雇用が大きく増加したとは単純にはいいがたい。つまり正規雇用

図9.1

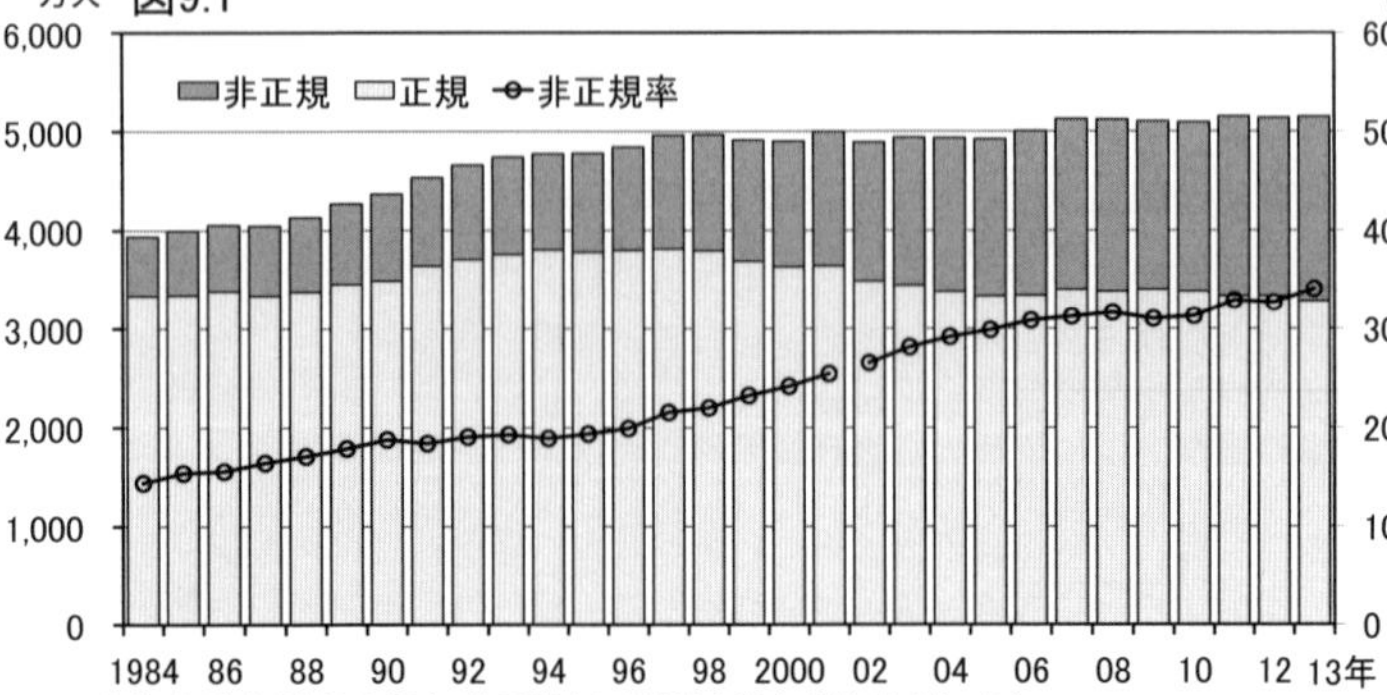

（出典）総務省「労働力調査（特別調査）」「労働力調査（詳細集計）」各年

として働くことが難しくなったので、その埋め合わせに非正規雇用が増加したという単純な話ではなさそうである(3)。では、いったい何が起きていたのであろうか。

1.2　雇用者増加の陰で減少し続けていたもの

正規、非正規は大きくいえば「雇われて働く」働き方である。一方で「雇われず」に自営業や自由業として働く人もいる。この人たちは「労働力調査」には含まれていない。自営という働き方を含めると、戦後の日本社会の異なる姿が見えてくる。自営を含む変化を確認するために総務省「就業構造基本調査」のデータを見ると、次のようなことがわかる。

第一に労働者は一九九〇年代まで一貫して増加し、なかでも一般常雇(4)が大きく増加している。一般常雇の数は一九五六年に1574万人だったが二〇〇七年には4588万人と約3倍近くになった。

第二に、一方で自営の人々は減少し続けた。一九五六年に2216万人近くいたのが大きく減少し、二〇〇七年には879万人になった。当然、有業者(5)に占める自営の比率も55・6%から13・3%に下がった。このような減少の背景には、農業、漁業といった自営が多数を占める第一次産業の衰退という、産業構造の変化がある。

(2) 労働力調査の調査方法が変更されたので、二〇〇一年までの値と二〇〇二年以降の値は直接比較することはできないとされる。

(3) 雇用者の量の変化として見た場合という留保がつく。正社員数も非正社員数も増加していることは、以下でも指摘されている。海老原嗣生 2012『雇用の常識──「本当に見えるウソ」』ちくま文庫.

(4) 「就業構造基本調査」の一般常雇とは、役員を除く雇用者で、臨時雇い（1か月以上1年以内の雇用契約で雇われている者）と日雇（日々または1か月未満の雇用契約で雇われている者）を除く。雇用契約の長短で区分されるので、仮にパートやアルバイトであっても雇用契約が1年以上であれば一般常雇にカウントされることになる。

(5) ふだん収入を得ることを目的として働いている人のこと。

1.3 キャリア形成と格差——初期キャリアに注目する理由

戦後の日本社会で起こったこのような変化は、人々のキャリア形成（職業経歴やライフコース経験）をどのように変化させたのであろうか。本章では、キャリア形成の時期として、特に若年期の初期キャリアに注目する(6)。

若年期の初期キャリアは、フリーターやニートの問題として社会的関心を集め、多くの研究がなされてきた。フリーターになりやすい傾向には属性による違いがあり、高学歴よりは低学歴で、年長よりは若年で、男性よりは女性で、非正規雇用になりやすいことが明らかになっている(7)。しかし、これらの研究では暗黙のうちに「正規」対「非正規」という対立関係を想定しており、そうでない働き方、すなわち自営にはあまり関心をはらってこなかった。

2 データと方法

2.1 データ

本章では、二〇〇五年に実施された「社会階層と社会移動全国調査」（ＳＳＭ調査）のデータを用いる(8)。調査の概要と分析対象は表9・0の通りである。

2.2 初期キャリアのとらえ方

若年期の初期キャリアをとらえるために、人々が学校を出て（離学後）一〇年間に

（6）初期キャリアに焦点をあてるのは、最近の変化までを分析の射程に含めるためである。働き方の変化は、すでに労働市場にいる層ではなく新たに参入しようとする層の変化を反映する部分が大きい。新規参入層は働き始めてから期間が短いため、条件をそろえるためには初期キャリアに注目することが必要になる。

（7）小杉礼子 2010『若者と初期キャリア』勁草書房；太郎丸博 2009『若年非正規雇用の社会学』大阪大学出版会；佐藤香 2011「学校から職業への移行とライフチャンス」佐藤嘉倫・尾嶋史章編『現代の社会階層1　多様性と格差』東京大学出版会など。

（8）調査名の The National Survey of Social Stratification and Social Mobility が示すように、社会階層と社会移動の様相を明らかにすべく、日本社会学会など社会学者のグループによって一〇年おきに実施されてきた。一九五五年第一回～二〇一五年第七回まで継続している。ＳＳＭ調査の調査項目には、

どのような働き方をしたかに注目する(9)。本章では、ある一時点ではなく、ある程度の期間を取り出し、類似したパターンをグループ化することで、キャリア形成をとらえることを試みたい(10)。そのための方法として、アンドリュー・アボットらによって開発された最適マッチング分析（OM分析）を用いる。これは一つのイベントではなく、複数のイベントの配列全体の情報を用いて、系列同士の類似性をとらえる方法で、近年、職業経歴やライフコース分析に用いられている(11)。

グループ化の際に働き方として次の特徴に注目した。働いていたか否か、働いていた場合はどのような働き方をしてきたか、転職したか否かである。これらを基準として、一〇年間の働き方を以下の7カテゴリーに分類した。「正規1社目」「正規2社目」「正規3社目以上」「非正規」、「自営」、「無職」「学生」である(12)。日本型雇用慣行の一つの柱である「終身雇用制」のもとでは、正社員として一つの会社に長く勤めることが望ましいとされてきたので、正規雇用のみ、転職の有無を考慮した。

表9.0

調査の名称	2005社会階層と社会移動全国調査
実施者	2005年SSM調査研究会
母集団	日本全国　満20～69歳　男女
調査対象	1935年10月1日～85年9月30日生まれ（2005年9月30日時点）
計画標本	14,140人
標本抽出	層化二段・等間隔抽出(全国の区市町村投票区から計 1,010 地点を系統抽出。各地点14 人抽出）
調査法	調査員による個別面接調査と留置調査
調査期間	2005年11月～2006年4月
有効回答数（率）	5,742人（44.1%）
分析対象	離学後10年間の職業経歴を得られた5,109人（男性2,364人，女性2,745人）

社会階層に関わるさまざまな事柄、たとえば教育や所得、社会意識などが含まれているうえ、職業経歴も丹念に尋ねている。

(9) 中学卒は25歳、高校卒は28歳、大学卒は32歳頃までの期間が含まれて、大半の人々の20代のキャリアをとらえることが可能となるため、離学後一〇年間とした。

(10) 人々のキャリアをとらえるためには、ある一時点、たとえば就職時や45歳時に注目して、その時点の状態を見るという方法がある（佐藤俊樹 2000『不平等社会日本』中公新書）。一時点に注目する方法は、キャリア形成にとって分岐点となるような特定の時点の差異を明確に確認できるという利点がある。

(11) OM分析の詳しい説明については、渡邊（2004）を参照のこと。香川（2011）も、二〇〇五年SSM調査データに最適マッチング分析を用いて初期キャリアの類型化を行っている。渡邊勉 2004「職歴パターンの分析―最適マッチング分析の可能性」『理論と方

3　分析結果――なぜ非正規労働者が増えたのか

3.1　離学後一〇年間の初期キャリア

人々のキャリア形成の変化や格差の様相を見るために、グループごとの初期キャリアの違いを検討していく。人々が離学後一〇年間、どのような初期キャリアを歩んできたのかを確認しよう。分析の結果、初期キャリアをA～Fの6つのグループに類型化することにした(13)。「正規1社一貫型」「正規転職1回型」「正規転職2回以上型」「自営型」「非正規型」「無職型」である。**図9・2**にこれらの初期キャリア類型の特徴を示している。横軸に期間（年数）をとり、1人の個人を横1本の線で示して、一〇年間の働き方を先の7カテゴリーで塗り分けた。縦軸は人数を表す。たとえば正規1社一貫型が黒く塗りつぶされているのは、この類型の人々が一〇年間正規雇用で1社に勤続したことを示している。

まず、この6グループの特徴を説明しよう。

A　正規1社一貫型　離学直後に就職した会社に一〇年間正規雇用として勤続したグループで最も安定した初期キャリアである。このグループはサンプル全体の20・5%であり、逆にいえば約8割は「終身雇用」型キャリアを形成してこなかったことになる。

法』19(2)：213-34; 香川めい 2011「日本型就職システムの変容と初期キャリア――『包摂』から『選抜』へ?」石田浩・近藤博之・中尾啓子編『現代の階層社会2　階層と移動の構造』東京大学出版会.

(12)　ここでは二〇〇五年SSM調査の調査票の「常時雇用されている一般従業者」を正規雇用とする。

(13)　OM分析の結果にクラスター分析（Ward法）をすることでグループ化した。

B 正規転職1回型とC 正規転職2回以上型

この2つのグループは、正規雇用を中心にしたキャリアだが、若年時に転職経験がある。正規転職1回型は全体の30・0％、正規転職2回以上型は7・5％で、転職経験を含む正規雇用型キャリアの合計は約4割である。正規1社一貫型は2割なので、A～Cの正規雇用型キャリアの3グループを合計すれば6割近くになる。つまり、戦後日本社会では、転職した後も正規雇用に留まる初期キャリアはある程度一般的であった。

B 正規転職1回型　正規雇用の期間は平均8・3年で、1社目に勤めた期間が長い。移動のパターンを見ると、正規雇用1社目→2社目に移動が最も多く（グループの40・1％）、無職→正規雇用1社目に就職が次に多い（同27・6％）。

図9.2

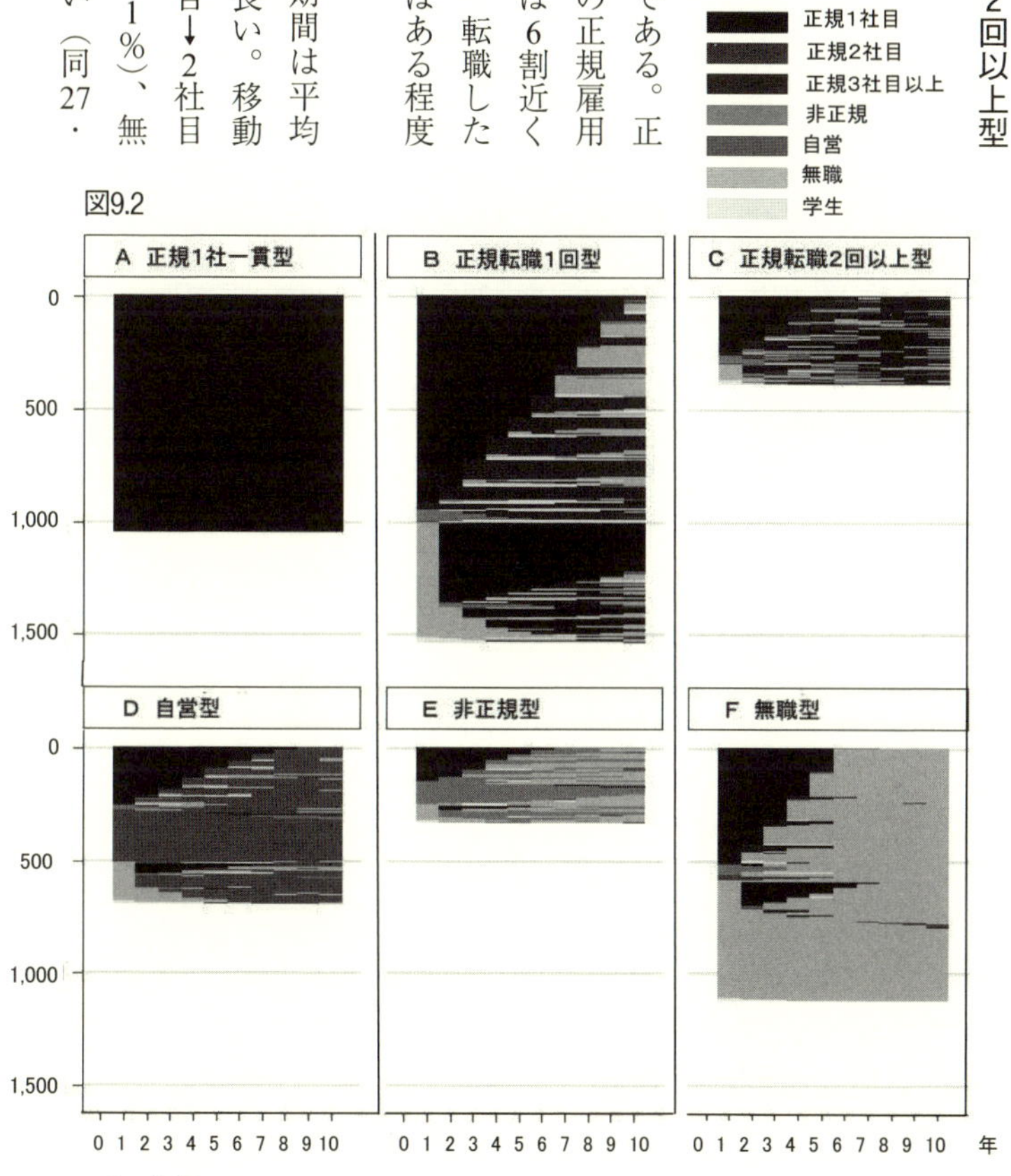

C 正規転職2回以上型　正規雇用の期間は平均8・7年で、その中で3社目以降に勤めた期間が相対的に長い傾向がある（平均4・6年）。キャリア形成のごく早い段階で会社を辞め、転職を繰り返したグループである。

D 自営型　自営期間が平均6・8年と長い特徴をもつが、サンプル全体の13・6％と量は多くはない。移動のパターンを見ると、一〇年間ずっと自営が最も多く、このグループの26・6％、正規雇用→自営が23・7％である。離学後に他の働き方を経験してから転職して自営になるパターンが主流であった。

E 非正規型　非正規の平均雇用期間が際立って長い特徴があるが、全体の6・5％と小さいグループである。正規雇用は合計2・3年と短く、逆に無職期間は1・7年と長めである。移動のパターンを見ると、最も多いのは正規→非正規→無職（グループの11・5％）、ついで一〇年間ずっと非正規（同9・7％）である。このグループは非正規雇用を軸に、ほかのさまざまな仕事を織り交ぜながら不安定なキャリア形成をしていた。初期キャリア形成から見れば、最も望ましくないグループになる。

F 無職型　無職期間が平均7・1年と長く、全体の21・9％を占める。無職期間の次に長いのは1社目の正規雇用の平均1・8年であった。移動のパターンを見ると、短い期間勤めた後、無職になるケースが最も多く（グループの29・0％）、一〇年間ずっと無職（同27・6％）が続く。職業キャリア形成をせずに早い段階で労働市場から退出したグループと見ることができる。

表9.1　N=5,109

		男性	女性
		%	%
世代（学校を離れた時期）	～1961年	22.5	22.5
	1962～69年	20.9	20.7
	1970～79年	21.2	22.4
	1980～92年	27.2	25.8
	1993年～	8.3	8.7
学歴	中学卒	17.2	17.2
	高校卒	49.3	50.7
	短大・高専・専門卒	7.4	24.6
	大学・大学院卒	26.1	7.5

3.2　性別・世代・学歴

次に性別、世代、学歴ごとの比較を行う。世代は、学校を離れた（離学）時期によって区分した。景気の動向を勘案しておおむね高度成長期以前の「六一年まで」、高度成長期の「六二～六九年」、低成長期の「七〇～七九年」、バブル経済期を含む「八〇～九二年」、それ以降の「九三年以降」の5つのグループに分けた。学歴は、最初の仕事（初職）に就く前に最後に通った学校によって「中卒」「高卒」「短大・高専・専門学校卒」、「大学・大学院卒」の4つに分類した(14)。性別・世代・学歴の分布は**表9・1**に示す通りである。

3.3　性別による違い

性別によって初期キャリア形成がどのように違うのかを確認しておこう。図9・3を見ると、正規雇用型キャリアに男女の違いがあることがわかる。A～Cの正規雇用型キャリアの合計は男性76・9％に対し、女性41・9％と、男性の約2分の1になっている。女性は、Fの無職型が4割と際立って多く、Eの非正規型も男性に比べれば多い。女性の無職型の多さは、結婚や出産を機に労働市場から退出して家庭に入る、戦後の日本女性に特有のライフコースの反映といえよう。キャリア形成における無職型の意味は性別によって異なり、その意味で一律に望ましいか否かを評価することは難しい。

図9.3

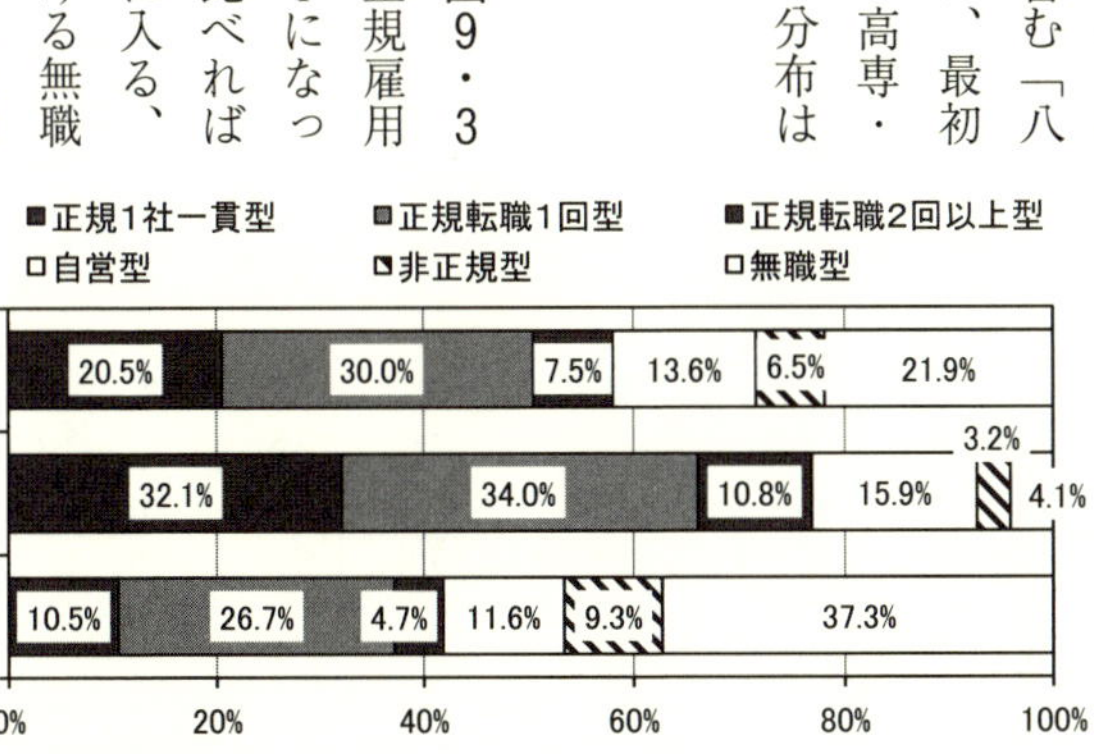

（　）は実数　$p<.001$

(14) それぞれの教育段階には卒業者だけでなく、ごく少数であるが、中退者も含まれている。

3.4 世代による違い

それでは、初期キャリア形成が、時代とともにどのように変化してきたのかを確認しよう。男女別、世代別の分布が表9・2である。A～Cの正規雇用型キャリアは男性では、一九六〇年代を境に、女性は一九六〇～八〇年代にかけて増大している。バブルがはじけ、若年労働市場が悪化した一九九三年以降の世代でも、これら正規雇用型キャリアの合計に大きな変化はなく、男性の約8割、女性の約5割を占めている。

正規雇用型のキャリアパターンを見ると、男性では一九八〇年代以降、Cの正規転職2回以上型の比率が上昇しており、若年期のキャリア形成が流動化している可能性が示唆される。一方で、女性ではそのような変化は見られない。

逆に世代を通じて減少しているのは、男性ではDの自営型、女性ではDの自営型とFの無職型である。男性でDの自営型が最も多いのは、最年長の世代（一九六一年までに離学）で、4人に1人は自営型であった。しかし、最も若年の世代（一九九三年以降に離学）では10人に1人未満になる。女性も男性と同じく自営型が減少しているが、同時に無職型も減少している。年長世代では20・3％が自営型、43・5％は無職型と、半数以上が自営型か無職型だった。しかし、最若年世代は、自営型4・3％、無職型21・1％と合計しても4分の1程度に減っている。

表9.2

	世代（学校を離れた時期）	A 正規1社一貫型	B 正規転職1回型	C 正規転職2回以上型	D 自営型	E 非正規型	F 無職型	n
		%	%	%	%	%	%	
男性	～1961年	25.5	35.7	10.8	23.6	2.9	1.5	(518)
	1962～69年	34.5	36.8	8.9	17.5	1.7	0.6	(481)
	1970～79年	37.5	35.0	8.4	14.8	2.5	1.8	(488)
	1980～92年	34.2	33.9	13.3	12.8	4.3	1.6	(626)
	1993年～	33.5	30.4	16.8	8.9	7.3	3.1	(191)
女性	～1961年	6.8	21.6	2.2	20.3	5.6	43.5	(602)
	1962～69年	8.1	27.8	4.9	12.6	5.1	41.5	(554)
	1970～79年	12.2	28.8	5.0	11.0	5.5	37.5	(600)
	1980～92年	14.1	29.9	6.2	7.2	15.1	27.5	(690)
	1993年～	13.8	29.7	6.9	4.3	24.1	21.1	(232)

男性 $p<.001$ 女性 $p<.001$

E非正規型は一九八〇年代以降、特に最若年世代で増加しており、その傾向は女性で顕著である。確認したようにこの期間、正規雇用型は減少しておらず、非正規の増加は男性では自営型の、女性では自営型と無職型の減少を伴っている。

これらの変化は統計的に有意である。まとめると、雇用労働化が進展するなか、男女とも正規雇用型の初期キャリア形成が一般的になった。景気が悪化した一九九〇年代以降には、非正規型も増加していった。しかし、非正規型と対をなすように減少していたのは、正規雇用型ではなく、自営型や無職型であった。

一九八〇年以降の世代でA～Cの正規雇用型キャリアの割合に大きな変化がないことから、正規雇用の収容量を超えた労働力が非正規化したともとらえられる。つまり、八〇年代以前は自営や無職として雇用セクターから退出していた層が、雇用セクターに留まり、非正規雇用に吸収されたと解釈できるのである。

3.5 学歴による違い

学歴による違いを見ると性別を問わずおおむね高学歴ほど、Aの正規1社一貫型の安定した初期キャリアである傾向がある（表9・3）。男性では大学・大学院卒の半数、女性では短大・高専・専門学校卒以上での比率が高い。大卒以上の男性の初期キャリアが最も安定している傾向は、正規雇用型キャリアの中でも離転職回数の多い、Cの正規転職2回以上型の比率が際立って低いことにも現れて

表9.3

	学歴	A 正規1社一貫型	B 正規転職1回型	C 正規転職2回以上型	D 自営型	E 非正規型	F 無職型	n
		%	%	%	%	%	%	
男性	中学卒	13.3	38.8	15.3	24.7	4.6	3.3	(392)
	高校卒	32.0	35.2	11.4	16.4	3.7	1.2	(1,121)
	短大・高専・専門卒	27.8	33.1	15.4	18.9	3.6	1.2	(169)
	大学・大学院卒	49.7	32.5	6.1	9.6	1.5	0.7	(594)
女性	中学卒	5.7	26.0	5.3	20.3	8.4	34.4	(454)
	高校卒	9.8	28.6	5.1	10.1	8.6	37.8	(1,340)
	短大・高専・専門卒	15.2	27.2	4.5	11.1	11.4	30.6	(650)
	大学・大学院卒	16.1	27.1	4.0	8.5	13.6	30.7	(199)

男性 $p<.001$　女性 $p<.001$

いる。

一方で、中卒男性は、正規雇用型の中でもBの正規転職1回型やCの正規転職2回以上型の比率が高い。中卒男性のもう一つの特徴はD自営型、E非正規型、F無職型の比率が高いことである。自営型を除くと比較的不安定な初期キャリア形成になりやすい。

女性も男性と同様、中卒で自営型が高い。しかし、短大・高専・専門学校卒以上で非正規型が高く、無職型が高卒以下の女性で高いことが男性と異なる。高学歴女性は、安定した正規雇用型と不安定な非正規型に分化している可能性があり、高学歴が安定した初期キャリア形成に直接つながるとはいえない。

3.6 学歴と世代の関連

戦後の日本社会では高学歴化が進んだため、年長世代の学歴が低く、若年世代の学歴が高い。一方で、非正規化は近年進行した現象である。高学歴女性で非正規型が多いのは、学歴の効果の違いを示すのか、高学歴化と産業構造の変化を反映しているのかの判断は難しい。そこで、同じ学歴でも世代によって初期キャリア形成の分布が異なるのかを確認した。その結果、男性では、低学歴の若年世代で自営型が減少し、非正規型と無職型の不安定なキャリアが増加していた。女性では、低学歴・高学歴とも若年世代で非正規型の増加と無職型・自営型の減少が生じていた（男女とも学歴別に0・01％水準で有意）。

4　まとめ

4.1　初期キャリア形成の格差

本章では、二〇〇五年ＳＳＭ調査のデータから、人々の働き方に注目し、性別、世代、学歴によって初期キャリア形成がどのように異なるのかを検討してきた。ここまでの分析で明らかになったことをまとめておこう。

(1) 学校を出て一〇年間の初期キャリア形成を、A～C正規雇用型3グループ、D自営型、E非正規型、F無職型の合計6グループに類型化した。6割がA～Cの正規雇用型に類別されたが、Aの正規1社一貫型は全体の2割であった。Eの非正規型は1割に満たなかった。

(2) A～Cの正規雇用型は男性に多く見られ、女性ではFの無職型が多かった。女性は、相対的にEの非正規型も多かった。

(3) 世代の変化を見ると、男女ともにA～Cの正規雇用型が増加していた。正規雇用型の増加と対をなして減少したのは男性ではDの自営型、女性ではDの自営型とFの無職型であった。Eの非正規型は最若年世代（一九九三年以降に離学）で増加しているが、これも自営型もしくは無職型の減少と並行しており、正規雇用型は減っていない。

(4) 学歴別に見ると、男性では高学歴がA～Cの正規雇用型の安定的なキャリアを歩み、中学卒ではDの自営型が多い傾向があった。女性では高学歴でAの正規1社一貫型とEの非正規型が多く、高学歴が安定したキャリア形成につながるとはいえない。低学歴ではFの無職型が高かった。

(5) 学歴と世代の関連を見ると、男性では高学歴では世代を問わずA～Cの正規雇用型のキャリアを歩んでいた。低学歴では近年、Eの非正規型とFの無職型が増加していた。女性では学歴にかかわらず正規型と非正規型が増加し、自営型と無職型が減少していた。

4.2 自営と無職の減少による非正規労働者の増加

賃金も安くいつクビを切られるかわからないパート、アルバイトといった働き方は不安定であるのみならず、能力開発の機会が限定されることが知られている。職業キャリア形成の点から、決して望ましいあり方とはいえない。そのため新卒時に非正規雇用にしないようにしたり、いったん非正規雇用された後も、正規雇用へ移動できるような雇用政策が施行されてきた。非正規型の初期キャリアを歩む可能性は若年で、高学歴より低学歴、男性より女性で確実に高い。その意味で、キャリア形成の不安定化は、もともと労働市場の周縁にいた人々に生じている現象ということもできる。

この章で明らかになったのは、「昔は正規雇用されてキャリア形成ができたのに、近年できなくなった」わけではないことである(15)。単純化をおそれずにいえば、昔

(15) 官庁統計や本章の分析で示してきたように、正規労働者数や正

は雇用されていなかった自営と無職が、新たに雇用セクターに参入して増加した労働力が、非正規雇用になっているのである。

4.3 救いは正規化にあるのか？

もしそうであれば、非正規雇用の問題を正規雇用化で解決しようとするのは、あまり現実的な選択とはいえない。グローバル化の進展など先行きの不透明な中で正規労働者を雇うことは、企業に大きな負担を強いる。景気が若干上向きになった二〇〇〇年代前半にも正規労働者数は、大きく増大しておらず楽観的な要素はあまりない。量的拡大が難しいとしたら、正規雇用という限られた椅子をめぐってすでにゼロ・サムゲームが展開されていると見ることができる(16)。正規雇用化をのぞめないとしたら、非正規雇用でキャリア形成する人々の存在を前提に、社会のしくみを変えていく必要がある。非正規を中心とした働き方でも職業キャリア形成が可能になり、人並みの人生が歩めるようにしなければならない。パイを増やせない労働市場のもとで下手に正規化を推し進めることは、かえって雇用を不安定化させることにつながりかねない。どのような方策がとれるのか問題が山積みであるが、個々人の実践からマクロな政策まで一つ一つは微々たる試みでも、着実な変革が求められているのである。

付記　二〇〇五 社会階層と社会移動全国調査の使用及び結果の発表にあたっては、二〇〇五年SSM調査研究会の許可を得た。記して謝意を表したい。

規雇用型の比率には一九九〇年代以降も大きな変化はなく、それまでと同じ水準を維持し続けている。

(16) ゼロ・サムゲームでは誰かの条件を悪化させることなく、ほかの誰かのそれを好転させることは難しい。では、雇用セクター以外でそのような人々を吸収する、たとえば以前の自営業や無職に回帰すればよいのかといえば、そうもいかないであろう。

【研究トピック8】孤立感　なぜ不安を抱くのか

カローラ・ホメリヒ Carola Hommerich

【帰属感の喪失】 日本の失業率は、一九九〇年の2・1%から二〇一〇年に5・1%へ上昇した。非正規就労の割合は、八〇年代半ばの15・8%から二〇一二年に35・2%となった（総務省統計局「労働力調査」）。安心社会からリスク社会へのこうした転換は、社会的下降と社会的排除への不安を呼び起こすであろう。一度このシステムから脱落すると、元に戻ることは難しい。近年の日本社会は人と人の間のつながりが薄くなった「無縁社会」であると指摘されることもある(1)。もう二度と元の場所に所属できないのではないか？　社会的に孤立するリスクは至る所にあるように思える。

そこで考えてみたいのが、どれほどの日本人が「自分は社会から取り残されている」と孤立感を感じているのかである。ここでは、二〇〇九年九月にドイツ日本研究所が行った「価値観と生活に関する日独比較調査」の調査結果を以下に紹介したい（表8・0）。

（1）橋木俊詔 2011『無縁社会の正体――血縁・地縁・社縁はいかに崩壊したか』ＰＨＰ研究所.

トピック表8.0

調査の名称	価値観と生活に関する日独比較調査
実施者	ドイツ日本研究所
母集団・標本数	全国に居住する20歳以上の男女　5,000人
標本抽出・調査法	層化二段無作為抽出法（全国250地点から抽出） 郵送調査
調査期間	2009年9月2日～9月25 日
有効回収数(率)	1,633人（32.7%）

この調査では、社会とのつながりを表す8つの事柄について、「全く当てはまらない」から「非常によく当てはまる」までの7段階の中の1つを回答者に選択してもらった。この中で8が一番強い孤立感を表している（表8・1）。

その結果、すべてに対して「全く当てはまらない」から「どちらともいえない」と回答し、孤立感をもたない人は78・3％であった。しかし、残りの21・7％は何かしらの孤立を感じると回答した。つまり、日本人の4分の3は自分を社会のメンバーと認識していたが、4分の1は社会から取り残されているのではないかという不安を抱いていることが明らかになった。

その原因としては、まず個人の生活状況が関係しているであろう。たとえば、失業、生活保護申請、ホームレスなどのつらい経験をしている人が、社会から取り残され、排除されていると感じるのは当然のことだ。したがって、具体的にリスクに直面している人が孤立をより強く感じていると考えられる。

これをデータで確認していこう。先の調査結果を学歴グループで比較すると、中学卒の孤立感は大学卒の倍以上であり、たしかに学歴が低い方が孤立を感じていた（図8・1）(2)。

第二に、世帯の合計年収を3つのグループに分けると、300万円未満が最も孤立感が強く、500万円以上が最も弱いが、高収入でも孤立感がないわけではない。

第三に、就業状態(3)を見ると、非正規雇用の方が正規雇用より孤立を感じる割合

トピック表8.1

1. 社会とのつながりを失うのが心配だ
2. 社会の変化についていくのは難しいと感じている
3. 社会から取り残されているという不安がある
4. 私の存在は社会から全く関心を払われていない
5. 社会に属していると感じられない
6. 社会において，自分が重視されていると思える場はどこにもない
7. 私は人から必要とされていないと感じる
8. 私は社会から排除されていると感じる

(2) 文中で触れる結果の差はすべて統計的に有意であった。
(3) 非正規雇用に派遣、パート、アルバイト、契約、臨時、嘱託、請負を含む。無職は現在仕事がなく求職活動中を含む。

が高い。しかし、際立って高いのは無職であり、52・9%が社会的孤立を感じていた。

客観的に不安定な生活状況であるほど、孤立を感じる可能性が高いが、安定した生活であれば感じないわけでもない。データから明らかなように、大学卒、高収入で、正社員として働いていても孤立を感じている。

【過剰な不安のメカニズム】 ではなぜ、客観的には社会の主流にいるにもかかわらず不安を抱くのであろうか？ その裏に二つのメカニズムが働いていると考えられる。

第一に、事実として貧困と失業のリスクが増加していることだ。生活保護の受給者は二〇一一年六月には初めて200万人を突破した（厚生労働省『被保護者調査』）。特に、就労可能な年代の受給者が増加している。しかも、そうした支援は、必要とするすべての人々が受けられるわけではない。いわゆる「ワーキングプア層」の人々は、働いているにもかかわらず、政府の規定する貧困ライン以下の生活をしている。彼らの収入では最低限の生活すらまかなえない。日本の相対的貧困率(4)は16%であり、OECD諸国の平均をはるかに超えている(5)。社会の底辺に追いやられる、あるいは社会との関わりから締め出されるリスクは、事実として大きいのである。

しかしながら、このリスクはすべての集団において同じではない。社会の底辺にす

トピック図8.1 N=1,633

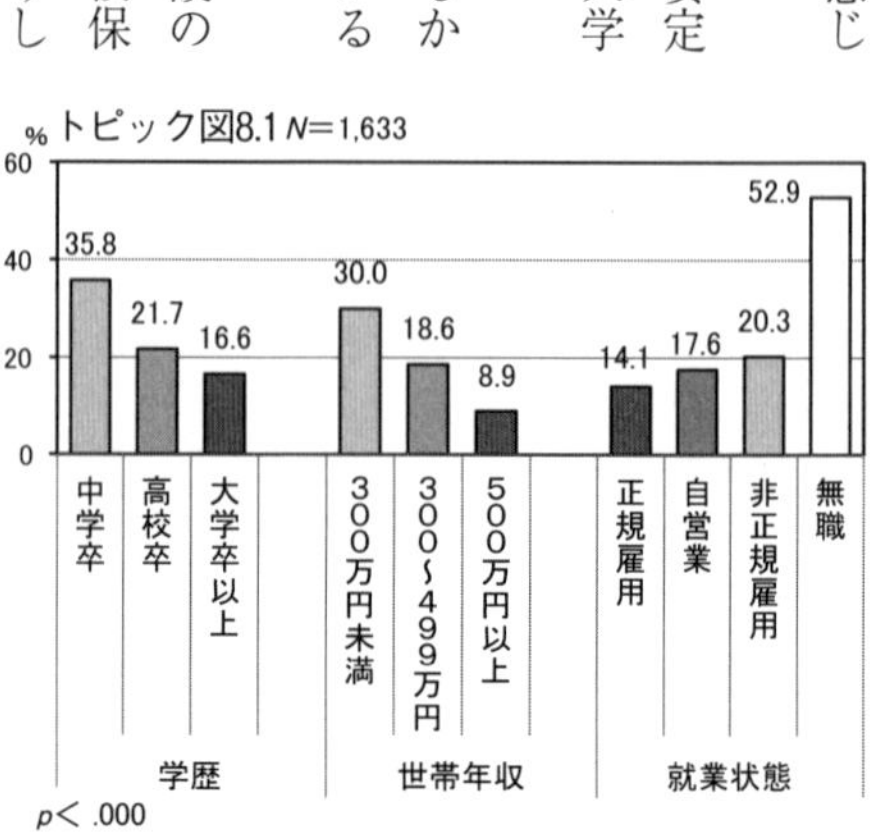

p< .000

（4）厚生労働省は、OECDが提供している貧困率の作成基準を用いて、「相対的貧困率」を等価可処分所得（世帯の可処分所得を世帯人員の平方根で割って調整した所得）の中央値の半分に満たない

でに追いやられている人々が直面しがちであり、中間層に属する人々がある日突然転落することは、それほど起こりそうにない。だがデータが示すように、客観的には安定した人々も孤立を感じている。

第二に、この「過剰な孤立感」は、社会的下降のリスクが短期間に増大したことに起因するであろう。突然社宅を追い出されるなど、慣れ親しんだ状況から、何の準備もなしに、どう対処したらよいか見当もつかない生活の危機に直面させられる。二〇〇〇年代初頭に格差社会の議論が拡がったが、それはリスクの過大評価につながった。社会的な孤立や排除とはどのような事実をさすのか、リスクの実態が具体的ではなかったことが、過大な不安や動揺をもたらした。日本人の大半は、どの年収ラインから下が貧困なのか、不正確なイメージしかもっていない。「年収300万円以下では結婚できない」というあいまいな噂話がメディアに取り上げられたこともある。

このようなリスクをめぐる議論では、社会的権利の最低ラインが現実に脅かされていることと、それに呼応して人々が孤立の感覚を持ち始めたことを区別しなければならないであろう。

世帯員の割合としている。平成二一年の貧困線（等価可処分所得の中央値の半分）は112万円（実質値）となっており、「相対的貧困率」（貧困線に満たない世帯員の割合）は16・0%となっている。平成二二年国民生活基礎調査の概況 http://www.mhlw.go.jp/toukei/saikin/hw/k-tyosa/k-tyosa10/2-7.html

（5）OECD, 2008, *Growing Unequal? Income Distribution and Poverty in OECD Countries*. Paris: OECD.

10 退職後

プレ団塊世代にとってサークル活動のジレンマとは

渡邉　大輔

1　問題

1.1　健康寿命の延び

本章では現代日本における退職後の過ごし方、退職後の活動の意味づけを、具体的なサークル活動の事例を通して考察する。

退職は、特に長期間企業で雇われて働く男性にとって、最も重要なライフイベントの一つである。この背景には、一九五〇年代半ばから一九七〇年代前半の高度経済成長期に性別役割分業に基づく「戦後家族モデル」(1)が構築されるとともに、企業で働く人が主流になり、一九六〇年代半ば以降、定年制を採用する企業が多くを占めるようになったことが挙げられる(2)。定年年齢は、一九七〇年までは55歳、一九七〇年

（1）山田昌弘（2004）

（2）二〇一三年時点で92・3％の企業が定年制を採用している。厚生労働省（2013）。定年制の歴史は佐口和郎（2003: 281-332）を参照のこと。

から現在まで60歳が主流となっている(3)。この変化は高齢化に伴うものである。

高度経済成長期以降、日本の人口高齢化は急速に進んでいる。高齢化率(4)は二〇一三年九月時点で25・0%であり、4人に1人が65歳以上の高齢者である。少子化による高齢世代人口の相対的増加という人口バランスの変化とともに、長寿化もまた重要な要因となっている。実際、65歳まで生きる人の割合(65歳時生存率)は、一九四七年は男性39・9%、女性49・2%であったが、現在ではそれぞれ9割前後まで延びている(5)。**図10・1**は65歳時平均余命の推移である。65歳まで生きた人が、その後平均何年生きるかを示す。一九四七年時点では、男性は11・4歳、女性は13・4歳であったが、二〇一〇年時点では男性18・7歳、女性は23・8歳まで延びた。すなわち、65歳男性は平均83・7歳まで、女性は平均88・8歳まで生きる。

この長寿化は、公衆衛生状況の改善や、医療技術の進展などによってもたらされた。さらに、高齢者の健康度はこの二〇年間上昇し続けている(6)。高齢者の健康度は二〇三〇年頃をピークとして、その後は徐々に低下することが予想されているが、現在の高齢世代、そして現在40代以上の人々の高齢期における健康度は高い(7)。その結果、多くの人々が退職後の年月を健康に過ごす可能性が高いという歴史的に例を見ない状況が生じており、またこの退職後の時間は二〇年近く続く(図10・1)。

この平均余命の伸張と、定年制による労働市場からの退却に対応するべく、さまざまな形で社会保障の充実がはかられてきた(8)。社会保障制度の整備によって、お金

(3) 二〇一三年に改正された高年齢者雇用安定法では、60歳の定年を迎えた労働者のうち、希望者全員の65歳までの雇用を義務づけている。

(4) 一般に65歳以上を高齢者と呼び、高齢化率は総人口に占める65歳以上の割合を意味する。人口高齢化の最も一般的な指標であり、近年は75歳以上を後期高齢者、65〜74歳を前期高齢者と呼ぶ。

(5) 厚生労働省(2012)

(6) 鈴木隆雄ほか(2006)

(7) この知見は学童期の運動能力データや職域の健診データなどから推測された知見である。鈴木隆雄(2012)

(8) Pierson (1991=1996); Phillipson (1982)

(9) 上野千鶴子(1993: 139-40)

(10) たとえば、デイビスらはテレビ視聴の分析から、受動的に過ごす高齢者の増大について分析している。Davis and Davis (1985)

を稼ぐことが難しい高齢者も一定の生活水準を保障されるようになり、次なる労働を強いられることは少なくなった。現役時代は労働時間が生活の中心に位置してきたのに対して、退職後の男性は特に「自由な時間」に満ちている。自由な時間の獲得に躍起になる現役層に対して、高齢層が「時間貴族」(9)と呼ばれるゆえんである。

産業化の進展に伴い、これまでになく長い退職後をどう過ごすかが、個人と社会にとって重大な関心事となっている。

1.2 自由な時間を過ごすことの困難

自由な時間をどのように消費するかは、一般的に個人の趣味や嗜好により、個人的な問題となる。だが、高齢期の自由な時間を受動的に過ごすことしかできない人の悩みやその増大が指摘されている(10)。

ともすれば、人々はこの自由な時間を漫然と過ごしてしまう。そして、しばしば私たちは、退屈に過ごすことは時間の無駄であり、よくないことであると考える。バウマンはこの点を、消費社会において労働倫理から消費の美学に価値が移っていることから分析する。バウマンは、消費社会においては「退屈しないことこそ消費者の生活の規範であり、そして現実的な規範、到達が可能である目標である」(11)と論じる。そして、その目標に到達できない

図10.1

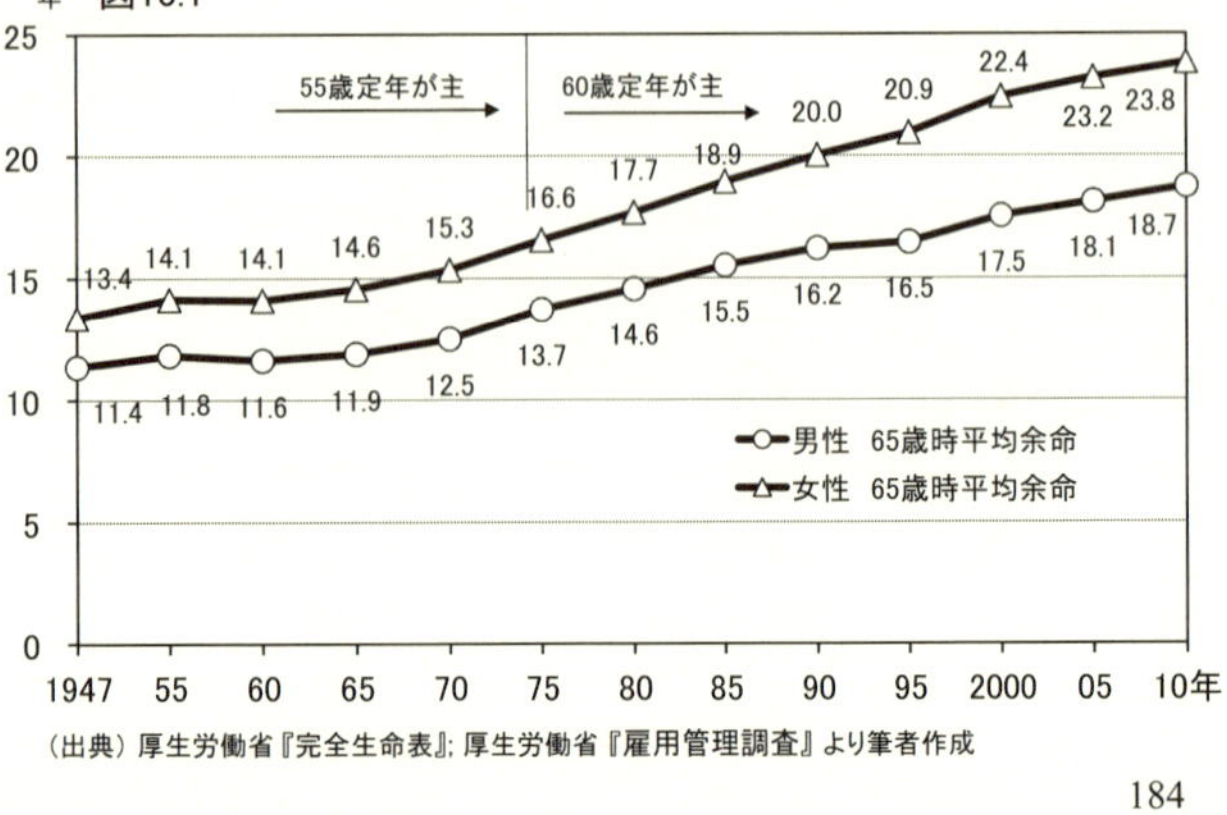

（出典）厚生労働省『完全生命表』; 厚生労働省『雇用管理調査』より筆者作成

(11) Bauman (1998＝2008). 引用は原著を参照した。

ものは自分自身を責め、他者からは軽蔑されるようになってしまうと指摘する。消費社会では、他者から評価され、他者との差異化を図ることができるような消費の美学に基づく自由な時間の消費が求められる。それゆえ、退屈せずに時間を過ごすことができるノウハウ、あるいはその獲得が問題となり、自由な時間に満ちた「退職後」の過ごし方はより重要となる。

誰もが一人で充実した退職後を過ごせるわけではない。むしろ一人で過ごすノウハウをもつ者は少数派である(12)。そこで本章では、複数の当事者が自発的に集うサークル活動に焦点をあて、退職後の自由な時間を複数の人たちと過ごす実態と意味を考察する。

2　対象と方法

2.1　調査方法

本章では、二〇〇五～〇九年まで筆者自身がメンバーの一人として参加しながら観察を行ったサークルSへのフィールド調査である、参与観察法のデータをもちいる。また、メンバーへのインタビュー・データもあわせて使用する(13)。

(12) 上野(1993: 146)

(13) 事例の一部を改変し、固有名詞はアルファベットで表記した。また、発言内の［　］は筆者の補足である。

2.2 調査対象の概要

サークルSは関東近郊のA市にて活動し、竹炭を製造、販売する退職者を中心とした自主運営のサークルである。A市は近隣の大手メーカーやその系列企業や下請けも多く、製造業が盛んである。サークルSはA市の農業地区にある。発足のきっかけは、敷地とその裏手の竹林を所有する専業農家のCさんが、竹林の手入れをしつつその竹で何かできないかと考えたからであった。友人であるKさんと相談し、ひとまず始めてみることになったのが二〇〇四年の春である。その後Aさんがサークルの設立メンバーとなり代表となる。

サークルの発足時点（二〇〇四年一二月）での会員は15名（女性3名）である。二〇〇九年の時点で、正会員21名（女性6名）、準会員10名の計31名を数え、退職者が7割程度である。活動日（月4回）に参加している会員は10～15名ほどであり、その他はたまに顔を出す程度である。数名のメンバーは活動日以外の日にも日常的に活動場所に集い、何がしかの作業を行ったりお茶を飲んだりしている。

サークルSの主たる活動は、竹炭と竹酢液の製作と販売である。竹酢液《ちくさくえき》とは、竹炭を作成する際に出る煙を冷やして得られる木酢液の一種である。サークルSでは長い煙突をもちいて竹酢液の原液を採取し、それを何度か蒸留することで製作している。消臭や虫除け、入浴時に浴槽に一、二滴入れるとより暖まるなどの目的で使われる。

当初は近隣の二ヵ所の店で細々と売っていたが、二〇〇六年三月より近隣自治体の農協の直販場にて竹炭と竹酢液、有志が作っている竹細工の販売を始め、質がよく安価であることからよく売れている。売り上げはすべて会の運営資金となり、メンバーへの配分は行わず、非営利的に活動している。この竹炭などの製作に加えて、サークルのパーティ、地域の祭りへの参加、地域の子どもたちを集めての竹細工の作成教室（年に一回程度）を行っている。

活動場所の設備は、メンバーが自作したものである。竹炭を焼く窯、竹酢液を精製する蒸留装置、生の竹を乾燥させ保管する倉庫、休憩できるプレハブの小屋などいずれもメンバーが資材を持ち寄り、自分たちで設計して建てたものである。また窯は二〜三年に一回程度の頻度で新しく作り直すなど、独自の創意工夫をこらしている。

2.3　メンバーの属性

メンバー19人の平均年齢は66・9歳である（二〇〇九年一〇月時点）。一九三〇年代後半〜四〇年代に生まれた人が中心であり、団塊の世代(14)より3〜10歳ほど年長の「プレ団塊の世代」である。最終学歴は多様で高校卒（7人）が中心、多くは本人か夫が退職しているため、おもな生計手段は公的年金のみ（11人）が最も多く、その年金は厚生年金が大半である。また、メンバーの半数近くが東北や関東甲信越地方の出身であり、集団就職で東京に出て就職し、企業の工場移転などに伴い、現在のA市に移り住んだ人が半数以上となっている（表10・1）。

表10.1　$N=19$

最終学歴	%	n	おもな生計手段	%	n
中学校	21.1	4	公的年金のみ	57.9	11
高校	36.8	7	公的年金＋就労	15.8	3
高校・専門学校	15.8	3	公的年金＋その他	10.5	2
大学	26.3	5	就労のみ	15.8	3

（14）団塊の世代とは、第二次世界大戦後の一九四七〜四九年の三年間に生まれた人々を指す。第一次ベビーブーマー世代とも呼ばれ、三年間の出生数が二五〇万人を超えている。

3　分析結果――サークルSでの退職後の活動

3.1　参加以前の暮らし

サークルSに参加する以前に、どのような生活を送っていたのであろうか。その典型として、サークルSの代表Aさん（男性、60代半ば）の語りを紹介したい。

【退職直後の暮らし】

筆者　［退職された後は］どうされていたのですか？

Aさん　いやあのね、本がとにかく好きなもんですから、とにかく時間があるんだから本をたくさん読んでやろうって。本当に読みました。やっぱりね、家の中閉じこもっていたら家族にも迷惑かけるし、自分でも情けなくなってくるしね（苦笑）。で、そのうちに野球見たりするんで、大リーグのことにやたら詳しくなっちゃいましてね(15)。それで、「はっ」と気づいたんだよね。そんなもんでいいのって。これでいいのって思って。……（中略）……で、家にいちゃいけない、外に出なきゃいけないって、テレビでさんざん言うし本にも書いてあるけど、じゃ俺はどこに行けばいいんだって。それが発端ですね。それはないよね、って自分で思った。

(15) この時期は、イチローが大リーグで活躍し、衛星放送などで多くの試合が中継されていた。

Aさんは定年退職まで製造業に従事していた。退職後の戸惑いを率直に語っている。まさにバウマンのいう「不適格な時間の消費者」にならないために、「家にいちゃいけない、外に出なきゃいけない」と思うのである(16)。しかし、その場所をAさんは持っていなかった。これまでの生活は家と会社を往復する日々で、地域に何らの縁も持っていなかった。Aさんは、この後、近所で家庭菜園(17)を始める。さらに、その縁でサークルSの設立メンバーとなり代表となる。

このような語りは、多くの男性メンバーに共通するものである。製造業技術者への雇用延長などによって60歳以降も働いた経験を持つ人はいたが、退職後をどう過ごすかを事前に準備したり、企業から退職準備講座の提供を受けたり、あるいは前の世代の経験を参照した人はほとんどいなかった。団塊の世代よりも前の世代である彼らは、退職後への準備をすることがなく、実際にどう過ごすかに悩むのである。

(16) このような発言は他の国々にも見られる。藤田真理子(1999);Tanner (2010)

(17) 退職後に家庭菜園を始める人は多い。これは、たんに有機野菜ブームで、健康への関心が高いだけではなく、たとえばAさんは地方出身であり、子どもの頃から農作業になじみがあった。

3.2 日々の活動

サークルSでの日々の活動はどのようなものであろうか。

竹炭の製作プロセスは、複雑なものではない。図10・2に示したように、窯焚き(炭を焼く)と炭磨き(18)(炭を商品にする)に分かれる。竹酢液の蒸留という工程もあるが、人手がかからないためほとんど1人のメンバーが担っている。そのため、実

(18) 焼いた炭の表面をタワシでこすって表面の煤やカスを落とす作業。

質的には、窯焚きと炭磨きがふだんの作業であり、これに春の季節労働として竹林の整備を兼ねた竹の伐採と竹割り(19)（生竹を切る作業）が加わり、活動の9割程度を占める。

一つ一つの作業のほとんどは単純作業であり、工夫を凝らす余地はそれほど多くはない。女性メンバーは女性同士で集まってよもやま話をしながら作業することが多い。男性メンバーはその会話に加わったり、あるいは、寡黙に淡々と作業することも多い。昼休みには一緒にご飯を食べて話もするが、つねにコミュニケーションを取りながら和気あいあいとした作業をするわけではない。

3.3 試行錯誤の「ものづくり」

それでは、メンバーはなぜサークルSに関わり続けるのであろうか。サークルSの主な活動は、竹炭や竹酢液の製造と販売と竹林の整備である。ただし、竹炭づくりそれ自体に興味をもっている人は少ない。

もちろん、竹炭を製作するプロセスにおいて、特に炭磨きなどでは竹炭の評価についての会話がなされることも多い(20)。それは、炭磨きが炭に直接触れる作業であり、質が悪いと折れやすいなど竹の質を実感しやすいからである。しかし、だからといって積極的かつ合理的に炭の質をコントロールしようとしてはいない。Aさんは、サークルSでの活動について次のように話す。

(19) 刈った竹を電動のこぎりで必要な長さに切ったうえで、鉈で縦に六等分ないし八等分に割り、中の節を取り除く作業。手作業で行うため、非常に重労働である。

図10.2

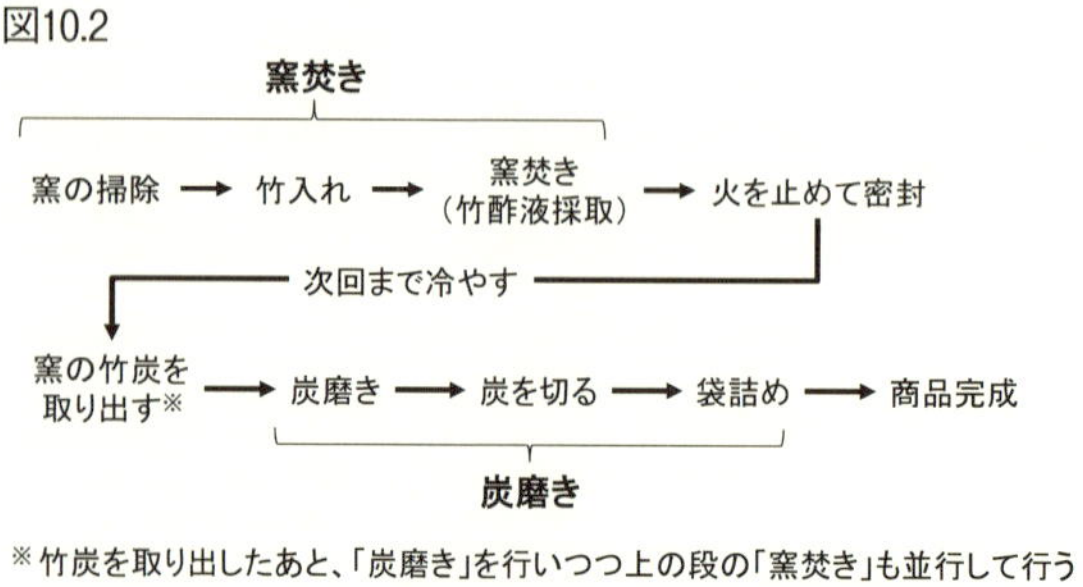

※竹炭を取り出したあと、「炭磨き」を行いつつ上の段の「窯焚き」も並行して行う

【試行錯誤のものづくり】

Aさん　いや、なんにしても道具にはあまりこだわらない。どっちかっていうと、［頭を指しながら］ここのタイプなんだよね。「よしこれをやろう」って行ったら、どんどんとはまっていっちゃう。「これで失敗したから、今年はこれをこうしよう」「あの人に聞いてみよう」とかさ。それで聞いて結果がよければ報告に行こうって。そういう楽しみなんですよね。竹炭もそうなんですよ。なかなかOKな品ができないことが楽しみなんですよね。またこうやってみようってね。それが一つの起爆剤になってる。だから、簡単に物ができたら困るのかもしれない。なかなかうまくいかないところが、みんな燃えてやる理由なのかもしれないね。簡単にOK品がいつも取れたら、つまらないかもしれないね。

Aさん　ものづくりへの思いって言うのかな。ものを作るってことへの考えがね。僕は［退職前から］これまで、それをずっとやってきたから。

Aさんは、サークルSの「全然うまく行かない」状況を楽しんでいる。「なかなかOK品ができないことが楽しみ」であり、そして「OK品」を作るために考え、人に相談し、そして実際に行う試行錯誤のプロセスそれ自体に意義を見いだしている。窯の天井や壁、石材で固めた床、火の番をするベンチなどをすべてメンバーが設計し、手作りした（**写真10・1**）。これらの設備も日々改良や修理を重ねており、Aさ

(20) よく焼けた炭は、炭同士をぶつけるとキンと高い音がする。焼けがあまいと炭がボロボロであったり、炭同士をぶつけても鈍い音しかしない。このように、外見やもろさ、音などを総合的に判断しながら、その良し悪しを評価している。

んの話す「ものづくり」の重要なプロセスとなっている。二〜三年に一度、窯を作り直したり、小屋などの設備を充実させることもこの一環である。

Aさんをはじめ、メンバーの多くは製造業に勤めていた経験があり、その経験への自信を強く抱いている。製品が目的の活動ではなく、活動それ自体のプロセスを重視し、それを「ものづくり」と呼んでいる。

また、このような試行錯誤はものを作るだけでなく売る側面にも表れている。Jさん（男性、60代半ば）は、次のような提案をしている。

【新しい提案】

Jさん　だからもっとね。竹炭をただ袋に詰めて売るだけでなく、他の容器かなんかに入れて売れるようなものを作っていかないと。そうすればもっと収益が上がると思うんだよね。

筆者　それは見栄えもよくなるし、もう少し興味をもたれると。

Jさん　そう。去年の［地域の］文化祭で竹を切って筒を作って、それをバーナーで焼いて入れたものとか、かごに入れたりして作ったんだよ。かごは百円ショップのを買ってきて詰めて。かごまでは作れないけど。一番簡単なのは竹を焼いて入れると。ああいうのを作って、そこに［竹炭を］詰めて売れば全然違うと思う。

筆者　もっと工夫して売れるような仕掛けを作っていった方がいいと。

写真10.1

筆者撮影（2007）

Jさん　うん。そう。そうするのがいいし、いろいろするのが楽しい。

このJさんの提案は後に、飾り用の竹炭（細い枝などを焼いた炭であり、観賞や装飾用）を作る際に取り入れられ、竹を斜めに輪切りした容器に炭を入れて売るようになっている。このようなちょっとしたアイデアを活かすことも試行錯誤のプロセスと位置づけられている。「ものづくり」は決められた活動ではない。ものを作る際に、そこに自分自身のアイデアや工夫を組みこむ余地があり、それを何らかの形で求める実践を「ものづくり」と呼んでいる。

3.4　増産のための管理とためらい

サークルSでは二〇〇六年頃から竹炭製品がよく売れるようになり、売上げは二〇〇四年の開始時に比べて、〇六年に倍、〇八年には四倍になった。これは、農協の直販場で販売するようになったことが原因である。それまでよりも多くの炭を作るようになった結果、月4回の活動日以外にも、数名のメンバーが自主的に作業を行わなければ「回らない」（品切れになる）事態が発生する（写真10・2、10・3）。

ほとんどの活動日や活動日以外にも参加していたDさん（男性、70代前半）は、竹炭がよく売れる以前は、サークルSという場について「勝手なことがやれていいよ。やらないといけないことがそんなに決まっているわけでもないしね」と活動のノルマ

写真10.2

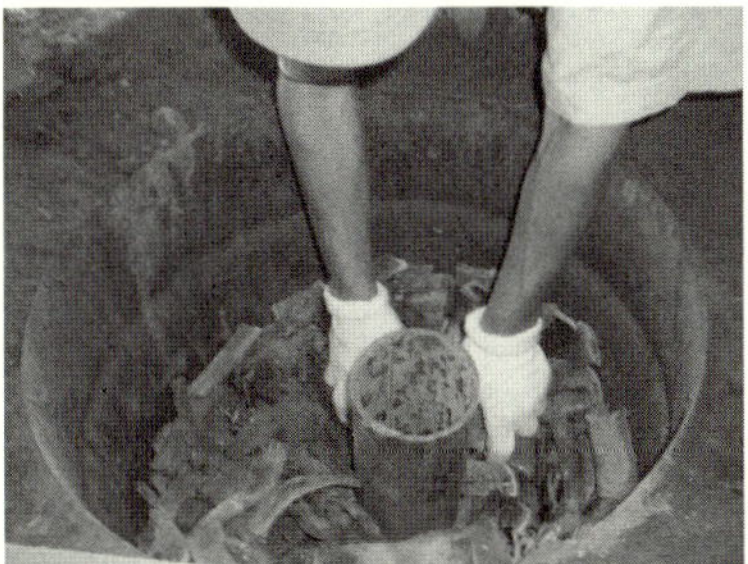

筆者撮影（2007）

が存在しないことを肯定していた。しかし、増産が必要になった後には「今の2・5倍くらいまで」は量を増やすことができるとして次のように語る。

【活動のインセンティブ】

Dさん　一ヵ月に4回の活動日だけでは、この活動はうまく行かないと思うよ。……（中略）……いつ頃かになったら、さらに発展してマニュアルを作って。マニュアルというのは、いつも変更されるものなんだけどな。会社でいう、待機中の事故だとか怪我だとかそういうものも入ってくるかもしれないしな。この前も［ミーティングの時に話に］出たんだけど、準備のために来た時に、ある人が「一日千円くらいの手当を出したらどうだ」という話が出たんだ。だけれども、「それはだめだよ」という言い方をしたんだ。なぜかというと、それに出しちゃうと、他にそれこそちゃんと来て運んだり作ったりして、収入を出さないといけない。やがては、不平不満が出てきて困るなと。絶対に出ると思うからな。ただ、一日出たら最低500円くらいのものと、プラス何か出せるような状況になればいいんだけどなと。それからスタートしないといけないのかなと。出席率を上げる方法を考えなくちゃいけないのかなと。

参加者に何らかのインセンティブを付与し、参加率を上げ、誰でも参加できるよう

「マニュアル」を作ってはどうかと指摘する。実際にお金か否かは別にして「お弁当くらい」出そうという声も挙がった。そこで、二〇〇六年夏頃より活動日毎回ではないが、運営費を使って、ジュースやお菓子を配ることがある。ただし、これらが参加へのインセンティブになるかといえば、誰もそう考えていない。

サークルSでは作業能力の違いは問題にされない。調査の間、何かができないから会をやめてもらう、あるいは特定の活動から除外するという光景は一切見られなかった。しかし、増産が求められるなかで、参加するかしないかが大きな問題となっている。これは、「仲間」と見なす範囲が、「これまでサークルSに関わってきた人」から「今現在、サークルSで活動している人」へと変わりつつあることを示唆している。

【サークルSの活動について】

筆者　たしかに、［サークルSでの活動は］仕事ではないという感じがすると。

Bさん　仕事じゃないよね。仕事だったら、俺、ちょっとこの間［ミーティングの際に］言い張ったんだけどさ、もうちょっといい竹酢液を作ろうとかさ、ちょっと話したべ。ああいう［生産をしっかり管理していく］方向に持っていくとね。あんなこと僕は言っているけどさ、きっとつらくなると思うんだよね。（笑）

「この間」のミーティングで言い張ったこととは、竹酢液の質の向上を目指すため

写真10.3

筆者撮影（2007）

の具体的な方法についてである。Bさん（男性、60代後半）は、竹酢液の採取や蒸留について、なんのデータも取らずに、すべて個々人の経験と勘で行われていることに疑問をもっていた。そこで、当面の課題として、気温や採取量、蒸留時間などについてメモを取って、品質管理に役立ててはどうかという提案をしていたのである。

引用した発言は、そのミーティングから二週間ほど後のものである。その際、Bさんはみずからの発言に懐疑的な意見を述べていた。Bさんは、「仕事」として行うのであれば、自分が提案した管理をしていく「方向」に持っていくことが重要であり当然と考えている。しかし、このような一見合理的な発想を突き詰めると、「きっと辛くなる」のである。

自発的によりよい製品づくりのための管理を提案しつつ、それを実際に適用することには疑問をもち、ためらいを感じるという矛盾が見てとれる。そして、このような矛盾はサークルSの実践において至る所に見られるのである。

4　まとめ

4.1　退職後における過去とのつきあい方

サークルSのものづくりの実践は、メンバーの多くがこれまで製造業に従事してきた経験によって支えられている。そして、ものづくりでの試行錯誤は、過去の就労経験を生かして竹炭製作に挑もうとする態度であった。ポイントは、活動をより良くしようとする際に、過去の経験を参照枠として設定している点である。Dさんのマニュアルの提案やBさんの竹酢液の品質管理の提案に表れていたように、働いた経験を踏まえて目の前の問題を改善したいと思いつつ、現役時代のようには働きたくないという「過去の経験への両義的な感覚」(21)を持ち、退職後という時間を過ごしている。

この経験は、プレ団塊世代の影響を強く受けている。この世代の男性の多くは、高度経済成長期の製造業が最も盛んな時期に地方から都市に移動して就職し、結婚し、現在に至るまでの人生の多くの時間を企業で働いて過ごしてきた。それゆえに、退職後の自由な時間を過ごす地縁やノウハウを持たない人が多い。

いつまでも過去をひきずってはいけない、前歴や学歴などを話してはいけないという指摘がなされる。「自分と相手の前歴を言わない、聞かない」というタブーの理由は「引退すればみな同じ。過去の栄光より現在のありのままを受けとめあおう」という(22)。しかし、筆者が見る限り、過去の経験をやみくもに振りかざすメンバーはほとんどいない(23)。そのような行為が嫌われることは、誰もがよく理解している。つねに栄光にしがみつくわけではないが、多くの退職者が過去の栄光を大切にしているのは、それ以外の参照枠を持ちにくいライフコースを経験してきたからであろう。

重要なのは、過去の経験とどのようにつきあうかという営みにある。退職後を過ごす際に重要なことは、過去を披瀝したり覆い隠すのでもなく、自己や他者の経験を尊重しつつ、自己の経験を参照枠としてあらゆる活動に無理やりあてはめない、ゆるや

(21) Watanabe (2008)

(22) 上野 (2009: 191)

(23) 筆者のこれまでの経験から、このような任意のサークル活動や地域活動ではなく、NPOやボランティア団体での管理ポジションにいる高齢者ほど、過去の経験を語りたがる傾向にあると考えている。

かなつきあい方なのである。

4.2　社会格差の広がりと退職後のゆくえ

今後の退職後を考えるうえで、サークルSから得られた知見が二点ある。

第一に、後期高齢期における健康リスクを踏まえた、管理を強めすぎない実践についてである。第1節において示したように、退職後の時間と健康寿命は過去の世代に比べて延びている。しかし、亡くなる直前まで健康でいることは難しく、特に75歳以降の後期高齢期には健康低下のリスクは大きくなる。そのため、多少の健康リスクがあっても継続できるような活動の機会や人間関係を保持できるかが重要となる。サークルSにおける、管理を強めすぎない実践は、本人の身体状況によらない参加を可能にしている。長い退職後の時間において、同年代の人々とともに活動を継続するために、この実践は必須条件となる。

第二に、同世代の退職者とともに活動をする前提条件の変化についてである。これは、世代の違いによる就労経験の変化と、高齢期の社会格差の増大にかかわる。サークルSで活動する人々を結びつけてきたものは、「ものづくり」にたずさわってきたというプレ団塊の世代における共通経験であった。しかし、団塊の世代以降、退職者の就労経験も製造業中心から、金融やサービス業など第三次産業へと変わっている。そのため、これからの世代において「ものづくり」に変わる世代的共通経験をどのように把握し、多様な人々を結びつけるかが課題となる。

一九九〇年代以降、少子高齢化に伴い、高齢者のいる世帯間の経済格差が増大している。特に高齢者のみの世帯間の経済格差はそれより大きく、退職後を過ごす人々の経済格差は今後より広がることが予想される(24)。さらに、公的年金の受給年齢の引き上げや医療費負担の増加などが進むなかで、現役時代の資産形成などの影響をより大きく受けることが予想される。サークルSでは学歴は多様で、過去の年収のばらつきも大きかったと思われるが、年金生活によって格差は顕在化していない。しかし、世代内の経済格差が広がるなかで、活動をともにできる経済的、社会的基盤をどう形成するかが、団塊以降の世代の活動支援の課題となる。

(24) 白波瀬佐和子(2005)

文献

Bauman, Zygmunt, 1998, *Work, Consumerism and the New Poor*, Philadelphia: Open University Press.(=2008 伊藤茂訳『新しい貧困――労働・消費主義・ニュープア』青土社.)
Davis, Richard H. and Davis, James A., 1985, *TV's Image of the Elderly: A Practical Guide for Change*, Lexington: Lexington Books.
藤田真理子 1999『アメリカ人の老後と生きがい形成――高齢者の文化人類学的研究』大学教育出版.
厚生労働省 2012『第二一回生命表(完全生命表)の概況』http://www.mhlw.go.jp/toukei/saikin/hw/life/21th/index.html(2013.12.1 取得).
―― 2013『平成二五年就労条件総合調査結果の概況』http://www.mhlw.go.jp/toukei/itiran/roudou/jikan/

syurou/13/gaiyou02.html（2013.12.1 取得）.
Phillipson, Chris, 1982, *Capitalism and the Construction of Old Age*, London: Macmillan.
Pierson, Christopher, 1991, *Beyond the Welfare State?*, Oxford: Basil Blackwell.（＝1996, 田中浩・神谷直樹訳『曲がり角にきた福祉国家――福祉の新政治経済学』未來社.）
佐口和郎 2003「定年制度の諸相」佐口和郎・橋本秀一編『人事労務管理の歴史分析』ミネルヴァ書房 281-332.
佐藤郁哉 2006『フィールドワーク――書を持って街へ出よう』増訂版 新曜社.
白波瀬佐和子 2005『少子高齢社会のみえない格差――ジェンダー・世代・階層のゆくえ』東京大学出版会.
鈴木隆雄ほか 2006「日本人高齢者における身体機能の縦断的・横断的変化にかんする研究」『厚生の指標』53（4）:1-10.
鈴木隆雄 2012『超高齢社会の基礎知識』講談社.
Tanner, Denise, 2010, *Managing the Ageing Experience: Learning from Older People*, Bristol: Polity Press.
上野千鶴子 1993「高齢化社会と時間消費」樺山紘一・上野千鶴子編『二一世紀の高齢者文化』第一法規 139-55.
―― 2009『男おひとりさま道』法研.
山田昌弘 2004『迷走する家族――戦後家族モデルの形成と解体』有斐閣.
Watanabe, Daisuke, 2008, "Group Activity of Older People and Ambiguity of Work Experiences: The Case Study of Three Retirees in One Bamboo Charcoal Making Club in Japan," The 6th International Symposium on Cultural Gerontology, Lleida, Spain. 2008.10.16-18.

著者紹介（執筆順）

辻　竜平（つじ　りゅうへい）２章　人間関係
1968 年生　カリフォルニア大学アーヴァイン校博士課程修了
信州大学人文学部准教授　Ph.D. in Social Science
専門分野：社会ネットワーク分析
主著：2014『ソーシャル・キャピタルと格差社会』（佐藤嘉倫と共編）東京大学出版会

谷本　奈穂（たにもと　なほ）３章　美容
1970 年生　大阪大学人間科学研究科博士後期課程修了
関西大学総合情報学部教授　博士（人間科学）　専門分野：文化社会学
主著：2008『美容整形と化粧の社会学』新曜社

秋吉　美都（あきよし　みと）４章　音楽
シカゴ大学大学院社会学部博士課程修了
専修大学人間科学部教授　Ph.D. in Sociology
専門分野：情報行動のミクロデータ分析
論文：2013, "Missing in the Midst of Abundance: The Case of Broadband Adoption in Japan"（with Motohiro Tsuchiya and Takako Sano）. in *The Digital Divide: The Internet and Social Inequality in International Perspective*, Massimo Ragnedda and Glenn W. Muschert eds., Routledge.

見田　朱子（みた　あきこ）５章　幸福
1982 年生　東京大学大学院人文社会系研究科社会学専攻博士課程満期退学
専修大学人間科学部非常勤講師　社会学修士　専門分野：社会意識，幸福論
論文：2008「社会指標研究における，社会指標運動と『規範／記述』論争の位置づけ」『ソシオロゴス』32

開内　文乃（ひらきうち　ふみの）６章　恋愛と結婚
一橋大学大学院言語社会研究科博士後期課程満期退学
成蹊大学・常磐大学非常勤講師　　専門分野：家族社会学，ジェンダー理論
主著：2012『絶食系男子となでしこ姫』（山田昌弘と共著）東洋経済新報社

筒井　淳也（つつい　じゅんや）７章　家族
1970 年生　一橋大学大学院社会学研究科満期退学
立命館大学産業社会学部教授　博士（社会学）
専門分野：計量社会学，家族社会学
主著：2008『親密性の社会学』世界思想社

相澤　真一（あいざわ　しんいち）８章　教育

1979 年生　東京大学大学院教育学研究科博士課程修了
中京大学現代社会学部准教授　博士（教育学）
専門分野：教育社会学，社会階層論
主著：2014『〈高卒当然社会〉の戦後史』（香川めい・児玉英靖と共著）新曜社

香川　めい（かがわ　めい）９章　仕事

1976 年生　東京大学大学院教育学研究科博士課程単位取得退学
東京大学社会科学研究所特任助教　専門分野：教育社会学，労働社会学
主著：2014『〈高卒当然社会〉の戦後史』（児玉英靖・相澤真一と共著）新曜社

渡邉　大輔（わたなべ　だいすけ）10 章　退職後

1978 年生　慶應義塾大学大学院政策・メディア研究科後期博士課程単位取得退学
成蹊大学文学部専任講師　博士（政策・メディア）
専門分野：老いの社会学，ライフコース論
主著：2012『社会調査の応用』（共編著）弘文堂

研究トピック

金井　雅之（かない　まさゆき）１温泉

1971 年生　東京大学大学院総合文化研究科国際社会科学専攻博士課程修了
専修大学人間科学部教授　博士（学術）
専門分野：社会階層論，社会関係資本論
論文：2010「個別的社会関係資本と集合的社会関係資本の相互関係─観光まちづくりを事例として」『理論と方法』25(1)

朝倉真粧美（あさくら　まさみ）２テレビ

1964 年生　東京女子大学大学院現代文化研究科現代文化専攻修士課程修了
株式会社ビデオリサーチテレビ調査局数理統計部専門職副部長　修士(学術)
専門分野：調査研究法
論文：2008「訪問調査の回答者の属性─大都市居住者に着目して」『立教大学大学院社会学研究科年報』15

今田絵里香（いまだ　えりか）３雑誌

1975 年生　京都大学大学院人間・環境学研究科博士後期課程単位取得退学
成蹊大学文学部准教授　博士（人間・環境学）　専門分野：教育社会学
主著：2007『「少女」の社会史』勁草書房

常松　淳（つねまつ　じゅん）　**5 トラブル**
1969 年生　東京大学大学院人文社会系研究科博士課程修了
日本大学法学部助教　博士（社会学）　専門分野：法社会学，責任の社会学
主著：2009『責任と社会』勁草書房

飯田　高（いいだ　たかし）　**6 法律知識**
1976 年生　東京大学大学院法学政治学研究科修士課程修了
東京大学社会科学研究所准教授　専門分野：法社会学，法と経済学
主著：2004『〈法と経済学〉の社会規範論』勁草書房

森　いづみ（もり　いづみ）　**7 塾**
1981 年生　ペンシルバニア州立大学教育理論政策学科博士課程修了
東京大学社会科学研究所付属社会調査・データアーカイブ研究センター助教
Ph.D. in Educational Theory and Policy　専門分野：教育社会学，比較教育学
論文：2014「なぜ大学に進学する人としない人がいるのか—文化資本」数理社会学会監修／小林盾ほか編『社会学入門』朝倉書店

カローラ・ホメリヒ（Carola Hommerich）　**8 孤立感**
1978 年生　ケルン大学経営・経済学部社会科学研究科博士課程修了
ドイツ日本研究所上級研究員　博士（社会学）
専門分野：社会階層論，比較文化論
主著：2009, *Freeter und Generation Praktikum: Arbeitswerte im Wandel? Ein deutsch-japanischer Vergleich*, Iudicium

人名索引

事項索引

さ行

付録

2009年 暮らしについての西東京市民アンケート

成蹊大学アジア太平洋研究センター　共同プロジェクト
アンケート実施責任者　文学部准教授　小林《こばやし》　盾《じゅん》
（保谷小学校、ひばりが丘中学校卒業、１９６８年3月生まれ）

■このアンケートの目的について

・このアンケートは、西東京市民のみなさんの暮らしぶりを調べています。西東京市は、都市近郊にありながら豊かな自然を残しており、日本社会の典型例といえるからです。回答を集計することで、日本社会のよりよい未来を考えます。

・成蹊大学アジア太平洋研究センターの研究プロジェクトとして実施しています。強制ではありませんが、どうかご理解のうえご協力をお願いいたします。

・お礼として図書カードを同封しました。ご利用ください。

■どうして私が選ばれたのですか？

・アンケート対象者のみなさんは、西東京市民の３５歳から５９歳までの女性１２００人です。

・個人情報保護法に基づいて市役所で審査を受けた結果、選挙人名簿の閲覧が許可されました。「プライバシーに関わる個人情報は決して漏らさない」という誓約書を提出したうえで、全ての町から「何人おき」という形で個人を抽出しました。

■私のプライバシー保護はどうなっていますか？

・無記名でお答えいただきますので、「どなたが回答したのか」は一切わかりません。

・みなさんのプライバシーは、個人情報保護法に基づいて厳重に管理します。対象者リストと回答用紙は、アンケートが終わりしだいシュレッダーで廃棄します。

■どのように回答と返送をすればよいですか？

・回答は１５分ほどで終わります。無記名（匿名）でお答えください。

・ほとんどの場合、あなたのお考えにもっとも近いものを選んで、「○」をつけていただきます。

例

①	ある
2	ない

ある	ない
1	②

・返信用封筒に入れてご投函ください。差出人住所・氏名は記入しないでください。

恐れいりますが、10月5日（月）までにご返送ください

■アンケート結果はどのように公開されるのですか？

・２０１０年３月に調査結果を公開して、市役所、市内図書館、市内公民館に提出します。また、成蹊大学アジア太平洋研究センター、成蹊大学ホームページなどでもご覧いただけます。

N=821
%は分母に欠損値含む
調査の概要は第 1 章参照

まず、西東京市や成蹊大学との関わりについて、おたずねします

問 1　あなたはこれまで、以下の場所にいったことがありますか（○はいくつでも）

東伏見稲荷神社 67.4%	東大農場 55.5%	成蹊大学横のけやき並木 38.1%
スカイタワー西東京 32.6%	成蹊大学、成蹊学園 24.7%	どれもない 11.5%

問 2　あなたは通算して、西東京市にどれくらい住んでいますか（○は 1 つ）

5 年以下 17.8%	6 年以上 14.8%	10 年以上 25.9%	20 年以上 18.9%	30 年以上 22.4%

あなたとマスコミとの関わりについて、おたずねします

問 3　あなたは現在、どのようなジャンルの音楽 CD（またはレコード）を持っていますか（○はいくつでも）

アイドル 19.2%	演歌 8.0%	ジャズ 23.4%
アニメ、子ども向け音楽 28.7%	映画のサウンドトラック 33.5%	ワールドミュージック 13.8%
J ポップ、歌謡曲 74.1%	欧米のポップス、ロック 45.4%	その他（具体的に　　）2.8%
J ラップ 4.5%	クラシック 51.2%	どれも持っていない 4.5%

問 4　あなたは、以下の女性タレントではだれが好きですか（○はいくつでも）

宇多田ヒカル 15.6%	スザンヌ 7.6%	松嶋菜々子 38.4%	吉永小百合 22.0%
工藤静香 3.5%	浜崎あゆみ 6.9%	松田聖子 17.3%	この中にはいない 24.8%
黒木瞳 26.8%	藤原紀香 16.1%	山口百恵 28.9%	

問 5　あなたは以下の雑誌を、これまで 2 回以上買ったことがありますか（○はいくつでも）

週刊文春、週刊新潮、週刊朝日、サンデー毎日 24.0%	anan、Hanako、クロワッサン 56.5%
すてきな奥さん、おはよう奥さん、エッセ 28.7%	VERY、STORY 15.1%
女性セブン、女性自身、週刊女性 21.6%	フライデー、フラッシュ 14.4%
きょうの料理、オレンジページ、レタスクラブ 70.3%	どれも買ったことがない 10.1%

あなたの普段の暮らしぶりについて、おたずねします

問 6 あなたは以下のことを、1 週間にどれくらいしますか（○はそれぞれ 1 つ）

	7 日	6 日	5 日	4 日	3 日	2 日	1 日	それ以下
ア）フルタイムの仕事にいく	1.3%	3.4%	26.6%	0.9%	0.6%	0.4%	0.0%	59.7%
イ）パート、アルバイトにいく	0.2%	2.3%	10.6%	8.6%	6.9%	2.6%	1.2%	55.3%
ウ）コンビニにいく	0.5%	1.6%	5.5%	3.9%	12.5%	16.2%	24.8%	29.4%
エ）運動する（ストレッチのぞく）	2.7%	1.2%	3.4%	2.8%	6.8%	10.2%	15.0%	50.7%
オ）お酒を飲む	9.5%	5.4%	4.6%	2.9%	5.4%	7.8%	11.3%	47.7%

問7　あなたは以下のことを、1週間の間にすることはありますか（○はいくつでも）

マンガを読む 14.4%	家でお酒を飲む 42.5%	スポーツ教室、ジムにいく 18.4%
手芸をする 14.1%	空き時間に勉強（語学など）23.3%	習い事にいく（スポーツ以外）18.1%
タバコをすう 13.4%	レンタル DVD 店にいく 9.7%	どれもしていない 19.1%

問8　あなたは以下のことを、1日にどれくらいしますか（○はそれぞれ1つ）

	それ以上	3時間くらい	2時間くらい	1時間くらい	30分くらい	ほとんどしない
ア）テレビを見る	18.0%	26.6%	25.2%	18.3%	7.4%	3.2%
イ）友人とおしゃべり（電話も）	1.0%	1.7%	5.5%	18.5%	33.7%	34.7%
エ）パソコンでメール	0.5%	0.6%	0.9%	5.2%	16.4%	69.4%
オ）パソコンでインターネット	2.3%	1.9%	7.2%	18.0%	25.9%	39.8%
カ）携帯電話でメール	0.5%	0.5%	1.9%	9.0%	59.7%	25.2%
キ）携帯電話でインターネット	0.6%	0.6%	0.7%	2.7%	11.3%	76.6%

問9　あなたは現在、どんな趣味をもっていますか（カラオケ、テニスなど具体的に）（いくつでも）

（自由回答）インドア 32.3%　創作 28.0%　運動 25.3% 学習 24.0%　収集・鑑賞 21.4%　アウトドア 18.1% 買い物・食べ歩き・旅行 13.3%　カラオケ・演奏 9.9%	趣味はない 20.1%

あなたのこれまでの暮らしぶりについて、おたずねします

問10　中学3年生（15歳）のとき、あなたはどちらに住んでいましたか（○は1つ）

西東京市（旧田無、保谷市）22.4%	神奈川県 2.9%	その他の国内 29.1%
その他の東京都 30.9%	千葉県 3.3%	海外 0.7%
埼玉県 4.9%	その他の関東地方 4.8%	

問11　あなたはこの1年間で、以下の店にいきましたか（○はいくつでも）

ガスト 40.1%	スターバックス 61.9%	マクドナルド 79.8%	ロイヤルホスト 29.1%
サイゼリヤ 43.1%	ドトールコーヒー61.9%	モスバーガー48.5%	どれもない 3.8%

問12　あなたは、以下の場所にどれくらいいきますか（○はそれぞれ1つ）

	週1回以上	月1回くらい	年数回くらい	年1回くらい	数年に1回	ほとんどない
ア）カラオケ	0.9%	1.8%	13.8%	9.7%	9.3%	63.0%
イ）パチンコ、パチスロ	1.2%	1.1%	1.3%	0.6%	1.0%	92.7%
ウ）東京ディズニーランド	.0%	0.5%	4.1%	14.4%	35.7%	43.8%
エ）スーパー銭湯、スパ施設	1.2%	5.1%	19.2%	10.7%	10.8%	51.4%
オ）1泊以上の温泉旅行	0.2%	0.7%	24.5%	29.6%	19.1%	24.4%

問 13　あなたはこれまで、以下のことをしたことがありますか（○はいくつでも）

ボランティアをする 36.8%	エステにいく 39.2%	有料で占いを受ける 21.6%
バンドで音楽をする 8.5%	足裏マッサージにいく 31.4%	風水でインテリアを決める 11.2%
ダンスをする、習う 23.8%	裁判を傍聴する 2.7%	どれもしたことがない 21.1%

あなたのこれまでの学校生活について、おたずねします

問 14　あなたは中学校で、どのような部活動に入っていましたか（途中退部はのぞく）（○はいくつでも）

バレーボール部 14.0%	水泳部 2.9%	吹奏楽部 8.2%	家庭部、料理部 6.3%
バスケ部 11.0%	卓球部 7.6%	合唱部 4.4%	その他の文化部
テニス部 15.0%	その他の運動部	美術部 5.1%	（具体的に　）8.3%
陸上競技部 5.0%	（具体的に　）5.8%	演劇部 3.7%	どれもない 11.3%

問 15　あなたは現在、中学校のときの知り合いと、何人くらい連絡しあっていますか（先生はのぞく）（○はそれぞれ 1 つ）

	いない	1 人	2 人	3 人	4〜5 人	10 人以下	それ以上
ア）連絡しようと思えばできる	20.6%	13.3%	12.4%	13.5%	19.5%	10.8%	7.6%
イ）年賀状、年賀メールをする	26.2%	15.1%	13.8%	13.3%	14.4%	9.6%	5.4%
ウ）普段から連絡しあう	52.3%	16. 7%	11.7%	6.9%	5.2%	1.8%	0.6%

問 16　あなたは高校以降の学校生活で、部活動やサークル活動に入っていましたか（途中退部はのぞく）（○はそれぞれいくつでも）

	運動系に入っていた	文化系に入っていた	なにも入ってなかった	通っていない
ア）高校	33.6%	39.0%	25.7%	2.1%
イ）短大	8.0%	5.8%	14.4%	71.9%
ウ）大学	1.1%	0.7%	3.3%	71.6%

問 17　あなたが通った学校のうち、「私立」だったものはありますか（○はいくつでも）

小学校 1.5%	高校 36.4%	大学院 1.0%
中学校 8.0%	短大、大学 49.1%	私立に通っていない 31.8%

問 18　あなたはこれまで、どれくらい入学試験を受験したことがありますか（推薦はふくみ、内部進学はのぞく）（○はいくつでも）

小学校受験 3.2%	高校受験 86.0%	受験したことはない 2.8%
中学校受験 10.0%	大学受験 50.7%	

あなたの健康と食生活について、おたずねします

問 19　あなたの普段の食生活について、以下のことが当てはまりますか（○はいくつでも）

魚より肉が好き 27.6%	ほぼ毎日、野菜をたべる 88.1%	ほぼ毎日、甘いものをたべる 58.1%
和食より洋食が好き 13.0%	ほぼ毎日、海草をたべる 20.8%	ほぼ毎食後、歯磨きする 45.1%
ほぼ毎日、朝食をたべる 80.4%	ほぼ毎日、味噌汁を飲む 41.8%	どれも当てはまらない 1.2%

問 20　あなたは以下の外食を、どれくらいしますか（○はそれぞれ 1 つ）

	週 1 回以上	月 1 回くらい	年数回くらい	年 1 回くらい	数年に 1 回	ほとんどない
ア）ファミレスにいく	7.7%	30.1%	33.4%	7.3%	4.0%	15.8%
イ）ファストフード店にいく	9.5%	36.1%	29.8%	5.4%	3.2%	13.4%
ウ）中華料理店、餃子店にいく	2.8%	22.9%	32.3%	12.4%	5.2%	22.2%
エ）焼き肉店にいく	0.2%	7.8%	37.5%	16.6%	9.5%	25.9%
オ）フレンチ、イタリアンにいく	2.3%	17.3%	38.4%	10.2%	8.9%	20.8%

問 21　あなたは普段、飲むとしたらどんなお酒を飲みますか（○はいくつでも）

ワイン 39.2%	発泡酒、第 3 のビール 31.7%	焼酎 17.7%	その他（具体的に　）5.1%
ビール 49.0%	梅酒、チューハイ 40.7%	日本酒 15.8%	飲酒しない 23.4%

問 22　あなたはこの 1 か月で、以下のものをたべたり飲んだりしましたか（○はいくつでも）

コーラ 33.6%	納豆、とうふ 96.0%	ポテトチップ 44.3%	ラーメン 79.0%
ｺﾝﾋﾞﾆの揚げ物 13.9%	ハンバーガー51.9%	ヨーグルト 82.7%	そば、うどん 89.9%
ﾃﾞﾘﾊﾞﾘｰのピザ 12.7%	フライドポテト 54.1%	ワカメ、ひじき 86.4%	どれもなかった 0.0%

問 23　あなたの体調について、以下のことは当てはまりますか（○はいくつでも）

だいたい健康である 75.4%	近視である 50.2%	定期的に健康診断をうける 58.6%
あまりストレスがない 17.9%	虫歯がある 23.8%	どれも当てはまらない 1.3%
30 分以内に眠れる 61.3%	定期的に歯医者にいく 32.4%	

暮らしについてのあなたの意見について、おたずねします

問 24　あなたは現在、以下のことについて幸せと感じていますか（○はそれぞれ 1 つ）

	幸せ	やや幸せ	やや不幸	不幸	仕事をしてない
ア）健康	36.5%	47.7%	11.0%	2.9%	
イ）家族	53.8%	34.6%	8.0%	2.3%	
ウ）仕事	16.3%	39.5%	9.9%	2.6%	30.1%
エ）現在の家計状態	23.4%	42.3%	22.7%	10.1%	

問 25　あなたには、以下のことが当てはまりますか（○はいくつでも）

日本人であることを、ほこりに思う 50.8%	メールは、文章を見直してから送信する 83.9%
高校野球では、出身地を応援する 34.2%	自分や家族の未来に、希望を持っている 53.2%
サッカーでは、日本代表を応援する 57.2%	人の性格は、血液型と関係あると思う 37.9%
地域の友人の方が、それ以外の友人より多い 25.6%	裁判員になってみたい 7.1%
外出前、複数の服のコーディネートを試す 34.2%	本当の自分を探している 13.5%
料理を注文する時、メニューを一通りみる 79.1%	どれも当てはまらない 1.2%

問 26　あなたは、暮らしについての以下の意見に、賛成ですか反対ですか（○はそれぞれ 1 つ）

	賛成	反対
ア）人びとの間の格差は、今より少なくなるべきだ	85.4%	10.0%
イ）男は外で働き、女は家庭を守るべきだ	12.9%	82.3%
ウ）男同士、女同士の結婚は、今のまま禁止するべきだ	38.7%	52.7%

問 27　かりに現在の日本社会を上から下まで 5 つの層に分けるとすれば、あなた自身はどれに入ると思いますか（○は 1 つ）

上 0.9%	中の上 20.6%	中の中 49.1%	中の下 24.1%	下 3.5%

ご家族との暮らしぶりについて、おたずねします

問 28　あなたのお宅では普段、以下の飲み物を（家族分もふくめて）常備していますか（○はいくつでも）

牛乳 81.6%	日本茶の葉（ほうじ茶、玄米茶も）84.5%	ビール 35.7%
野菜ジュース 31.3%	日本茶のティーバッグ 17.9%	ワイン 28.6%
果物ジュース 29.1%	日本茶のペットボトル、紙パック 25.7%	どれも常備はしてない 1.0%
炭酸飲料 23.3%	発泡酒、第 3 のビール 36.3%	

問 29　あなたのお宅では普段、以下の食料品を（家族分もふくめて）常備していますか（○はいくつでも）

カップ麺 48.7%	納豆、とうふ 79.9%	和菓子、せんべい 55.1%
生の野菜 91.6%	乾燥ワカメ、のり、ひじき 87.1%	スナック菓子、ガム 44.9%
生の果物 67.6%	にぼし、カツオぶし、昆布 81.7%	どれも常備はしてない 0.9%
缶詰の果物 26.4%	味の素 42.8%	

問 30　現在のお住まいは、賃貸ですか、持ち家ですか（○は 1 つ）

賃貸、社宅 29.1%	持ち家 68.8%	その他（具体的に　）1.1%

問 31　お宅では現在、（家族分もふくめて）どのような保険や資産をもっていますか（○はいくつでも）

生命保険 87.8%	財形・外貨・積立預金 51.4%	自宅以外の不動産 12.9%
医療保険 59.1%	投資信託 17.3%	その他（具体的に　）1.1%
自社以外の株式 20.1%	債券 6.6%	どれもない 4.3%

あなたと選挙や法律との関わりについて、おたずねします

問 32　あなたは、8 月の衆議院選挙で投票しましたか（○は 1 つ）

した 82.0%	しない 17.3%

問 33　あなたは現在、どの政党を支持していますか（○は 1 つ）

自由民主党（自民党）8.3%	社会民主党（社民党）1.8%	支持政党はない 44.5%
公明党 3.9%	日本共産党 2.8%	
民主党 35.3%	その他（具体的に　）1.1%	

問 34　あなたやご家族はこれまで、どのようなトラブルにあったことがありますか（○はいくつでも）

交通事故 34.7%	自転車や貴重品の盗難、引ったくり、スリ 37.1%
金銭の貸し借りでのトラブル 9.0%	空き巣 10.8%
職場でのトラブル（賃金、セクハラなど）7.9%	訴訟した、された 2.9%
近隣とのトラブル（騒音、ペットなど）12.2%	その他（具体的に　）1.7%
家族や親類とのﾄﾗﾌﾞﾙ（遺産相続など）11.9%	トラブルにあったことはない 30.4%

問 35　日本の法律に関する以下のことを、あなたは知っていましたか（○はいくつでも）

借金の連帯保証人になると、借りた本人と同じように支払う義務がある 96.7%
夫婦別姓は、法律で認められていない 52.0%
訴訟は、弁護士に依頼しなくても、自分で起こすことができる 41.8%
裁判員は、刑事事件だけに参加して、民事事件には参加しない 35.2%
どれも知らなかった 1.5%

あなたのご家族について、おたずねします

問 36　あなたは現在、どなたと一緒に住んでいますか（○は義理の方もふくめてあてはまる方すべて）

夫 74.8%	義理の親 5.1%	孫 0.7%	その他（具体的に　）1.0%
子ども 68.2%	兄弟姉妹 3.9%	恋人 1.0%	一人暮らし　5.1%
自分の親 16.6%	祖父母 0.4%	友人 0.4%	

問 37　お子さんがいれば、3 人目まで性別をお聞かせください（○はそれぞれ 1 つ）

	男	女	いない
ア）最初の子	39.6%	34.6%	24.7%
イ）2 番目の子	29.7%	26.7%	42.8%
ウ）3 番目の子	8.3%	7.2%	83.8%

問 38　お子さんは現在、いくつですか（○はそれぞれ 1 つ）

	小学校の入学前	小学生	中学生	中学卒業以上	20 歳以上	いない
ア）最初の子	7.3%	12.1%	5.7%	12.9%	36.3%	24.7%
イ）2 番目の子	7.8%	9.1%	4.8%	10.4%	24.4%	42.8%
ウ）3 番目の子	2.1%	3.5%	1.5%	2.8%	5.5%	83.8%

問 39　お子さんは中学までに、私立か国立の学校に、通いましたか（○はそれぞれいくつでも）

	小学校で通った	中学校で通った	通っていない	いない、または小学校入学前
ア）最初の子	5.1%	11.3%	52.5%	32.0%
イ）2 番目の子	2.7%	7.3%	39.3%	50.5%
ウ）3 番目の子	0.2%	1.2%	11.7%	85.9%

問 40　あなたは、学校教育についての以下の意見に、賛成ですか反対ですか（○はそれぞれ 1 つ）

	賛成	反対
ア）学校では、さまざまな出身家庭の子どもたちと学ぶべきだ	89.0%	6.3%
イ）公立学校は、優秀な子どもよりも、恵まれない子どもを重視するべきだ	33.1%	57.1%
ウ）子どもが幸せになるのに、学歴は無関係だ	62.0%	33.6%

問 41　あなたは現在、結婚していますか（○は 1 つ）

結婚している 76.4%	離別した、死別した 9.7%	結婚したことはない 13.8%

あなたのお仕事について、おたずねします

問 42　現在、どのような形で働いていますか（○は 1 つ）

自営業主、自由業者、家族従業員、内職 8.0%	パート、アルバイト、臨時雇用 29.7%
正社員、公務員 18.9%	その他（具体的に　　　　）0.0%
派遣社員、契約社員、嘱託社員 9.0%	現在仕事をしていない 33.5%

問 43　あなたの現在の役職は、なにですか（○は 1 つ）

役職なし 57.2%	課長相当 1.1%	その他（具体的に　　　　）0.0%
係長相当 4.3%	部長相当、役員、社長、理事 2.4%	現在仕事をしていない 33.5%

問 44　あなたの勤め先には、従業員がどれくらいいますか（自分やバイトをふくみ、本社支社など全体で）（派遣なら派遣先について）（○は 1 つ）

1 人 2.9%	30〜299 人 16.9%	官公庁 2.8%
2〜29 人 17.9%	300 人以上 24.4%	現在仕事をしていない 33.7%

問 45　勤め先全体は、どのような事業をおこなっていますか（自動車の製造、靴のおろし売り、食堂、銀行、市役所など具体的に）（会社名でも結構です）（派遣なら派遣先について）

（自由回答のため省略）	現在仕事をしていない 33.9%

問 46　あなた個人は、どのような仕事をしていますか（小学校教員、おもちゃの組みたて、大工、スーパーのレジ、経理の事務、保険の外交員、高齢者の介護、看護師など具体的に）

（自由回答のため省略）	現在仕事をしていない 33.9%

問 47　では、学校を卒業してからいちばん最初の仕事で、あなた個人はどのような仕事をしましたか（小学校教員、おもちゃの組みたて、大工、スーパーのレジ、経理の事務など具体的に）

（自由回答のため省略）	問 46 と同じ	就職しなかった	3.6%

最後に、アンケート結果の整理のために、あなたご自身についておたずねします

問 48　あなたの生れた西暦年と月を、お聞かせください

19 □□ 年 □ 月

1940 年代 0.6%	1970 年代 20.1%
1950 年代 34.2%	1980 年代 0.1%
1960 年代 41.2%	（月は省略）

問 49　あなたが通った学校に、すべて○をつけてください（中退、通学中ふくむ）（○はいくつでも）

中学校 100.0%	短大 27.6%	大学院 1.7%	その他（具体的に　　）0.1%
高校 97.8%	大学 28.4%	専門学校 23.6%	

問 50　あなたの夫が通った学校に、すべて○をつけてください（中退、通学中ふくむ）（離別、死別の場合はもっとも近い結婚について）（○はいくつでも）

中学校 100.0%	短大 2.8%	大学院 6.1%	その他（具体的に　　）0.4%
高校 80.0%	大学 54.1%	専門学校 10.1%	8 結婚したことはない 13.8%

問 51　過去 1 年間で、あなたのお宅の収入は、税込みでいくらぐらいでしたか。他の家族分もふくめてください（年金、株式配当、臨時収入、副収入なども）（○は 1 つ）

なし 1.1%	400〜599 万円 13.9%	1000〜1199 万円 16.1%	1600 万円以上 5.7%
1〜199 万円 1.9%	600〜799 万円 18.4%	1200〜1399 万円 6.0%	
200〜399 万円 2.1%	800〜999 万円 15.2%	1400〜1599 万円 3.7%	

編者紹介

山田　昌弘（やまだ　まさひろ）　はじめに，研究トピック４婚活

1957年生　東京大学大学院社会学研究科博士課程単位取得退学
中央大学文学部教授
専門分野：家族社会学，感情社会学，ジェンダー論
主著：1994『近代家族のゆくえ：家族と愛情のパラドックス』新曜社；2004『希望格差社会：「負け組」の絶望感が日本を引き裂く』筑摩書房；2007『少子社会日本：もうひとつの格差のゆくえ』岩波書店；2014『「家族」難民：生涯未婚率25％社会の衝撃』朝日新聞出版

小林　盾（こばやし　じゅん）　はじめに，１章　食事

1968年生　東京大学大学院人文社会系研究科社会文化研究専攻博士課程単位取得退学
成蹊大学文学部教授
専門分野：数理計量社会学，社会階層論，社会調査法
主著：2012『社会調査の応用：量的調査編，社会調査士E・G科目対応』（共編著）弘文堂；2013『ソーシャル・メディアでつながる大学教育：ネットワーク時代の授業支援』（共著）ハーベスト社；2014『社会学入門：社会をモデルでよむ』（共編著）朝倉書店

成蹊大学アジア太平洋研究センター叢書
データで読む現代社会
ライフスタイルとライフコース

初版第１刷発行　2015年６月15日

編　者　山田　昌弘・小林　盾
発行者　塩浦　暲
発行所　株式会社　新曜社
101-0051　東京都千代田区神田神保町3-9
電話（03）3264-4973（代）・FAX（03）3239-2958
Email: info@shin-yo-sha.co.jp　URL: http://www.shin-yo-sha.co.jp
印　刷　長野印刷商工（株）
製　本　渋谷文泉閣

ISBN978-4-7885-1384-6　C1036

家族のリストラクチュアリング
二一世紀の夫婦・親子はどう生き残るか
山田昌弘 著　四六判二二四頁　二〇〇〇円

家族を超える社会学
新たな生の基盤を求めて
牟田和恵 編　四六判二二四頁　二二〇〇円

美容整形と化粧の社会学
プラスティックな身体
谷本奈穂 著　四六判三二〇頁　二九〇〇円

〈高卒当然社会〉の戦後史
誰でも高校に通える社会は維持できるのか
香川めい・児玉英靖・相澤真一 著　四六判二四〇頁　二三〇〇円

国際比較・若者のキャリア
日本・韓国・イタリア・カナダの雇用・ジェンダー・政策
岩上真珠 編　A5判二六四頁　四六〇〇円

ライフコース選択のゆくえ
日本とドイツの仕事・家族・住まい
田中洋美・M・ゴツィック・K・岩田ワイケナント 編　四六判四〇八頁　四二〇〇円

病いの共同体
ハンセン病療養所における患者文化の生成と変容
青山陽子 著　A5判三二〇頁　三六〇〇円

摂食障害の語り
〈回復〉の臨床社会学
中村英代 著　四六判三二〇頁　三二〇〇円

新曜社

表示価格は税別